Eröffnungsreihe STARTING OUT

Nimzo-Indische Geheimnisse

CHRIS WARD

EVERYMAN CHESS

www.everymanchess.com

Erste deutschsprachige Auflage 2007

Erstveröffentlichung 2005 durch Gloucester Publishers plc (früher Everyman Publishers plc), Northburgh House, 10 Northburgh Street, London EC1V 0AT.

Aus dem Englischen übertragen von Johannes Fischer

British Library Cataloguing-in-Publication Data
Die englische Originalausgabe dieses Buches ist unter dem Titel „Starting Out: The English" im Katalog der British Library eingetragen

ISBN: 978-3-932336-07-2

Vertrieb durch EuroChess Zentrale, 53639 Königswinter

Weitere Anfragen richten Sie bitte an Everyman Chess, Northburgh House, 10 Northburgh Street, London EC1V 0AT.
Telefon 020 7253 7887; Telefax 020 7490 3708; Email: info@everymanchess.com

EVERYMAN CHESS SERIES (früher Cadogan Chess)
Berater: Garry Kasparov
Chefredakteur: Byron Jacobs

Druck und Redaktion: First Rank Publishing, Brighton
Gedruckt und gebunden in Deutschland
GGP Media GmbH, Pößneck

Inhaltsverzeichnis

Bibliographie

Bücher

Nunn's Chess Openings, John Nunn, Graham Burgess, John Emms & Joe Gallagher (Everyman/Gambit 1999)

Easy Guide To The Nimzo-Indian, John Emms (Everyman 1998)

Datenbanken

Mega Database 2002 (ChessBase)

Webseiten

chesspublishing.com

Zeitschriften

ChessBase Magazine

The Week in Chess

Einleitung

1.d4

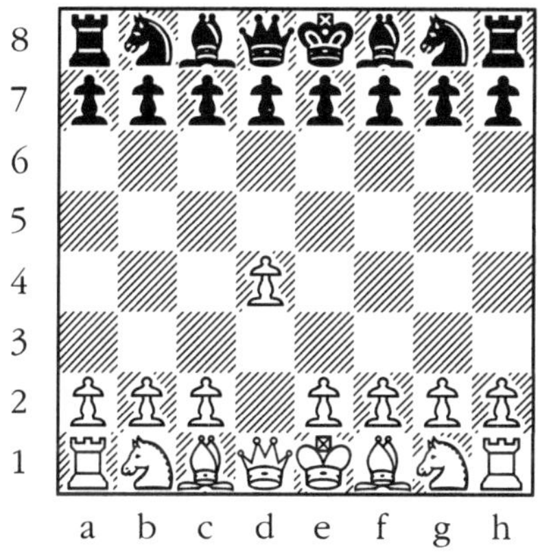

Diagramm 1

Das Spiel beginnt

Ich persönlich beginne eine Schachpartie gerne mit dem Zug **1.d4**, der in Diagramm 1 gezeigt wird. Eine wichtige Eröffnungsregel rät, die Bauern ins Zentrum zu stellen, und obwohl ich 1.d4 lieber mag als 1.e4, ist das reine Geschmackssache. Hätte ich die Möglichkeit, würde ich danach fast immer mit e2-e4 fortsetzen.

Schwarz hat die Möglichkeit e2-e4 zu verhindern, indem er dieses Schlüsselfeld unter Druck setzt, entweder indem die riskante Holländische Verteidigung (1...f5) wählt oder den weißen Plan mit 1...d5 verhindert. Ersteres entblößt den König auf der Diagonale h5-e8 (im Moment keine Katastrophe) und letzteres ermuntert Weiß zum frühen Bauernvorstoß 2.c4 (das beliebte Damengambit). Flexibler ist **1...Sf6**, was den Ball wieder ins weiße Feld zurückgibt.

Obwohl er das attraktive e2-e4 sicher gerne durchsetzen würde, muss Weiß dabei mit einem gewissen Maß an Geschicklichkeit vorgehen. Zum Beispiel wird das sofortige 2.Sc3 mit 2...d5 leicht pariert. Da jetzt auch noch ...Lf5 möglich ist, muss Weiß aller Wahrscheinlichkeit nach nicht nur seinen Traum begraben, sondern auch jeder Bauernvorstoß ist jetzt schwierig geworden. Beachten Sie, dass der Bauer c2 nicht um den Springer herumtänzeln kann, um nach c4 zu kommen!

HINWEIS: Ein Bauernvorstoß ist das Verfahren, einen festgelegten Bauern mit einem eigenen Bauern anzugreifen, um so eine offene oder halboffene Linie zu schaffen, die später von einem oder von zwei Türmen genutzt werden kann.

TIPP: In Damenbauereröffnungen ist es oft ratsam, den eigenen c-Bauern nicht zu verstellen, da er beim Angriff auf das gegnerische Zentrum oder zur Unterstützung des eigenen Zentrums nützlich sein kann.

Obwohl 2.Sf3 und 2.Lg5 (Der Trompovsky-Angriff) in der Turnierpraxis häufig vorkommen, ist **2.c4** konsequent, da Weiß versucht, Schwarz von ...d7-d5 abzubringen und Sc3 und e2-e4 vorbereitet.

FRAGE 1: Warum ist 2.f3 keine gute Idee für Weiß?

Der nächste Zug des Schwarzen ist **2...e6**, und in Diagramm 2 ist für Weiß aus theoretischer Sicht die Zeit gekommen, eine Entscheidung zu fällen.

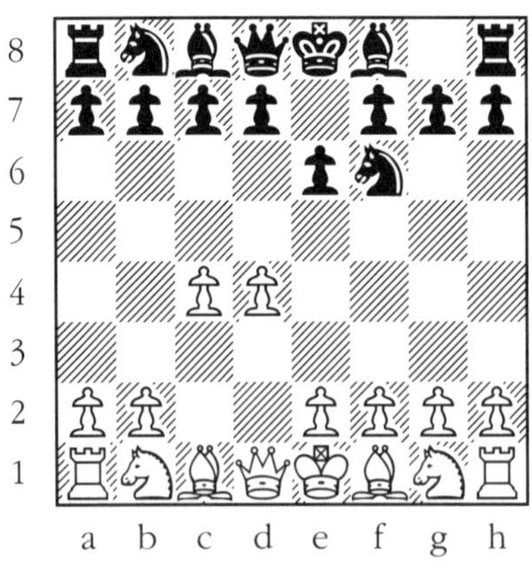

Diagramm 2
Schwarz befreit seinen Läufer

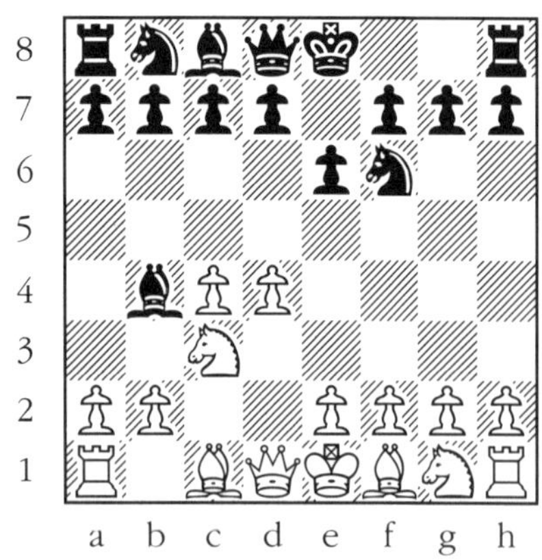

Diagramm 3
Schwarz verhindert 4.e4

3.Sf3 ist ein vollkommen vernünftiger Zug, und es gibt mehr als nur ein paar Spieler, die ein frühes Fianchetto mit 3.g3 gerne spielen. Nichtsdestotrotz ist **3.Sc3** der Zug, mit dem Weiß sofort zur Sache kommt, am meisten Druck ausübt und versucht, das Zentrum mit 4.e4 zu beherrschen. Natürlich könnte Schwarz das mit 3...d5 verhindern, was mit Zugumstellung zum Abgelehnten Damengambit führen würde, aber der Zug, der die Nimzo-Indische Verteidigung kennzeichnet, ist **3...Lb4** (Diagramm 3).

Anstatt einen Bauern festzulegen, wendet Schwarz lieber die Idee Aaron Nimzowitschs aus dem 20. Jahrhundert an, seinen schwarzfeldrigen Läufer einzusetzen, um den Springer c3 zu fesseln und so indirekt Druck auf e4 auszuüben. Der Leser wird bald sehen, wie viele Kämpfe um dieses lebenswichtige Feld ausgefochten werden, und wird hoffentlich lernen, wann genau es für das Große und Ganze aufgegeben werden kann. Im Moment gibt Schwarz e4 jedoch zu Recht nicht preis, wobei allerdings beachtet werden sollte, dass Schwarz mit seinem letzten Zug bereit sein muss, seinen Läufer für den Springer zu geben.

Eine sehr vereinfachte Sicht des Nimzo-Inders lautet:

'Schwarz tauscht Leichtfiguren auf c3, um die weißen Bauern zu verdoppeln. Im Anschluss daran versucht er die Stellung zu blockieren, wonach er behaupten kann, dass seine Springer in solchen Stellungen besser sind als die Läufer.'

Man kann nicht leugnen, dass diese Behauptung ein Körnchen Wahrheit enthält. Was Diagramm 4 betrifft, so könnte ein Springer einen Läufer in einem solchen Szenario bei statischer Bauernstruktur kontrollieren, ganz gleich wo die anderen Figuren stehen.

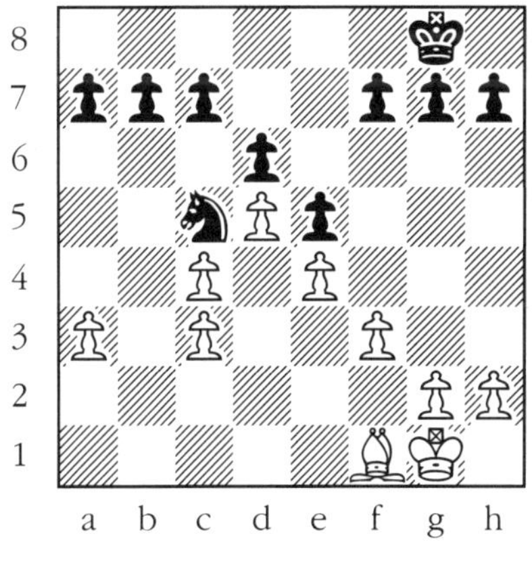

Diagramm 4

Der Springer hat ein hübsches Feld!

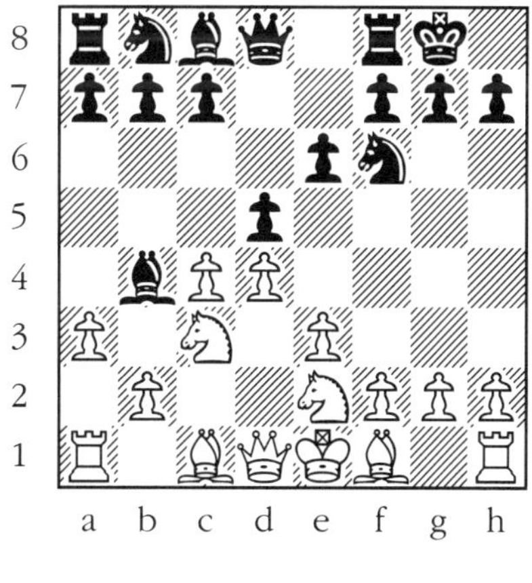

Diagramm 5

Die Rückzugs-Option

In Wirklichkeit ist es jedoch schwer zu verallgemeinern, da die Dinge komplexer sind, und ich ziehe es vor, jedes Kapitel einzeln zu betrachten.

Natürlich sollte man 4.a3 La5?? 5.b4 Lb6 6.c5 vermeiden, aber ...Lxc3 wird häufig gespielt, selbst dann, wenn Weiß dort mit einer Figur wiedernehmen kann und so seine Bauernstellung am Damenflügel nicht kompromittiert.

HINWEIS: Schwarz muss bereit sein, seinen Läufer gegen einen Springer auf c3 zu tauschen, aber manchmal ist es vorsichtiger sich zurückzuziehen.

Was die obige Behauptung betrifft, so sollte Diagramm 5 die Dinge etwas erhellen.

Schwarz hat das Feld e4 ausreichend unter Kontrolle. Sein Läufer ist angegriffen, aber auf c3 zu nehmen, würde Weiß lediglich gestatten, diesen Springer durch den Springer auf e2 zu ersetzen. Ein besserer Zug ist 6...Le7. Der Läufer hat seine ursprüngliche Aufgabe gut erfüllt und ist eine Figur, die später höchstwahrscheinlich noch eine bedeutende Rolle spielen wird.

Da ich sehr skeptisch war, erinnere ich noch, wie man mir das erste Mal erzählte, dass 6...La5 in Diagramm 6 spielbar ist. Doch obwohl die Möglichkeit den Läufer mit b2-b4 zu fangen dem Schwarzen Sorgen bereitet, so stehen ihm Züge wie ...Sa6 und ...De7 zur Verfügung, um Züge wie z.B. Tb1 und Da4 zu parieren. Wie im vorhergehenden Beispiel ist Schwarz nicht sehr interessiert daran, den weißen Figuren zu helfen sich zu entknoten, sondern mehr daran interessiert auf c3 zu nehmen, nachdem der Springer e2 erneut gezogen hat.

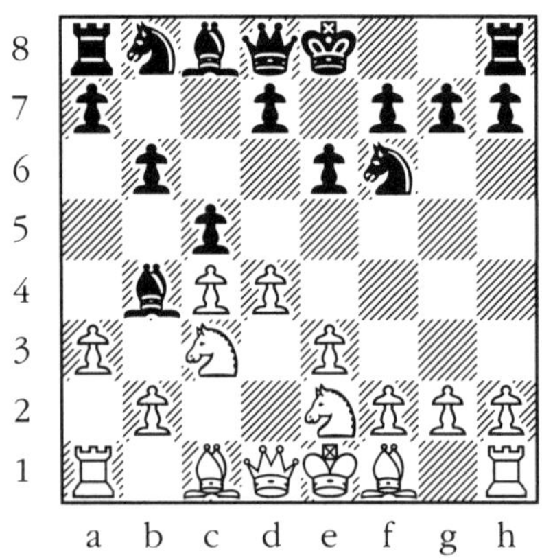

Diagramm 6

Dem Läufer f1 ist die Sicht versperrt

Nun gut, jetzt wissen Sie, was der Nimzo-Inder ist, aber damit Sie besser damit vertraut werden, empfehle ich Ihnen, den Rest des Buches sorgfältig durchzulesen. Die Kapitel sind nach Hauptvarianten aufgeteilt, aber Sie werden immer mal wieder auf allgemeine Aussagen stoßen, die sich leicht auf jede beliebige Variante anwenden lassen, mit der Sie sich gerade beschäftigen.

Der Nimzo-Inder war die erste Damenbauerverteidigung, die ich überhaupt je gelernt habe, und seit meinen Jugendtagen habe ich sie kontinuierlich gespielt. Außerdem habe ich als Weißer praktisch alles dagegen ausprobiert. Ich bitte um Entschuldigung, wenn Sie meinen, der Abschnitt mit den Beispielpartien enthält zu viele meiner eigenen Partien, aber ich versichere Ihnen, dass dies nicht nur dazu dient, meine Siege vorzuführen! Tatsächlich hoffe ich, Sie können aus meinen Fehlern ebenso lernen wie aus den Fehlern aller anderen, die in diesem Buch auftauchen.

Auf die Frage, welches System das Beste ist, gibt es keine Antwort, sondern im Allgemeinen gibt es lediglich Trends, wie die Topspieler versuchen, dem Nimzo-Inder zu begegnen. Das Einzige, was ich sagen möchte, ist, dass dieses Buch vollkommen neutral (ehrlich!) ist. Lesen Sie weiter!

Kapitel Eins

Die Rubinstein-Variante 4.e3 b6

- Einleitung
- Weiß spielt 5.Ld3
- Weiß spielt 5.Sge2
- Beispielpartien

Einleitung

1.d4 Sf6 2.c4 e6 3.Sc3 Lb4 4.e3 (Diagramm 1)

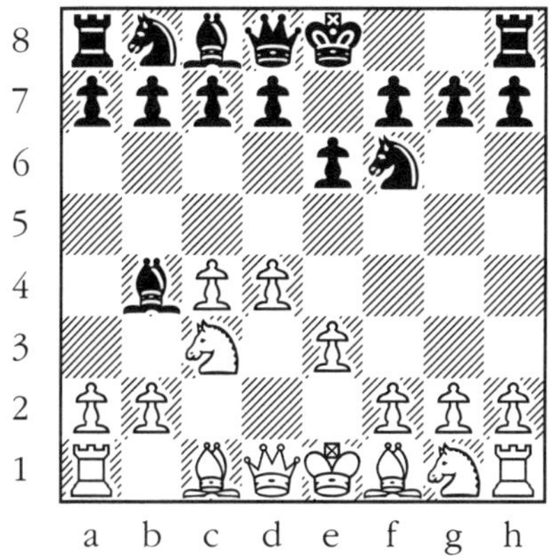

Diagramm 1

Ein solider Zug

Lassen Sie sich von 4.e3 nicht täuschen. Allgemein als Rubinstein-Variante bekannt, könnte es so aussehen, als richte sich Weiß darauf ein, seinen Zentrumsbauern nur einen Schritt vorgehen zu lassen, aber der Vorstoß nach e4 (und wenig später womöglich nach e5) ist sicher immer noch möglich. Der Läufer c1 ist zeitweise blockiert, aber sein Partner auf f1 sitzt in den Startlöchern.

Dieses Kapitel widmet sich der Antwort **4...b6**, die ich selbst tendenziell favorisiere. Ganz allgemein gesprochen ist die Idee dahinter, den Läufer auf b7 zu fianchettieren, von wo aus er sowohl Druck auf den weißen Königsflügel ausübt als auch das Feld e4 weiter unter Kontrolle nimmt. Ein andere Möglichkeit, die Schwarz zur Verfügung steht, ist es, mit seinem Läufer übers Ziel hinaus zu schießen und ihn nach a6 zu stellen, von wo aus er den weißen Bauern auf c4 angreifen kann. Dies kann besonders wirkungsvoll sein, wenn die weißen c-Bauern verdoppelt sind und Weiß Schwierigkeiten hat, den vorderen zu decken.

WARNUNG: Der Zug ...b7-b6 bedeutet ganz sicher nicht, dass der schwarze c- und der schwarze d-Bauer außer Spiel bleiben. Was den d-Bauern betrifft, so sollte Schwarz jedoch immer auf Da4+ aufpassen, ein Zug, der, wenn er übersehen wird, das Ende für einen Läufer auf b4 bedeuten könnte.

Nach 4...b6 würde ich gerne zwei unterschiedliche Hauptfortsetzungen betrachten: 5.Ld3 und 5.Sge2.

Weiß spielt 5.Ld3

1.d4 Sf6 2.c4 e6 3.Sc3 Lb4 4.e3 b6 5.Ld3 (Diagramm 2)

Dies gilt als genauer als 5.Sf3, da sich Weiß sofort um das Feld e4 kümmert und so zum Beispiel die Antwort 5...Se4 verhindert.

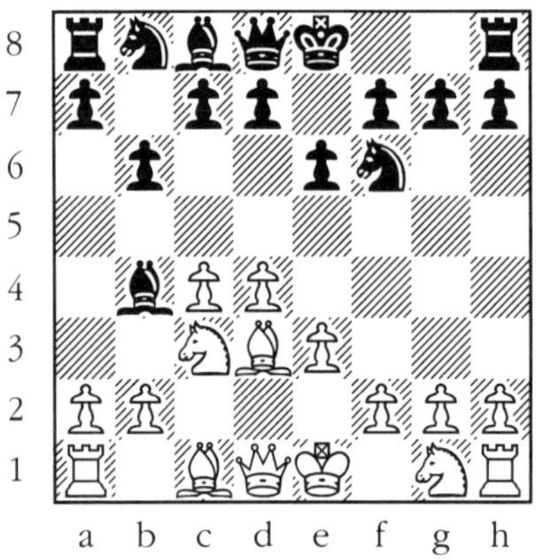

Diagramm 2

e4 wird beäugt

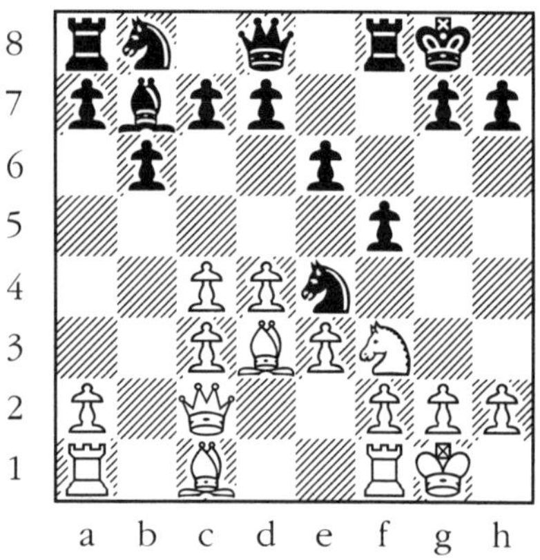

Diagramm 3

Weiß muss den schwarzen Springer vertreiben

5...Lb7

Die natürlichste Antwort und die konsequente Folge des letzten Zugs. Eingedenk meiner letzten Warnung natürlich nicht 5...d5?? 6.Da4+, wonach Schwarz eine ganze Figur verliert.

6.Sf3

Noch immer die beliebteste Fortsetzung. Allerdings wurde auch 6.f3 versucht, was den Bauern g2 schützt, oder 6.Sge2, was den Bauern als Opfer anbietet. Danach führt 6...Lxg2 7.Tg1 Lf3 zu einer sehr interessanten Stellung. Anstatt den Bauern mit 8.Txg7 Sh5 9.Tg1 Dh4!? zurück zu gewinnen, sollte Weiß vielleicht mit 8.Dc2 ein wirkliches Gambit spielen.

6...Se4

Die beste Möglichkeit sicherzustellen, dass Weiß seinen Bauern nicht dorthin vorrückt, ist als Erster eine Figur auf diesem Schlüsselfeld zu platzieren. Auf c3 wird weiter Druck ausgeübt und der schwarze f-Bauer kann jetzt im

Mittelspiel ein Wörtchen mitreden.

7.Dc2

Weiß deckt seinen Springer, während er zugleich den schwarzen Springer angreift. Dies sieht offensichtlich aus, obwohl Weiß es in letzter Zeit vorgezogen hat, auf diesen Zug ganz zu verzichten, indem er das Bauernopfer 7.0-0 anbietet. Diese Zugfolge ist das Thema unserer ersten Beispielpartie.

7...f5

Schwarz weigert sich hartnäckig zu weichen. Der Vorstoß des f-Bauern gibt Schwarz außerdem noch andere Möglichkeiten. Zum Beispiel könnte nach der Rochade der Turmschwenk ...Tf6-h6 (oder g6) eine gute Angriffswaffe darstellen.

TIPP: Wenn Schwarz plant, ...Lxc3 zu spielen, was zu einem Doppelbauer auf der c-Linie führen würde, dann spielt er vielleicht besser ...f7-f5 als ...d7-d5, um das Feld e4 zu kontrollieren. Letzteres würde Weiß die Möglichkeit geben, seinen Doppelbauern leicht aufzulösen. Ja, cxd5 und c3-c4 zum richtigen Zeitpunkt würde sogar dazu führen, dass Weiß mehr Bauern im Zentrum behält.

8.0-0 Lxc3

Der letzte weiße Zug hat den Springer entfesselt und so wieder Druck auf e4 ausgeübt. Deshalb war die Zeit gekommen, sich von dem Läufer zu trennen. Die Alternative 8...Sxc3 9.bxc3 Le7 hätte Weiß erlaubt, die Initiative mit 10.e4 an sich zu reißen.

9.bxc3 0-0 (Diagramm 3)

Pläne

Natürliche Entwicklungsideen für Schwarz sind ...d7-d6 und ...Sbd7, wonach der Springer sich auf einem guten Weg befindet, der den Läufer nicht beeinträchtigt. Eine Möglichkeit ist, zu versuchen ...e6-e5 anzustreben, und auch ein Königsangriff, möglicherweise mit dem bereits erwähnten Schwenk...Tf6, ist kommt sicherlich in Betracht, vor allem, wenn Weiß seinen Springer auf f3 zieht und das aggressive ...Dh4 gestattet. Eine amüsante Fortsetzung, die Weiß vermeiden sollte, ist 10.Sd2 Dh4 11.g3?! Sg5 12.gxh4?? Sh3 matt, aber Weiß kann nicht dafür kritisiert werden, seinen Springer zurück zu ziehen. Den Springer auf e4 mit f2-f3 zu vertreiben, sollte ein Hauptziel seines Spiels sein, und wenn Weiß es schafft, e3-e4 durchzusetzen - umso besser. Eine andere Idee, die Weiß im Auge behalten kann, ist die Möglichkeit c4-c5, um so seinen Doppelbauern aufzulösen.

HINWEIS: Wenn Weiß damit keinen Bauern gewinnt, ist es selten eine gute Idee für ihn, seinen Läufer gegen den Springer auf e4 zu tauschen, da sowohl ...Lxe4, mit Beherrschung der weißen Felder und ...fxe4, was die f-Linie öffnet, attraktive Antworten sind.

Weiß spielt 5.Sge2

1.d4 Sf6 2.c4 e6 3.Sc3 Lb4 4.e3 b6 5.Sge2 (Diagramm 4)

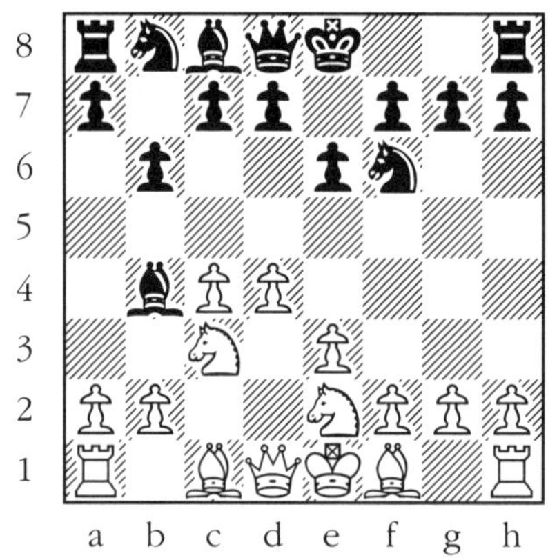

Diagramm 4

Ein Ersatzmann steht bereit!

Mit seinem letzten Zug gibt Weiß dem Springer auf c3 zusätzliche Unterstützung, so dass die Drohung, dem Weißen einen Doppelbauer zu verschaffen, ihn nicht länger stört. Ein Idealszenario für Weiß sieht so aus, dass er Schwarz dazu bringt ...Lxc3 zu spielen, wonach er einfach mit seinem Springer wiedernehmen kann. Nach anschließender einfacher Entwicklung kann Weiß den Vorteil des Läuferpaars ohne strukturelle Bauernschwächen für sich reklamieren.

HINWEIS: Wenn von dem Vorteil des Läuferpaars die Rede ist, dann ist damit implizit gemeint, dass eine Seite über das Läuferpaar verfügt, während der Gegner vielleicht einen Läufer und einen Springer oder zwei Springer hat. Wenn Sie das Läuferpaar haben, dann sind nur selten beide Läufer schwach und in einer offenen Stellung können sie wirklich stark sein.

FRAGE 2: Was ist eine 'offene' Stellung?

5...Se4

Ein sehr prinzipieller Zug, da Schwarz den Druck auf den Springer c3 aufrechterhält. Dadurch besteht die Drohung, die weißen Bauern zu verdoppeln, immer noch. Das ist nach 5...Lb7 nicht der Fall, weshalb 6.a3 am Besten mit 6...Le7 beantwortet wird. Dennoch, da keine Figuren getauscht wurden, behält Weiß durch seinen Raumvorteil nach 7.d5 0-0 8.e4 trotz seines leichten Entwicklungsrückstands die Oberhand.

Eine andere Idee, die hier (genau wie in ähnlichen Stellungen) manchmal angewandt wird, ist 5...La6. Dann kann Schwarz hoffen, dass er nach 6.a3 Lxc3+ 7.Sxc3 d5 die weißfeldrigen Läufer abtauschen kann, wonach er am Ende mit einem Springer gegen einen schlechten Läufer verbleibt.

HINWEIS: Die Farbe der Felder einer Seite mit festgelegten Bauern bestimmen, ob ein Läufer 'gut' oder 'schlecht' ist. Um harmonisch zusammenzuarbeiten, ist es von Vorteil, wenn die Bauern die Felder einer Farbe kontrollieren, während der Läufer die Felder der anderen Farbe kontrolliert. Ein Läufer gilt als 'schlecht', wenn seine Bauern auf der gleichen Felderfarbe festgelegt sind.

Da es für Weiß nicht erstrebenswert ist, nur den schwarzfeldrigen Läufer zu behalten, wenn seine Bauern auf schwarzen Feldern stehen, sollte er auf die Wünsche des Gegners nicht eingehen, und 8.b3 würde mit Erfolg eine gewisse Spannung in der Stellung bewahren.

6.Dc2

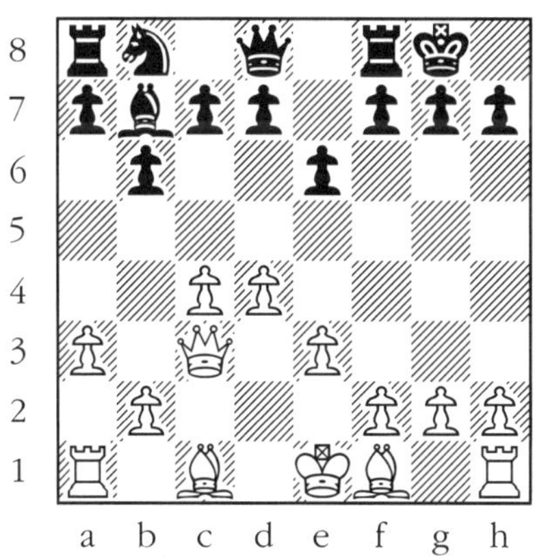

Diagramm 5

Keine Doppelbauern

Vollkommen spielbar ist stattdessen auch 6.Ld2; nach 6...Sxd2 7.Dxd2 0-0 8.a3

Le7 hätte Weiß Raumvorteil, aber Schwarz dafür das Läuferpaar, was ziemlich ungewöhnlich ist.

TIPP: Steht ein weißer Springer auf e2 und nicht auf f3, sollten beide Seiten den Zug ...Dh4 in Betracht ziehen.

Was den obigen Tipp betrifft, so ist die weiße Stellung nach 6.a3? Dh4! 7.g3 Df6 und dem erzwungenen 8.f4 eine positionelle Ruine.

6...Lb7 7.a3 Lxc3+ 8.Sxc3 Sxc3 9.Dxc3 0-0 (Diagramm 5)

Weiß hat sein Ziel erreicht das Läuferpaar zu bekommen ohne seine Bauernstruktur zu ruinieren, obwohl er nun in der Entwicklung hinterherhinkt.

Pläne

Weiß muss bei dem Versuch seine Läufer ins Spiel zu bringen, sehr vorsichtig vorgehen. Zum Beispiel wäre der mit leichter Hand gemachte Vorschlag 10.f3?! (blockiert die Diagonale b7-g2) nebst nachfolgendem 11.Ld3 und 12.0-0 ein Fehler. Schwarz verfügt über die Möglichkeit 10...Dh4+! 11.g3 Dh5, was den weißen f-Bauern zwei Mal angreift. Nach 12.e4 ist 12...f5 sehr unbequem für Weiß.

Deshalb könnte es Weiß vorziehen, zunächst seinen anderen Läufer mit 10.b3 oder 10.b4 auf b2 zu entwickeln. Wenn er lang rochiert, dann könnte er neben dem offensichtlichen Plan f2-f3 und e3-e4 sicher in Betracht ziehen, ob er nicht den Bauern g2 als Opfer anbietet.

Für Schwarz wiederum sieht es vernünftig aus, den Springer nach ...d7-d6 auf d7 zu entwickeln, von wo aus er nach dem typischen Vorstoß ...f7-f5 nach f6 überführt werden kann. Die Bretthälfte, in der der weiße König sein Lager aufzuschlagen sich entschließt, sollte die schwarzen Gedanken in die Richtung lenken, in die er seine Kräfte konzentrieren möchte.

Beispielpartien

Partie 1

□ B.Martin ■ Ward

Oakham Masters 1994

1.d4 Sf6 2.c4 e6 3.Sc3 Lb4 4.e3 b6 5.Ld3 Lb7 6.Sf3 Se4 7.0-0 f5

Schwarz beschließt lieber das Feld e4 zu verstärken, anstatt das weiße Bauernopfer anzunehmen.

8.d5

TIPP: Dieser Bauernvorstoß ist im Nimzo-Inder ein vernünftiger Plan für Weiß, wenn ein schwarzer Läufer auf dem Damenflügel fianchettiert wurde. Weiß blockiert nicht nur diese Figur, sondern übt auch noch Druck auf die Bauern e6 und f5 aus. Außerdem kann danach ein weißer Springer auf das schöne Feld d4 kommen.

8...Lxc3

Da Weiß wieder Bauerngewinn auf e4 drohte, musste Schwarz eine Entscheidung fällen.

9.bxc3 Sa6

Nach z.B. 9...exd5 10.cxd5 Sxc3 11.Dc2 Sxd5 12.Lxf5 hat Weiß gutes Spiel für seinen geopferten Bauern, da sein schwarzfeldriger Läufer bereit steht, einen aktiven Posten auf der Diagonale b2-g7 einzunehmen. Der Nachteil des 8. weißen Zugs besteht darin, das Feld c5 aufzugeben. Dies ist ein exzellenter Posten für einen schwarzen Springer und tatsächlich könnte das sofortige 9...Sc5 genauer sein.

10.Sd4 Sec5 11.Lc2?!

Dieser Rückzug kostet zu viel Zeit und ein dynamischerer Plan bestand darin zu versuchen, den Vorstoß e3-e4 ein wenig schneller durchzusetzen.

11...0-0 12.f3 Df6 13.Ld2 g6 14.e4 e5 15.Se2 f4! (Diagramm 6)

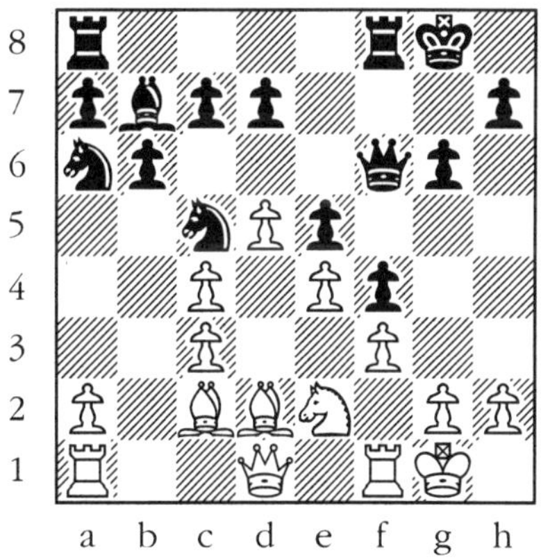

Diagramm 6

Ein Fest für Springer!

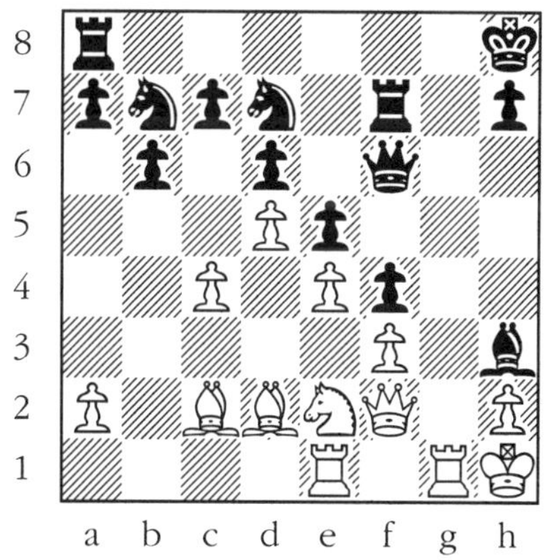

Diagramm 7

Auf der g-Linie geschieht's!

WARNUNG: Weiß muss sich seiner Chancen sehr sicher sein, bevor er Schwarz erlaubt die Stellung so zu blockieren, da diese Art von Bauernstruktur für Springer vorteilhaft ist.

16.Tf2 g5

TIPP: Es ist oft am Besten, seine Anstrengung auf die Seite des Brettes zu konzentrieren, in die die eigenen festgelegten Bauern zeigen.

17.Kh1 Tf7

Da der Angriffsvorstoß ...g6-g5-g4 bevorsteht (die festgelegten Bauern auf e5 und f4 zeigen zum Königsflügel), beginnt Schwarz seine Truppen zu sammeln. Die g-Linie wird von überragender Bedeutung sein.

18.Df1 d6 19.g3 Lc8 20.gxf4

Wenn Weiß versucht, die Stellung mit 20.g4 zu blockieren, dann hätte Schwarz sich auf den Bauernvorstoß ...h7-h5 konzentriert, wonach seine Schwerfiguren wahrscheinlich auf der h-Linie eindringen werden.

20...gxf4 21.Tg2+ Kh8 22.Df2 Lh3 23.Tgg1 Sb7

Die g-Linie sieht sehr verlockend aus, aber Schwarz hat nicht vergessen, dass der Bauer c4 bei verdoppelten c-Bauern ebenfalls ein natürliches Angriffsziel darstellt. Schwarz hat viel Zeit und macht sich daran, die Wirkung seiner Springer maximal zu erhöhen.

24.c5

Frustriert trennt sich Weiß von einem Bauern, um zu versuchen die Wirkung seines Läuferpaars zu vergrößern.

24...Saxc5 25.c4 Sd7 26.Tae1 (Diagramm 7)

Weiß hätte lieber die Türme auf der g-Linie verdoppelt, aber wegen des vorgerückten schwarzen f-Bauern ist g1 das einzige Feld, das der Turm sicher betreten kann.

26...Sf8!

Der Beginn eines ausgezeichneten Plans.

27.Sc1 Sg6 28.Sd3 Tg8 29.Ld1 Tfg7

Hätte Schwarz im 26. Zug einen Turm auf die g-Linie gebracht, dann hätte Weiß durch den Abtausch beider Turmpaare einige seiner Probleme lösen können.

TIPP: Wenn Sie Raumvorteil haben, dann sollten Sie Abtausch vermeiden.

30.Le2 Sh4

Dieser Springer hat einen langen Weg zurückgelegt, aber ein perfektes Feld gefunden.

31.Txg7 Txg7 (Diagramm 8)

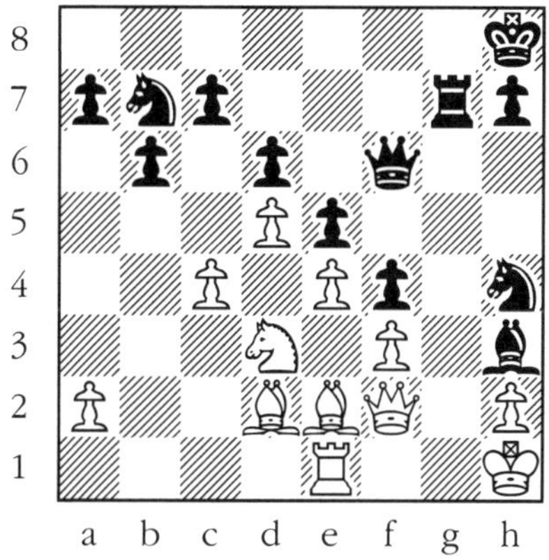

Diagramm 8

Eine unausbleibliche Invasion

32.Lf1

Da Schwarz das Feld g2 sehr viel besser kontrolliert, war 32.Tg1 nicht spielbar.

32...Lg2+ 33.Lxg2 Txg2

Statt seinen Läufer zu verlieren beschließt Weiß, auf seine Dame zu verzichten. Der Kampf ist verloren.

34.Dxh4 Dxh4 35.Kxg2 Dg5+ 36.Kh1 Dh5 37.Kg2 Sd8 38.Sf2 Sf7 39.Sh3 Sg5 40.Sg1 De8 Weiß gibt auf

---

Partie 2

□ Inkjow ■ Psachis

Minsk 1982

1.d4 Sf6 2.Sf3 e6 3.c4 b6 4.Sc3 Lb4 5.e3 Se4 6.Dc2 Lb7 7.Ld3 f5 8.0-0 Lxc3 9.bxc3 0-0 10.Se1

Dieser Zug wird hier 10.Sd2 vorgezogen und damit möchte Weiß den störenden Springer vertreiben ohne die Möglichkeit eines Abtauschs zuzulassen.

10...c5 (Diagramm 9)

HINWEIS: Obwohl die Züge ...c7-c5 und ...b7-b6 oft unabhängig voneinander geschehen, können sie auf langfristig gesehen leicht (wie hier) zusammen gespielt werden. Ein Nachteil ist dabei die leichte Schwächung des Bauern b6, die einen Plan mit a4-a5, der Druck auf dem Damenflügel ausübt, ermuntern könnte.

11.f3 Sg5

Da keine Notwendigkeit besteht, den Bauern d7 vorzurücken (der Springer b8 kann nach c6 entwickelt werden), wäre 11...Sd6 hier ein alternativer und spielbarer Rückzug gewesen.

12.d5 (Diagramm 10)

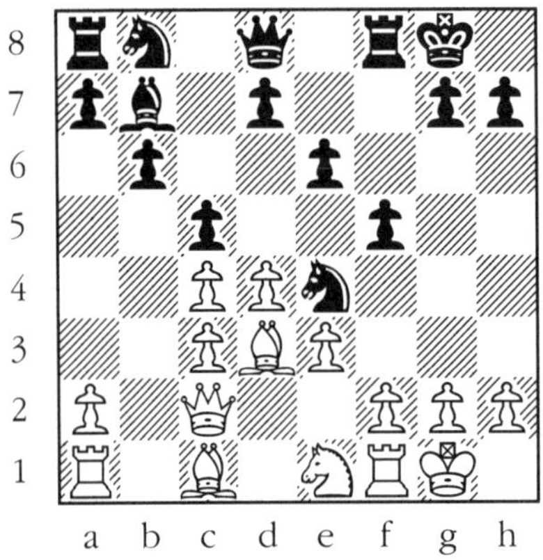

Diagramm 9

Weiß plant den Bauernvorstoß f2-f3

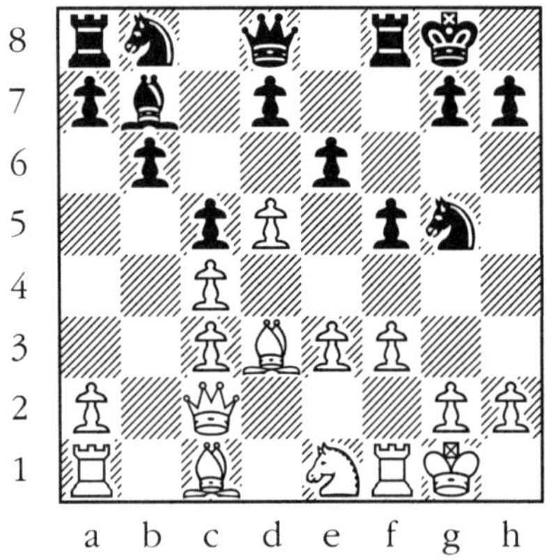

Diagramm 10

Druck auf e6 und f5

Ein entscheidendes Merkmal dieser Partie ist, dass Schwarz nie in der Lage ist, die Stellung völlig abzuriegeln. Hier ist 12...e5 wegen des hängenden Bauern auf f5 nicht spielbar. Aus dem gleichen Grund gewinnt 12...exd5 keinen Bauern.

TIPP: Wenn Weiß das Läuferpaar besitzt, sollte er immer nach Möglichkeiten Ausschau halten die Stellung zu öffnen.

12...Df6 13.e4 f4 14.e5!

Richtig gespielt, bevor Schwarz seinen eigenen Bauern auf dieses Feld stellen kann.

14...Dh6

14...Dxe5 15.h4 Sf7 16.Lxh7+ Kh8 17.Le4, was den Bauern f4 als leichtes Angriffsziel dastehen lässt, wäre sehr günstig für Weiß.

15.Le4 d6 16.exd6 e5

Schwarz ist auf einen interessanten Plan verfallen, um die Stellung zu schließen und so für seine Springer geeignet zu machen, aber Weiß erweist sich als genauso schlau, als es darum geht die Stellung zu öffnen.

HINWEIS: Gedeckte Freibauern sind typischerweise im Endspiel stark, aber im Mittelspiel stehen sie oft im Weg.

17.Sd3 Sxe4

Wenn Schwarz jetzt nicht hier nimmt, dann würde Weiß bald einen Springer auf dieses Feld manövrieren.

18.fxe4 Dxd6 19.Lxf4!?

Sehr dynamisch. Weiß handelt rasch, bevor Schwarz Gelegenheit hat seine Entwicklung abzuschließen.

19...exf4 20.e5 Dh6 21.e6 (Diagramm 11)

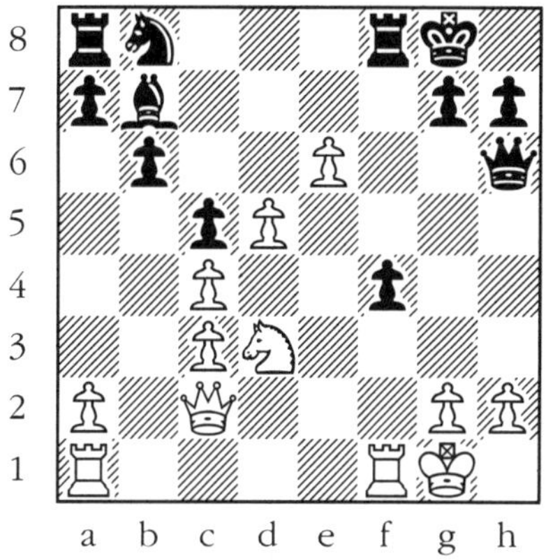

Diagramm 11

Hübsche Bauern!

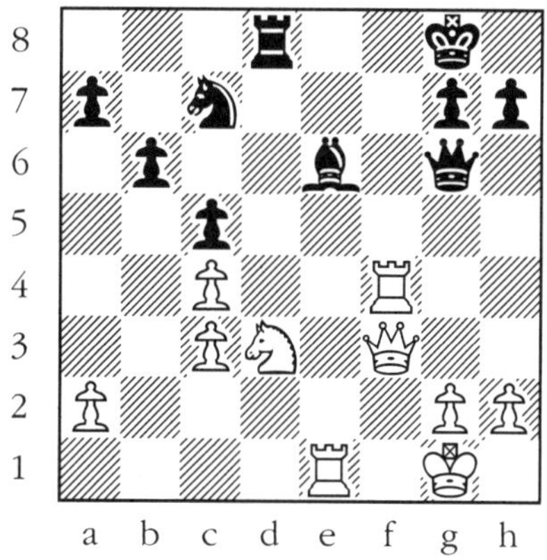

Diagramm 12

Vorsicht vor Tf8+

Die verbundenen Freibauern stehen drohend und machen ihre Aufgabe, die schwarzen Figuren am Damenflügel kaltzustellen, gut.

21...Sa6 22.Tae1 Sc7 23.De2 Tae8 24.Dg4 Lxd5?!

Trotz all meiner Kommentare, die vielleicht voreingenommen geklungen haben mögen, findet Schwarz natürlich Trost in seiner Mehrfigur. Doch in seinem Wunsch, die weißen Bauern aufzubrechen, gibt er das Material zu schnell zurück. Richtig war 24...Dg6.

25.e7! Le6?!

Und jetzt wäre 25...Tf7 vorsichtiger gewesen.

26.exf8Q+ Txf8 27.Dd1 Td8?! 28.Txf4 Dg6 29.Df3! (Diagramm 12)

Nutzt den Trick 29...Dxd3 Tf8+!, um sich aus der Fesselung zu befreien.

29...h6 30.Se5 Dc2 31.h4 Te8 32.Tf1 Kh7 33.Dc6 Tc8 34.Sd7 Dxc3 35.De4+ Kh8 36.Se5 Dd4+ 37.Dxd4 cxd4 38.Txd4 Kh7 39.h5! b5 40.c5 Lxa2 41.c6 Le6 42.Sg6 a5 43.Tf8 Txf8 44.Sxf8+ Kg8 45.Sxe6 Sxe6 46.Td7 Schwarz gibt auf

Partie 3

□ Merriman ■ Ward

Monarch Assurance Open, Port Erin 1994

1.d4 Sf6 2.c4 e6 3.Sc3 Lb4 4.e3 b6 5.Sge2 Se4 6.f3 Sxc3 7.Sxc3?! (Diagramm 13)

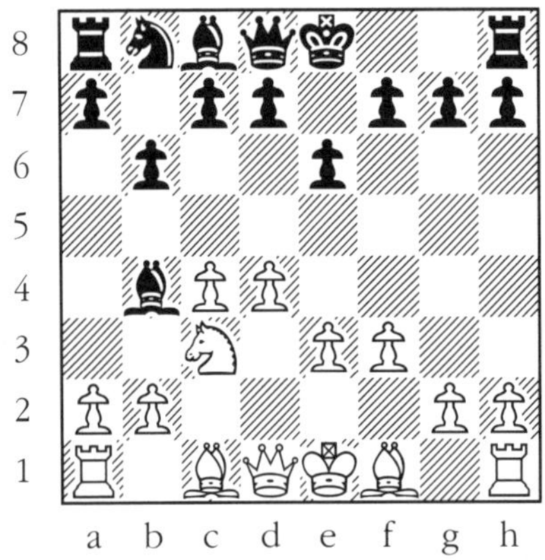

Diagramm 13

Denken Sie an ...Dh4+

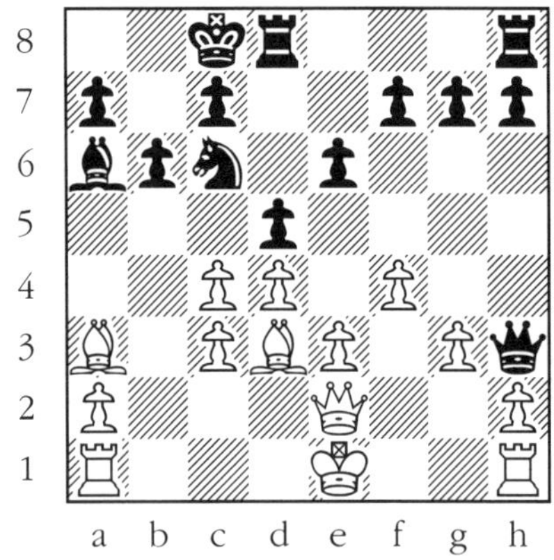

Diagramm 14

Auf der Jagd nach einem Vorposten auf c4

Da Weiß dem Schicksal verdoppelter c-Bauern ohnehin nicht entgehen kann, kann er ebenso gut ein Tempo durch den Angriff auf den Läufer gewinnen und nach 7.bxc3 Le7 8.Sg3 kann er zumindest damit beginnen, ein großes Bauernzentrum aufzubauen.

HINWEIS: Der Gegner ist wahrscheinlich durch vorrückende Zentrumsbauern je stärker eingeengt, je mehr Figuren sich auf dem Brett befinden. Und zwar deshalb, weil er über weniger Raum verfügt, auf dem sie Platz haben und auf dem er sie herumziehen kann.

7...Lxc3+ 8.bxc3 Sc6

Obwohl ...d7-d6 und ...Sd7 im Allgemeinen eine akzeptable Entwicklungsmöglichkeit darstellt, so hat Schwarz bereits ein Ziel für seinen Springer ausgeguckt.

9.Ld3 Dh4+!

TIPP: Achten Sie immer auf Schachgebote. Besonders dieses Damenschach steht in dem Ruf, Sand ins Getriebe zu streuen, da es eine Schwächung des weißen Königsflügels provoziert.

10.g3 Dh3

Ein wirklicher Stachel im Fleisch: Die schwarze Dame hindert Weiß daran kurz zu rochieren und droht auf g2 einzudringen.

11.De2 La6

Ja, es ist der Bauer auf c4, auf den seine Aufmerksamkeit zu richten Schwarz beschlossen hat.

12.La3 0-0-0 13.f4 d5! (Diagramm 14)

Bringt neue Aspekte ins Spiel. Obwohl Schwarz den Bauern c4 gerne gewinnen würde, so ist das Feld allein schon gute Beute.

14.0-0-0

Nach 14.cxd5 Lxd3 15.Dxd3 exd5 gibt es nicht mehr als ein Schach auf a6, aber dem rückständigen Bauern auf e3 würde eine heiße Zeit bevorstehen.

14...Sa5

Schwarz strebt nach einem Vorposten auf c4 und der Springer ist genau die Figur, die sich dort niederlassen möchte.

15.c5 Lxd3 16.Txd3 Sc4 17.Lb2 (Diagramm 15)

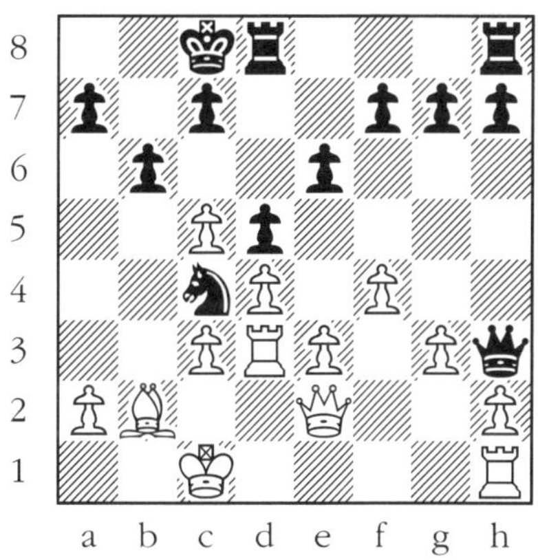

Diagramm 15

Ziemlich düster!

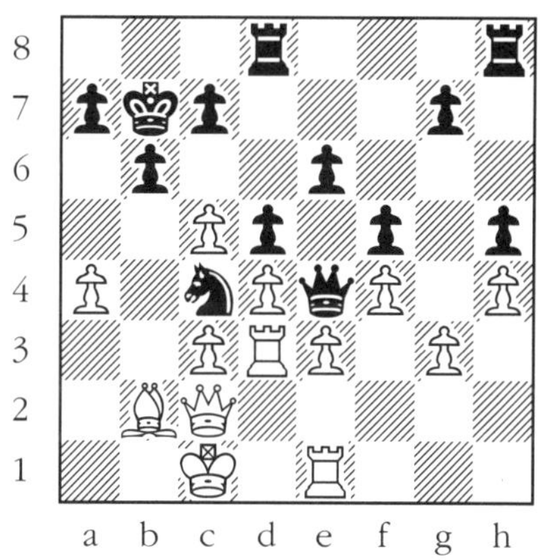

Diagramm 16

Schwarz dominiert

HINWEIS: Diagramm 15 ist ein sehr gutes Beispiel für einen sehr 'schlechten' Läufer!

17...Df5

Frustriert Weiß, indem er nicht einmal den Bauerndurchbruch 18.e4 zulässt.

18.Tf1 h5

Schwarz hat einen langfristigen Plan im Sinn, aber achtet darauf, die weißen

Felder weiterhin zu beherrschen.

19.Te1 De4 20.Dc2 Kb7

Eine Möglichkeit des Schwarzen ist es, die b-Linie mit ...bxc5 zu öffnen, wonach seine Türme bereit stehen, Schaden anzurichten.

21.a4 f5 22.h4 (Diagramm 16)

Ein Zug, den machen zu müssen für Weiß absolut schrecklich ist. Nichtsdestotrotz ist er notwendig, um zu verhindern, dass die schwarzen Türme auf der h-Linie in die weiße Stellung eindringen.

22...Th6 23.De2 Tg6 24.Tg1 Kc6

Der von Schwarz gewählte Plan ist bei weitem nicht sein einziger. Die weißen Schwerfiguren sind ziemlich paralysiert und amüsant wäre 24...Tg4 25.Kc2 Th8 26.Lc1 Th6 27.Ld2 Thg6 28.Le1. Der Läufer hat es gerade noch rechtzeitig geschafft, den Bauern g3 zu verteidigen, aber durch die Fesselungen kann Schwarz entweder auf h4 oder auf f4 nehmen.

25.cxb6

HINWEIS: Diese Partie liefert ein gutes Beispiel, warum Weiß seine Probleme mit der Bauernstruktur am Damenflügel nicht immer löst, wenn er c4-c5 durchsetzen kann. Obwohl er vielleicht einen der Doppelbauern abtauschen kann, bleibt der a-Bauer isoliert und nach ...axb6 hätten die schwarzen Türme ein eindeutiges Ziel.

25...axb6 26.Kc2

Ironischerweise richtet sich die Aufmerksamkeit des Schwarzen auf den einen Bauern, der nicht auf einem schwarzen Feld steht. Da alle anderen weißen Figuren mit Verteidigungsaufgaben beschäftigt sind, heißt es jetzt: Alle Mann an die Pumpen!

26...Ta8 27.Kb3

Leider, zumindest aus weißer Sicht, stehen alle weißen Figuren ideal für eine hübsche taktische Wendung.

27...Txa4! 28.Kxa4 Dxd3 Weiß gibt auf

Partie 4

□ Townsend ■ Ward

Britische Liga 2001

1.d4 Sf6 2.c4 e6 3.Sc3 Lb4 4.e3 b6 5.Sge2 Se4 6.Dc2 Lb7 7.a3 Lxc3+ 8.Sxc3 Sxc3 9.Dxc3 Df6!? (Diagramm 18)

Ich hatte in dieser Partie Schwarz und stellte 9...Df6!? nach langem

Nachdenken aufs Brett. Dieser am Brett ersonnene Einfall ist nicht wirklich eine Neuerung, aber der Zug wird mit Sicherheit sehr selten gespielt.

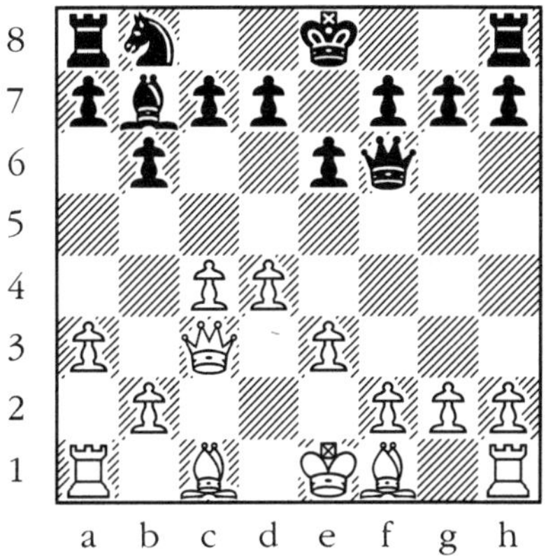

Diagramm 18

Weiß hat das Läuferpaar

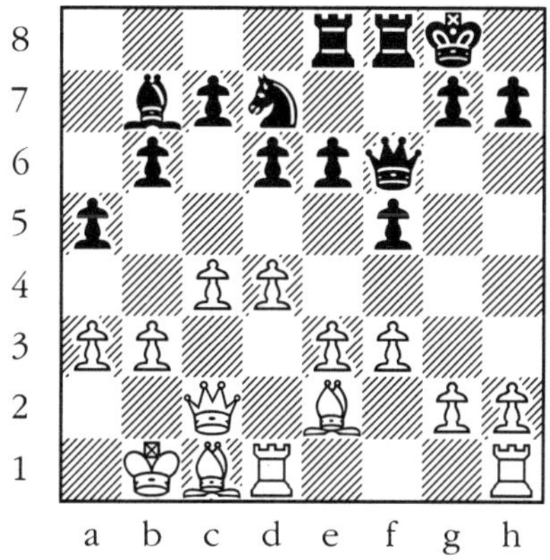

Diagram 19

Schwarz ist okay!

10.b3

Die Pointe von 9...Df6 ist, dass ich nach 10.Ld3 den Bauern g2 schnappen wollte, während nach 10.f3 das Standardverfahren mit ...Dh4+ immer noch aussichtsreich wirkt. Nach der Partie war mein Gegner verwirrt, weil er nicht wusste, wo er vom rechten Weg abgekommen war oder wo er zumindest aktiver hätte spielen können. Eine Idee ist das unternehmende 10.b4, obwohl Weiß dann natürlich aufpassen muss, wenn er lang rochiert.

10...d6 11.Lb2 0-0 12.Dc2 Dh6

Befreit den schwarzen f-Bauern und richtet den Blick auf den weißen Bauern e3, um so 13.f3 zu verhindern.

13.0-0-0 Sd7 14.Kb1 f5

Eine Standardfortsetzung. Nachdem er seinen e-Bauern von der Fesselung befreit hat, wollte Weiß zweifellos gerne 15.e4 spielen. Der Text unterbindet das natürlich und macht das Feld f6 zu einem Ort, auf dem sich der Springer bequem niederlassen kann.

15.f3 Tae8

Natürlich nicht 15...Dxe3??, da 16.Lc1 die schwarze Dame in gewisse Verlegenheit bringt.

16.Lc1 Df6 17.Le2 a5 (Diagramm 19) 18.e4?!

Gespielt, weil Weiß keinen Alternativplan finden konnte. Das Problem ist, dass dieser Zug minderwertig ist, und ich wäre überrascht, wenn Weiß nach, sagen wir, 18.h4 oder vielleicht 18.h3 mit der Idee 19.g4 wirklich schlechter stehen würde. Dennoch war ich mit meiner Stellung in jedem Fall mehr als glücklich.

18...fxe4 19.fxe4 Dg6

Der weiße e-Bauer wird zu einem natürlichen Angriffsziel.

20.Lf3 Sf6 21.The1 e5 22.d5

HINWEIS: Der schwarze Läufer steht eindeutig nicht gut, wenn er gegen einen solchen Bauern fianchettiert wurde. Allerdings kann er oft über c8 ins Spiel zurück finden.

22...Lc8 23.Le3

Ich hatte geglaubt, Weiß müsste hier 23.h3 spielen, um den nächsten schwarzen Zug zu verhindern. Ich weiß, dass dies weitere Löcher aufreißt und der Läufer f3 schlecht ist, aber ohne 23.h3 hat Weiß ernsthaft Probleme seine Stellung zusammen zu halten.

23...Lg4

Jetzt steht Weiß vor der unangenehmen Wahl zu nehmen oder zuzulassen, dass auf f3 ein neues Angriffsziel (ein Bauer) geschaffen wird.

24.Lxg4 Dxg4 25.Lg1 Tf7

Wären die Damen getauscht, dann könnte Weiß mit dem Vormarsch seiner Damenflügelbauern dem Schwarzen vielleicht die eine oder andere Nuss zu knacken geben. Aber so wie die Dinge stehen, kann er es sich nicht leisten, seine Königstellung zu öffnen.

26.Te3 Tef8 27.Tde1 Sh5 28.De2 Dg6

Wie bereits angemerkt hat Schwarz kein Interesse an einem Damentausch. Schwarz beherrscht die f-Linie und wirft ein Auge auf den e-Bauern. Zugleich ist 29...Sf4 natürlich eine Drohung.

29.g3 Sf6 (Diagramm 20) 30.Tc3?

Ein Fehler in Zeitnot. Ich rechnete mit 30.h3, worauf ich nach 30...h5 der Meinung war, mit ...Sh7-g5 über einen ausgezeichneten Plan zu verfügen. Beachten Sie, dass Weiß keine Möglichkeit hat, einen Turm auf die f-Linie zu stellen, weil dies mit ...Sxe4 eine taktische Wendung ähnlich der Partie erlaubt.

30...Sxe4! 31.Dxe4 Dxe4+ 32.Txe4 Tf1+ 33.Tc1 Txc1+ 34.Kxc1 Tf1+

Der unbeholfen stehende Läufer war immer das Angriffsziel.

35.Kc2 Txg1 36.Te2 Tf1 37.b4 axb4 38.axb4 Tf3

Einfaches Schach. Schwarz schneidet den weißen König ab.

39.c5 bxc5 40.bxc5 Ta3 41.Te1 Ta5 42.cxd6 cxd6 43.Td1 Tc5+ Weiß gibt auf

Der Textzug wurde 43...Ta2+ vorgezogen. Da der weiße König nun auf ein enges Gebiet am Damenflügel beschränkt ist, gibt es keine Hoffnung, die das Weiterspielen rechtfertigt.

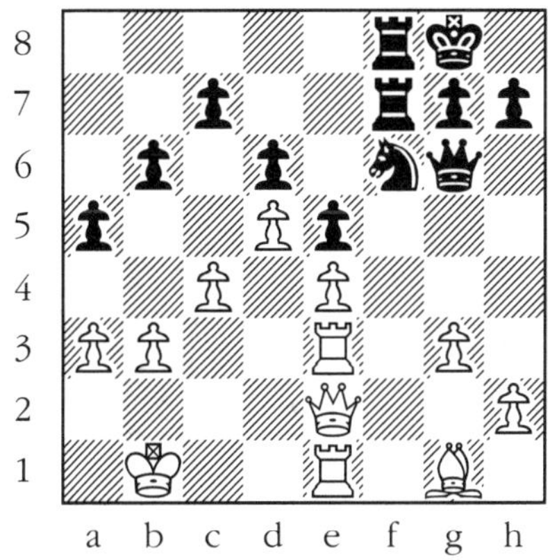

Diagramm 20

Der Bauer e4 ist ein Angriffsziel

Partie 5

□ Gual Pascual ■ Arguelles Garcia

Spanische Meisterschaft, Barcelona 2000

1.d4 Sf6 2.c4 e6 3.Sc3 Lb4 4.e3 b6 5.Sge2 La6 6.Sg3 (Diagramm 21)

Wie weiter oben erwähnt weist die moderne Theorie darauf hin, dass Weiß mit dem einfacheren 6.a3 leichten Vorteil erzielen kann. Mit dem Textzug ermuntert Weiß Komplikationen.

6...Lxc3+ 7.bxc3 d5 8.La3

Obwohl etliche seiner Bauern auf schwarzen Feldern stehen, findet Weiß einen nützlichen Posten für seinen Läufer. Er ignoriert die augenblickliche Lage auf c4 und hindert Schwarz an der Rochade.

8...dxc4

Dieser Zug wirkt auf mich ein wenig gierig. Natürlich kann Weiß nach 8...Lxc4 9.Lxc4 dxc4 seinen Bauern mit 10.Da4+ zurückgewinnen, aber nach 10...Dd7 11.Dxc4 Dc6! hat Schwarz wahrscheinlich Ausgleich erreicht. Nicht kurz rochieren zu können ist kein großes Problem, wenn die Damen vom Brett sind.

9.Le2

Baut auf langfristige Kompensation und entscheidet sich deshalb gegen das offensichtliche 9.e4!?.

9...Lb7 10.0-0 b5 11.Tb1 a6

Wegen des gefesselten Bauern auf b5 kann Weiß jetzt 12.Lxc4 Lxg2 13.Kxg2 bxc4 14.Da4+ spielen, aber er entscheidet sich für einen anderen Weg.

12.Lf3 Sd5 13.Dd2 (Diagramm 22) 13...c6?

Okay, Schwarz muss ein wenig leiden, aber dies ist nun wirklich zu viel. Jetzt erweist sich seine mangelnde Kontrolle über die schwarzen Felder als katastrophal!

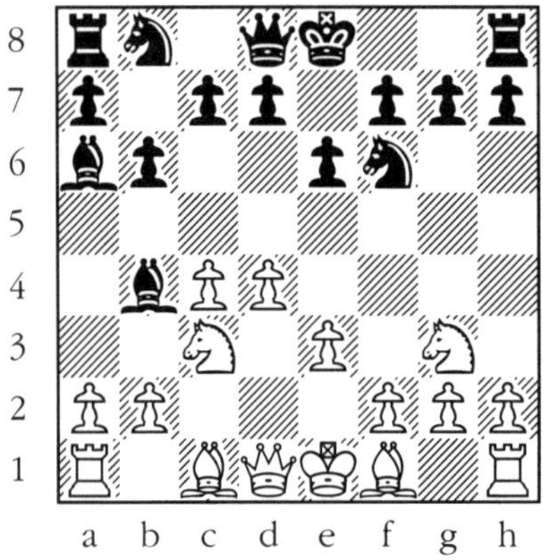

Diagramm 21

Verdopple meine Bauern!

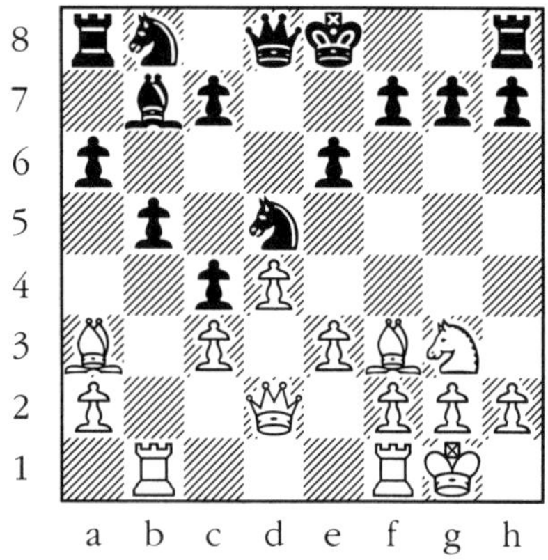

Diagramm 22

Schwarz kann nicht rochieren

TIPP: Passen Sie auf, wenn Sie zu viele Bauern auf die Farbe des Ihnen noch verbliebenen Läufers stellen.

14.Se4 Dd7 15.Sd6+ Kd8 16.e4 Sb6 17.Lh5 g6

Verhindert 18.Sxf7+, aber das kostet wieder ein schwarzes Feld.

18.Dg5+ Kc7 19.De5 Schwarz gibt auf

Das genaue Schlussspiel des Weißen verschafft Schwarz einen ungedeckten Turm und die Aussicht, mit einem unappetitlichen Abzugsschach konfrontiert zu werden. Seinen Mehrbauern hat er allerdings immer noch!

Kapitel Zwei

Die Rubinstein-Variante 4.e3 0-0

- Einleitung
- Weiß spielt 5.Sge2
- Weiß spielt 5.Ld3
- Weiß spielt 5.Sf3
- Beispielpartien

Einleitung

1.d4 Sf6 2.c4 e6 3.Sc3 Lb4 4.e3 0-0 (Diagramm 1)

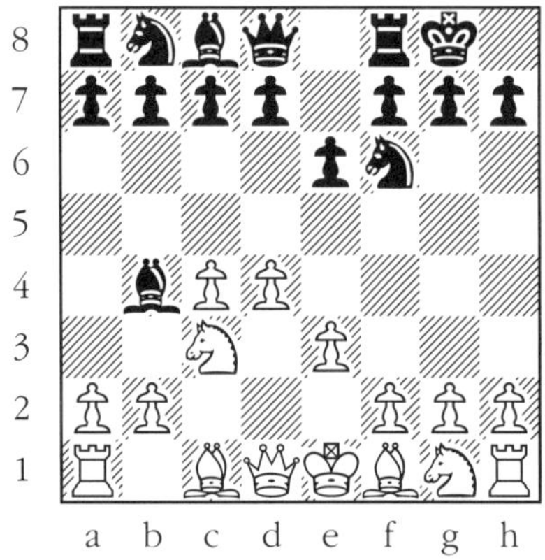

Diagramm 1

Ein vernünftiger Zug

Nach 4.e3 ist die Antwort 4...0-0 ziemlich unverbindlich. Die Logik des Schwarzen ist einfach; er 'weiß', dass er diesen Zug sowieso spielen wird, warum also nicht gleich? Wie er danach fortsetzt, hängt von der Figurenaufstellung ab, für die sich Weiß entscheidet. Ich unterteile dieses Kapitel in 5.Sge2, 5.Ld3 und 5.Sf3. Sicherlich hat jede dieser Möglichkeiten charakteristische Eigenheiten, aber, und das gilt auch für das nächste Kapitel, die Möglichkeit einer Zugumstellung besteht immer.

Weiß spielt 5.Sge2

1.d4 Sf6 2.c4 e6 3.Sc3 Lb4 4.e3 0-0 5.Sge2

Genau wie im letzten Kapitel unterstützt der weiße Springer seinen Kollegen, um sicherzustellen, dass Weiß nicht mit einem Doppelbauer verbleibt.

5...d5 (Diagramm 2)

Schwarz beansprucht seinen Teil des Zentrums. Er ist jetzt entschlossen, seinen schwarzfeldrigen Läufer zu behalten.

HINWEIS: Schwarz sollte diesen Zug niemals nur deswegen verwerfen, weil er mit Zugumstellung zu einem 'Abgelehnten Damengambit' (1.d4 d5 2.c4 e6) führen könnte, da

unvermeidlich fundamentale Unterschiede bestehen. In Diagramm 2 ist der schwarzfeldrige Läufer des Weißen zum Beispiel hinter der Bauernkette eingeschlossen. In einem Abgelehnten Damengambit hätte Weiß den Läufer vor dem Zug e2-e3 mit großer Wahrscheinlichkeit nach g5 oder f4 gestellt.

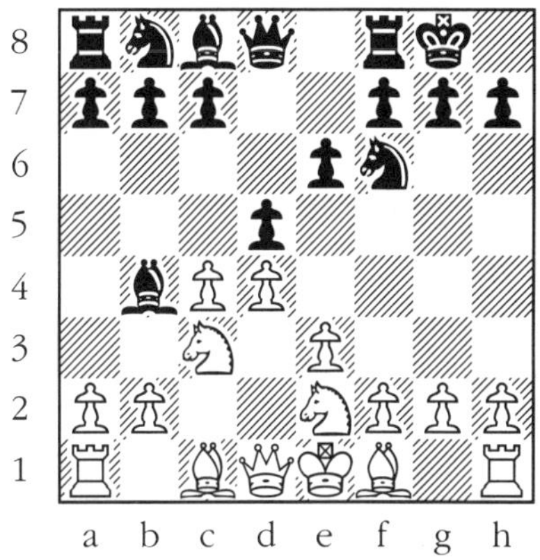

Diagramm 2

Der Läufer c1 ist eingeschlossen

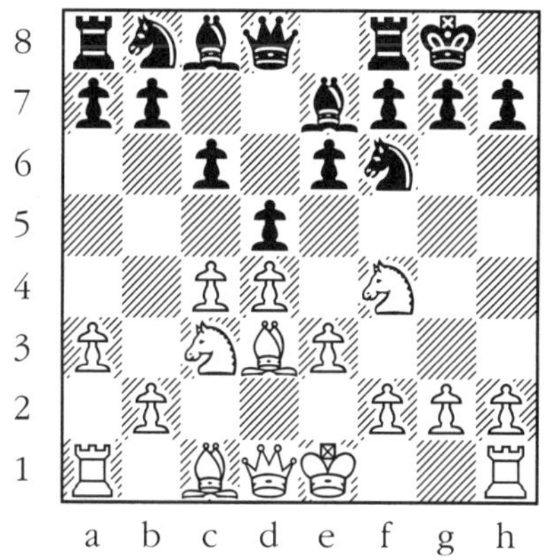

Diagramm 3

Der Bauer d5 wird verstärkt

6.a3 Le7 7.Sf4

Trotz meiner Eingangsbeschreibung sollte man nicht glauben, der Zug Sge2 dient nur dazu, c3 zu verteidigen, denn er eröffnet auch andere Möglichkeiten. Obwohl f3 wohl das natürlichste Feld für den Springer darstellt, haben die Felder f4 und g3 beide ebenfalls ihre Reize. Auf f4 übt der Springer Druck auf den Bauern d5 aus, und wenn Schwarz auf c4 nimmt, dann wird Weiß mit Sicherheit versuchen e3-e4 zu spielen.

7...c6

Schwarz nimmt eine feste Aufstellung ein und verstärkt den Bauern d5.

8.Ld3 (Diagramm 3)

Pläne

Wenn Weiß den Durchbruch e3-e4 durchsetzen könnte, dann würden die Dinge für ihn rosig aussehen, aber wegen der mangelnden Deckung des Bauern auf d4 scheint dies unwahrscheinlich. Ein Plan, der den Gegner 'in Schach hält', wäre 6.a3 sinnvoll zu nutzen und am Damenflügel zu expandieren, wobei b2-b4 ein offensichtlicher Kandidat ist. Schwarz muss sich hingegen überlegen wie er seinen weißfeldrigen Läufer aktiviert. Zu einem gewissen Zeitpunkt muss er vielleicht das Zugeständnis...dxc4 machen, aber bereit für einen Durchbruch mit ...e6-e5 oder ...c6-c5 sein.

TIPP: Ein eigenständiger Plan, den viele Großmeister anwenden, besteht darin, den Gegner zu frustrieren, indem man seine Möglichkeiten einschränkt. Unter dem Druck brechen die Opfer oft zusammen und unternehmen wilde Befreiungsschläge, die mit tödlichen Konsequenzen auf sie zurückfallen.

Weiß spielt 5.Ld3

1.d4 Sf6 2.c4 e6 3.Sc3 Lb4 4.e3 0-0 5.Ld3 d5 (Diagramm 4)

Wie allein die Auswahl an Beispielpartien in diesem Kapitel zeigen sollte, verfügt Weiß hier über eine Reihe von Möglichkeiten. 6.Sf3 führt mit Zugumstellung zur im nächsten Abschnitt behandelten Variante, aber neben dem weiter unten angeführten Textzug werden 6.a3 und 6.Sge2 dxc4 7.Lxc4 ebenfalls nicht selten gespielt, wonach entweder 7...c5 oder 7...e5 folgen sollte. Was Letzteres angeht, beachten Sie, dass 8.dxe5?! Dxd1+ 9.Kxd1 Sg4 für Weiß nicht ratsam ist.

6.cxd5 exd5

Behält das Feld e4 unter Kontrolle und befreit den Läufer c8. Nach dem schlechteren 6...Sxd5 kann Weiß anstreben, e3-e4 zu spielen, nachdem er das Problem seines angegriffenen Springers mit leichter Hand gelöst hat (sagen wir 7.Sge2).

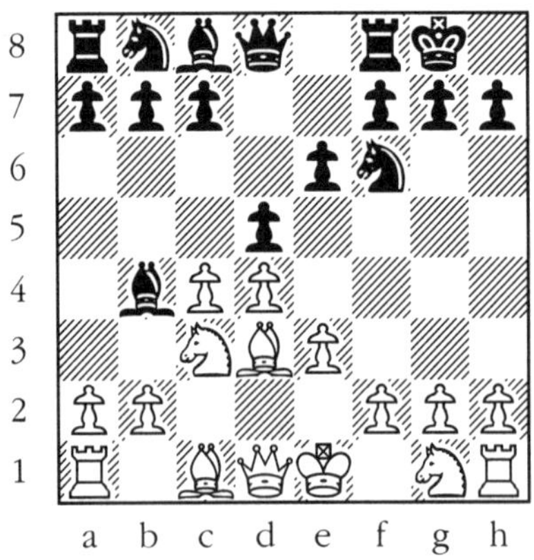

Diagramm 4

e2 oder f3, das ist die Frage!

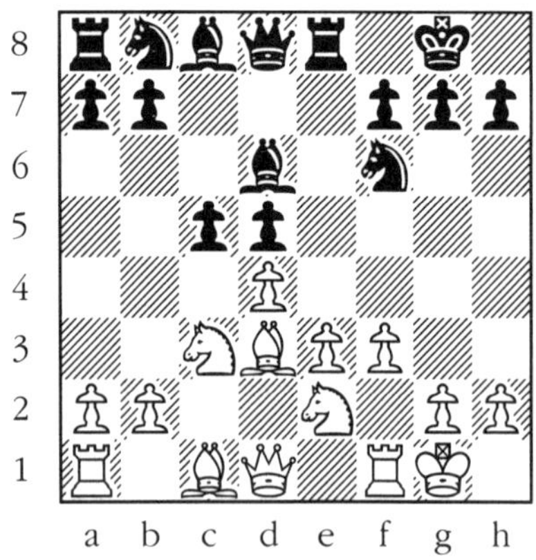

Diagramm 5

Mit Angriff auf das Zentrum

7.Sge2 Te8

Schwarz hat die halboffene e-Linie zur Verfügung, und die sollte er nutzen.

8.0-0 Ld6

Dies wirkt möglicherweise wie ein seltsamer Rückzug, vor allem, da die Figuren am Damenflügel noch auf ihren Ausgangsfeldern stehen. Aber Schwarz möchte schließlich ...c7-c5 spielen, und er möchte nicht, dass diese wichtige Figur im Abseits landet. Außerdem steht der Läufer auf d6 sehr aktiv und lässt Weiß über seinen Bauern h2 nachdenken.

9.f3

Stünde sein schwarzfeldriger Läufer außerhalb der Bauernkette, dann könnte Weiß einen langsameren Plan der Expansion am Damenflügel in Betracht ziehen. Aber so wie die Dinge liegen, besteht der Reiz darin, e3-e4 durchzusetzen, und, wenn Schwarz es zulässt, e4-e5!

9...c5 (Diagramm 5)

Pläne

Jetzt, wo Weiß seinen Bauern auf e3 geschwächt hat, macht sich Schwarz keine allzu großen Sorgen, dass sein Bauer d5 isoliert werden könnte. Sein letzter Zug übt Druck aufs Zentrum aus, und obwohl es vernünftig ist, d4 anzugreifen, besteht immer die Möglichkeit, ...c5-c4 zu spielen und einen starken Damenflügel mit ...b7-b5 etc. aufzubauen. Was Weiß betrifft, so wird es schwer sein, e4 und e5 durchzusetzen, aber in der Zwischenzeit sollte ein Manöver wie De1-h4 mit Chancen auf Königsangriff in Betracht gezogen werden.

Weiß spielt 5.Sf3

1.d4 Sf6 2.c4 e6 3.Sc3 Lb4 4.e3 0-0 5.Sf3 d5 6.Ld3

Die letzten beiden Züge des Weißen kommen überhaupt nicht überraschend und zusammen mit dem nächsten Zug des Schwarzen hätten sie alle in anderer Reihenfolge gespielt werden können.

6...c5 7.0-0 (Diagramm 6)

Im Zentrum ist eine schöne Struktur entstanden, und der letzte schwarze Zug hat Weiß signalisiert, dass der Nachziehende in diesem typischen Schlüsselabschnitt des Bretts mit Sicherheit ein Wörtchen mitreden möchte. Schwarz muss jetzt entscheiden, ob er die Spannung in der Brettmitte aufrechterhalten oder seinem Gegner einen isolierten Bauern verpassen möchte. Während die untenstehende Hauptfortsetzung am beliebtesten ist, ist Schwarz tatsächlich keineswegs gezwungen, die Situation zu klären. Tatsächlich kamen 7...b6, 7...Sbd7 und 7...Sc6 alle in der Praxis vor.

7...cxd4 8.exd4 dxc4

HINWEIS: Um ein Tempo zu gewinnen, hat Schwarz gewartet, bis Weiß seinen weißfeldrigen Läufer gezogen hat, um erst dann auf c4 zu nehmen.

9.Lxc4 (Diagramm 7)

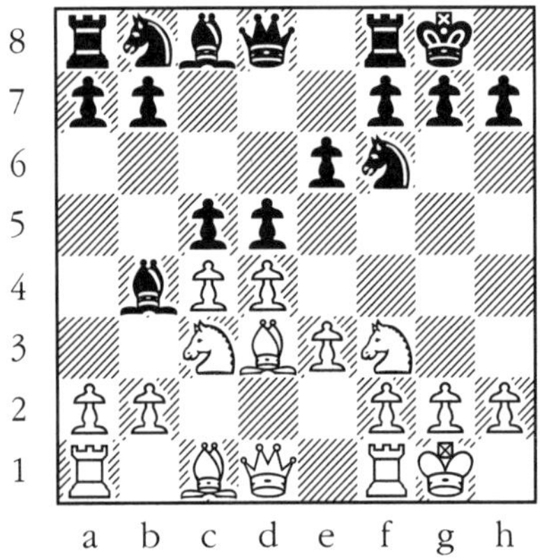

Diagramm 6

Entscheidungen, Entscheidungen!

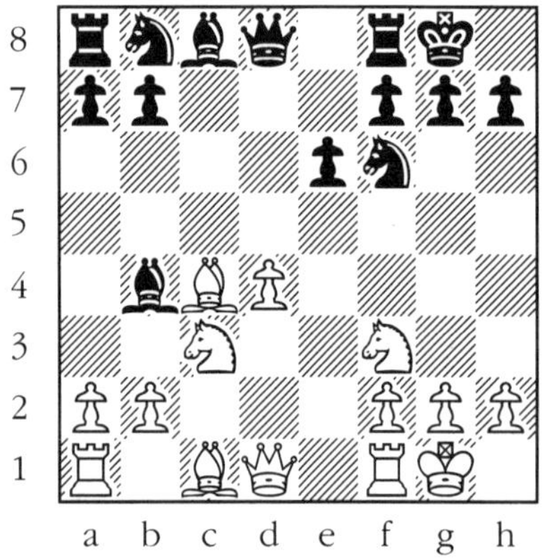

Diagramm 7

Das berühmte Mittelspiel mit isoliertem Bauer

Schwarz hätte die Reihenfolge seines siebten und achten Zuges umstellen können, aber das Ergebnis wäre das gleiche gewesen.

Pläne

Die in Diagramm 7 gezeigte Stellung mit dem isolierten Damenbauern kann über eine Reihe unterschiedlicher Eröffnungen entstehen, die auf den ersten Blick meilenweit vom Nimzo-Inder entfernt zu sein scheinen (z.B. über die Caro-Kann Verteidigung: 1.e4 c6 2.d4 d5 3.exd5 cxd5 4.c4 Sf6 5.Sc3 e6 6.Sf3 Lb4 7.Ld3 dxc4 8.Lxc4 0-0 9.0-0).

Ganze Bücher wurden über diese Stellung geschrieben, aber ich werde versuchen, die möglichen Pläne zusammenzufassen. Zunächst einmal ist der Bauer d4 isoliert und deshalb potenziell schwach. Langfristig gesehen kann Schwarz überlegen, seine Kräfte zu koordinieren, um den Bauern anzugreifen, obwohl dies im Moment nicht leicht ist und Weiß zahlreiche Verteidiger zur Verfügung stehen. Je mehr Figuren getauscht werden, desto schwächer wird dieser Bauer, und – typisch für Raumvorteil – Weiß sollte Abtausch vermeiden, bei dem er nichts gewinnt.

TIPP: Wenn man gegen einen isolierten Bauern spielt, dann kann man nichts falsch machen, wenn man das Feld direkt vor dem Bauern mit einer Figur besetzt.

In Bezug auf den obigen Tipp würde letztendlich jede schwarze Figur auf d5 eine gute Figur machen. Typischerweise wird Schwarz seinen Läufer nach b7 fianchettieren (entweder mit ...b7-b6 oder mit ...a7-a6 und ...b7-b5) und ein Manöver, das den Springer nach d5 bringt, ist sehr vernünftig. Schwarz kann seinen Läufer nach e7 zurückziehen, wo er helfen könnte, den Springer f6 zu entfesseln (falls Lg5 geschieht) oder er kann auf c3 tauschen. In diesem Fall wäre der d-Bauer nicht mehr länger isoliert, aber der neue c-Bauer könnte stattdessen zum Angriffsziel werden.

Weißspieler neigen dazu, den isolierten d-Bauern eher als Stärke und weniger als Schwäche zu betrachten. Tatsächlich gehört zu seinen hemmenden Eigenschaften die Kontrolle über das Schlüsselfeld e5 und damit die Verhinderung des befreienden Bauernvorstoßes ...e6-e5. Er unterstützt den Plan eines Angriffs am Königsflügel, wobei Dame und Läufer häufig gegen h7 gerichtet werden und auch ein Turmschwenk auf der dritten Reihe möglich ist. Obwohl Weiß oft von dem Feld e5 Gebrauch machen wird, sollte er auch darauf achten, ob der Vorstoß d4-d5 möglich ist, sollte Schwarz taktisch nicht aufpassen oder die entstehenden taktischen Möglichkeiten günstig für Weiß sein.

Beispielpartien

Partie 6

□ **Epishin** ■ **Pezerovic**

Bad Wiessee 2001

1.d4 Sf6 2.c4 e6 3.Sc3 Lb4 4.e3 0-0 5.Ld3 d6?! (Diagramm 8)

Nicht sehr inspirierend. Weiß erhält in dieser Partie problemlos Raumvorteil und mit Sicherheit macht er das Meiste daraus.

6.Sge2 b6 7.0-0

WARNUNG: Wenn Schwarz Züge wie ...d7-d6 und ...c7-c5 spielt, dann muss er sicher sein, seinen Läufer gegen den Springer zu tauschen oder zumindest sehr vorsichtig sein, dass der Läufer nicht gefangen wird.

7...Lxc3

Weiß drohte diesen Springer zu ziehen, um dann dem Läufer mit a2-a3 und b2-b4 zu Leibe zu rücken.

8.Sxc3 Lb7 9.e4 e5 10.d5

Alles läuft glatt für Weiß. Er hat das Läuferpaar, ohne dass er dafür seine Bauernstruktur kompromittieren musste und seine attraktiven vorgerückten Bauern lassen den verbleibenden schwarzen Läufer lächerlich aussehen.

10...Sbd7 11.Le3 Sc5 12.Lc2 a5 13.a3 Lc8 14.f3 Ld7 15.b4 (Diagramm 9)

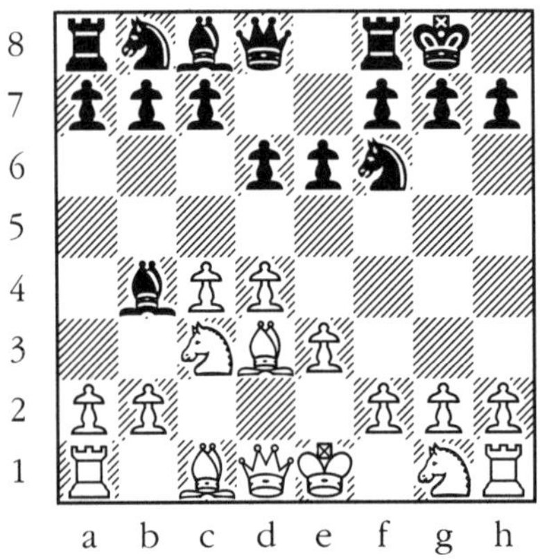

Diagramm 8

Ein bisschen passiv

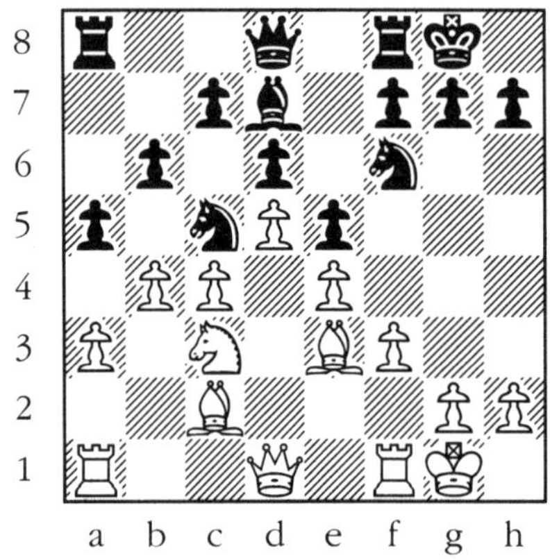

Diagramm 9

Schwarz wird zurückgedrängt

Weiß setzt seine Expansion am Damenflügel, wohin seine festgelegten Bauern (e4 und d5) zeigen, fort.

15...Sb7 16.Dd2 De7 17.Tfc1 Ta7 18.Lb3 Tfa8 19.Tab1 h6 20.Se2

FRAGE 3: Hätte Weiß hier nicht 20.b5 spielen sollen?

20...axb4 21.axb4 Se8 22.Sc3 Kh8 23.Tf1

HINWEIS: Eine Eigenheit eingeengter Stellung ist oft die mangelnde Kommunikation zwischen den Figuren auf dem Damen- und den Figuren auf dem Königsflügel.

Die schwarzen Springer würden Jahre brauchen, um die Seiten zu wechseln und die Türme sind mehr oder weniger an die a-Linie gebunden. Deshalb verlagert Weiß seine Aufmerksamkeit auf den Königsflügel und bereitet den Bauernvorstoß f3-f4 vor.

23...g5 24.Db2

Weiß hält den letzten schwarzen Zug für eine ernsthafte Schwäche und kehrt zum Damenflügel zurück.

24...f6 25.Ta1 Dd8 26.Kf2!?

Der weiße König fühlt sich absolut sicher und beginnt mit der

Zentralisierung. Vielleicht stellt er sich auf das Endspiel ein, obwohl auch einiges für die Idee h2-h4 spricht.

26...Kg7 27.Ke2 Db8 28.Kd2 Txa1 29.Txa1 Ta7 30.Th1

Der Großmeister verwendet viel Zeit darauf, mit seinem Gegner zu spielen – und das macht ihm eindeutig Spaß. Um noch einmal auf den Raumvorteil zurückzukommen, beachten Sie, wie lange die schwarzen Schwerfiguren im Vergleich zu den weißen brauchen würden, um zum Königsflügel zu kommen.

30...Ta8 31.h4 Da7 32.Lc2 Da3 33.Dxa3 Txa3 34.g3 Ta8 35.f4 Kg6 36.Ld1 Sg7 37.Kc1 Ta1+ 38.Kb2 Ta8 39.Le2 Te8 40.f5+ Kf7 41.Ta1!

Nach all dem stellt sich heraus, dass Weiß im Besitz der einzigen offenen Linie ist!

41...Tb8 42.Ta7

TIPP: Türme lieben nicht nur offene Linien, sondern auch die siebte Reihe.

42...Ke7 43.Ld1 Le8 44.g4 Ld7 45.h5

Weiß riegelt den Königsflügel ab, da er zuversichtlich ist, die nötigen Fortschritte auf der anderen Seite des Bretts erzielen zu können.

45...Se8 46.Ka3 Kd8 47.La4! Lxa4 48.Kxa4 Kc8 49.Kb5 Sd8 50.Ka6 (Diagramm 10)

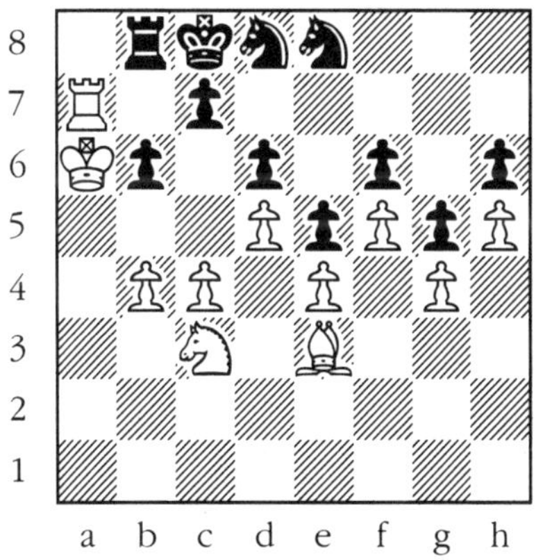

Diagramm 10

Schwarz hängt in den Seilen!

TIPP: Der König ist im Endspiel eine sehr nützliche Figur.

50...c5

Schwarz kämpft um Luft zum Atmen und eine brillante Gewinnvariante lautet 50...Sb7 51.Sa4 Sg7 (oder 51...Sd8 52.Lxb6! cxb6 53.Sxb6+ Txb6+ 54.Kxb6 wonach die schwarzen Springer in verzweifelten Schwierigkeiten stecken) 52.Lxg5! fxg5 53.f6 Sxh5 54.f7 Kd7 55.Txb7!.

51.Sb5 Tb7 52.Txb7 Sxb7 53.Kxb6 cxb4 54.Sa7+ Kb8 55.Sc6+ Kc8 56.Sxb4 Sd8 57.Sa6 Sb7 58.Sb4 Sd8 59.Sc6 Sf7 60.Ld2 Sc7 61.La5 Kd7 62.Kb7 Se8 63.Lb6 Sg7 64.Sb8+ Ke7 65.Kc8 Sxh5

Schließlich tut ein schwarzer Springer etwas, aber das reicht nicht aus.

66.gxh5 g4 67.c5 g3 68.c6 Schwarz gibt auf

Partie 7

□ Gulko ■ Adams

KasparovChess Grand Prix 2000

1.d4 Sf6 2.c4 e6 3.Sc3 Lb4 4.e3 0-0 5.Ld3 d5 6.a3

Eine Alternative zu 6.Sf3, 6.Sge2 und 6.cxd5.

6...Lxc3+ 7.bxc3 dxc4 8.Lxc4 c5 (Diagramm 11)

Dieser Bauer ist ungedeckt, aber obwohl Weiß sich mit 9.dxc5? eine gewisse Kontrolle über die schwarzen Felder verschafft, lässt der Zug die Damenflügelbauern doch schrecklich schwach zurück. Tatsächlich wären alle drei danach isoliert und einer von ihnen würde nach ...Da5 höchstwahrscheinlich fallen.

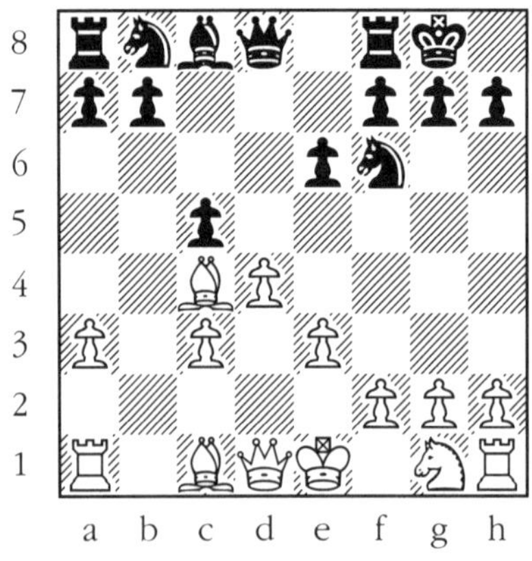

Diagramm 11

Die schwarze Dame kann nach a5 gehen

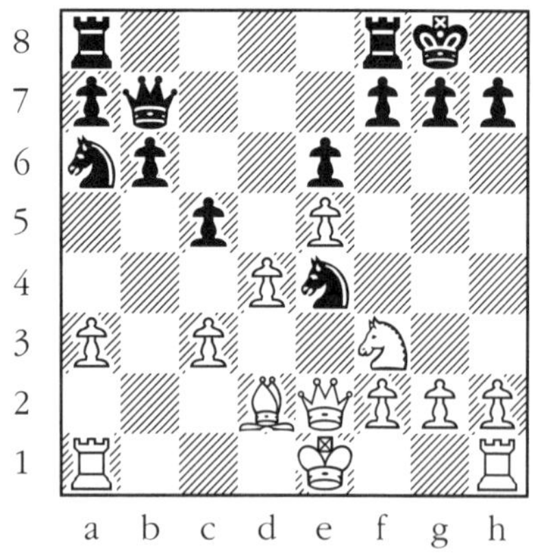

Diagramm 12

Schwarz verfügt über die Bauernmehrheit am Damenflügel

TIPP: Schwarz muss das Feld c5 nicht gedeckt haben, wenn er ...c5 spielt, da dxc5 häufig nicht erstrebenswert ist.

9.Sf3 Da5

Die Theorie deutet an, dass es die Mühe wert ist, den weißen Läufer nach d2 zu zwingen, da Schwarz ihn dann nie auf a3 auftauchen sehen wird (nach einem typischen Vorstoß mit a4-a5).

10.Ld2 Dc7!?

Ebenfalls spielbar ist 10...Se4 11.0-0 b6, aber hier entscheidet sich Schwarz dafür, zunächst seine Dame zurückzuziehen.

11.Ld3 b6

Als Alternative zu einem Plan mit ...Sc6 und ...e6-e5, verschafft Schwarz seinem weißfeldrigen Läufer Möglichkeiten.

12.e4

Die große Frage in dieser Art von Stellung lautet, ob der Mehrbauer des Weißen im Zentrum ihm einen Vorteil im Mittelspiel gibt oder ob sich die schwarze Mehrheit am Damenflügel als entscheidend im Endspiel erweist. Im Nachhinein glaube ich, Weiß hätte sich für 12.De2 entscheiden können, da dies ...La6 verhindert, aber ich bin sicher, viele Spieler würden sich für 12.e4 entscheiden.

12...La6

Thematisch. Schwarz möchte einen Teil des mächtigen Läuferduos abtauschen.

HINWEIS: Der Vorteil Läufer-gegen-Springer ist für gewöhnlich nicht so groß wie der Vorteil von zwei Läufern gegen Springer und Läufer.

13.Lxa6 Sxa6 14.De2 Db7!

Dies wirkt recht offensichtlich, da der Springer a6 jetzt gedeckt und das Feld c7 für sein weiteres Verbleiben geräumt worden ist. Dabei ist auch noch der Bauer e4 angegriffen, und es gibt keine weißen Figuren mehr, die zu seiner Verteidigung zur Verfügung stehen.

15.e5

Obwohl er auf das Feld f6 abzielt, möchte Weiß diesen Zug nur dann wirklich spielen, wenn er entweder das Feld e4 oder die Diagonale b1-h7 ausnutzen kann. Es steht jedoch kein weißer Springer bereit, um das Zentralfeld e4 zu besetzen und natürlich hat Weiß seinen weißfeldrigen Läufer bereits abgetauscht.

15...Se4 (Diagramm 12)

Das Feld d5 sieht wie der natürliche Vorposten für einen Springer aus, aber Schwarz hat dafür seinen anderen Springer auserkoren.

16.0-0 Tfd8 17.Tfd1 cxd4 18.cxd4 Sxd2 19.Txd2 h6!

Ein weiterer Mehrzweckzug. Sicher, Schwarz stoppt sinnvollerweise jedes Grundreihenmatt, aber Sg5 ist ebenfalls verhindert. Das bedeutet, dass Weiß keine wirklichen Chancen auf Königsangriff hat und sein Springer keine offensichtliche Zukunft. Anstatt eine Stärke zu sein, ist der Mehrbauer auf d4 jetzt eher eine Schwäche.

20.Tc1

So weit ich sehen kann, verläuft der Rest der Partie ein wenig deprimierend für Weiß. Deshalb und bevor Schwarz seine Springerblockade im Zentrum etablieren kann, wäre ich vielleicht zu 20.d5!? Txd5 21.Txd5 exd5 22.Sd4 versucht gewesen, wonach man wahrscheinlich guten Gewissens sagen kann, dass Weiß zumindest etwas Spiel für seinen Bauern hat. Davon abgesehen fürchte ich, dass es wirklich schwer fällt, zu sagen, wo Weiß in dieser Partie fehl greift (sein 12. Zug?). Allerdings muss man auch hinzufügen, dass Boris Gulko zwar ein starker Großmeister, aber sein Gegner Michael Adams absolute Klasse ist. Ich bin immer beeindruckt, wie die momentane Nummer Vier der Welt den Nimzo-Inder behandelt und seine Partien anzuschauen ist eine Freude.

20...Sc7 21.Tdc2 Sd5 22.g3 Tac8

Der Moment, in dem der Mehrbauer am Damenflügel ins Gewicht fallen wird, rückt näher.

HINWEIS: Der Begriff 'Bauernmehrheit am Damenflügel' meint genau das, was er sagt, nämlich einen Bauern mehr am Damenflügel zu haben. Darunter fällt ein '3 gegen 2 Bauern' oder ein '2 gegen 1 Bauern' Szenario und im Allgemeinen ist es gut, diese Mehrheit im Endspiel zu haben, wenn sich die Könige am Königsflügel befinden. Wenn allerdings beide Könige am Damenflügel ihren Weg beginnen, dann ist es besser, eine 'Bauernmehrheit am Königsflügel' zu haben. Sicher, es ist nützlich, einen Freibauern bilden zu können, um den gegnerischen König abzulenken, aber man sollte trotzdem daran denken, die Vorzüge jeder Stellung einzeln zu bewerten.

WARNUNG: Hüten Sie sich vor Verallgemeinerungen, diese natürlich ausgenommen!

23.Dd3 Txc2 24.Txc2 b5 (Diagramm 13)

Eine vernünftige Alternative ist natürlich 24...Tc8.

25.Tc5 a6 26.De4 b4 27.axb4 Dxb4 28.De1

Weiß kämpft noch immer darum etwas unternehmen zu können, und es ist Schwarz, der die Daumenschrauben anzieht.

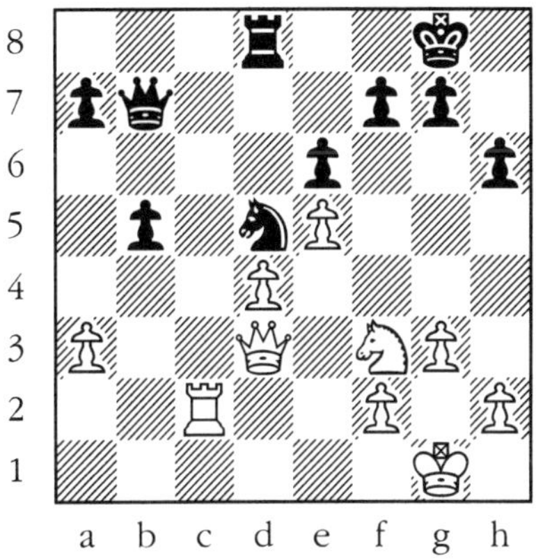

Diagramm 13

Der Springer hat einen hübschen Vorposten

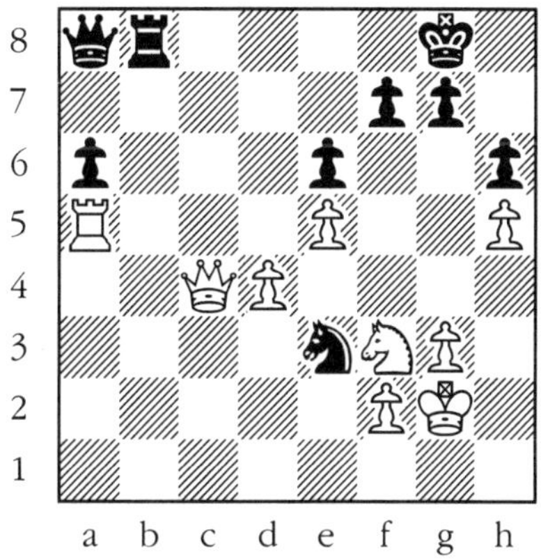

Diagramm 14

Schockbehandlung!

28...Db3 29.Kg2 Tb8 30.Dc1 Kh7 31.h4 Ta8

Schwarz hat große Pläne mit seinem freien a-Bauern.

32.Ta5 Db7 33.h5 Kg8 34.Dc2 Tc8 35.Tc5 Tb8 36.Dc4 Da8

Solch unglaubliche Manöver machen Adams zu einem Spieler, dem zuzusehen so schön ist. Jetzt steht der schwarze Turm auf einer offenen Linie, während seine Dame den Vorstoß des Bauern unterstützt und auf einer reizvollen Diagonale steht.

37.Ta5 Se3+!! (Diagramm 14)

Und aus heiterem Himmel kommt ein entscheidender Schlag.

38.fxe3 Tb2+ Weiß gibt auf

Falls Sie sich wundern: ...Dxf3, was als nächster Zug auf der Liste steht, erzwingt Matt in fünf Zügen!

Partie 8

□ Vera ■ Garcia Martinez

Kubanische Meisterschaft, Las Tunas 2001

1.d4 Sf6 2.c4 e6 3.Sc3 Lb4 4.e3 0-0 5.Ld3 d5 6.Sge2 (Diagramm 15) 6...c5 7.cxd5 exd5

7...cxd4 8.exd4 Sxd5 ist eine andere Möglichkeit, die zu einem Mittelspiel mit isoliertem Damenbauern führt, wobei der Springer auf e2 und nicht wie üblich auf f3 steht.

8.a3 Lxc3+

Die aktuelle Theorie bewertet 8...cxd4 9.axb4 (or 9.exd4 Lxc3+ 10.bxc3 b6) 9...dxc3 10.Sxc3 Sc6 als ausgeglichen.

9.bxc3 b6

Diese Möglichkeit ist typisch für das Spiel des Schwarzen. Er möchte den weißen Vorteil des Läuferpaars beseitigen, indem er seinen 'schlechten' Läufer gegen den 'guten' von Weiß tauscht.

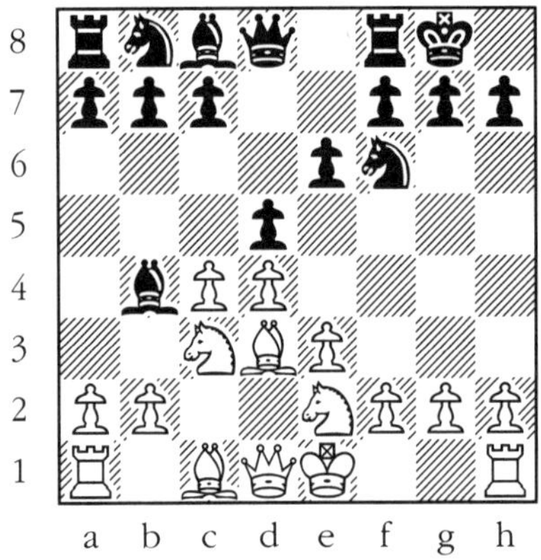

Diagramm 15

Lieber auf e2

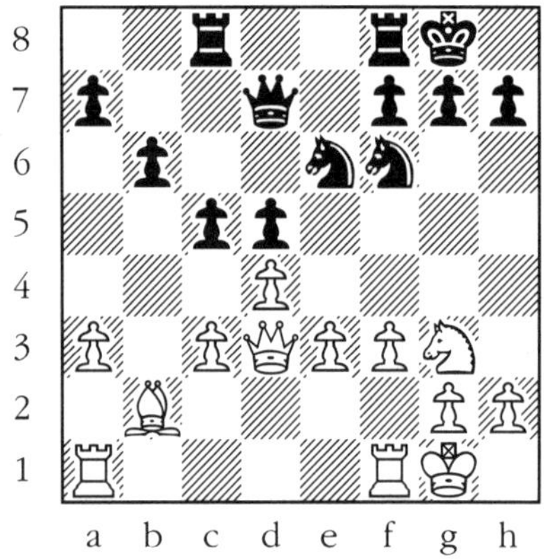

Diagram 16

Der weiße Springer fasst f5 ins Auge

10.0-0

Die folgende Partie ist eine gute Illustration einer erfolgreichen Strategie des Schwarzen: 10.f3 La6 11.0-0 Te8 12.Sg3 Lxd3 13.Dxd3 Sc6 14.Lb2 h5!? 15.Tad1 c4 16.Dd2 Dd7 17.Tde1 h4 18.Sh1 Df5 (Schwarz kämpft zunächst darum, die Kontrolle über das Feld e4 zu behalten) 19.Sf2 Dg6 20.Sh3 Te7 21.Df2 Dh7 22.e4 dxe4 23.Sg5 Dg6 24.Sxe4 Tae8 25.Sd6 Txe1 26.Txe1 Txe1+ 27.Dxe1 h3 28.De2 Db1+ 29.Kf2 Dh1 30.Df1 Dxh2 31.Sxc4 Sg4+ und Weiß gab auf, Bick-Del Rio Angelis, Ubeda 2000.

10...La6 11.Lxa6 Sxa6 12.Dd3 Sc7 13.f3 Se6 14.Lb2 Tc8 15.Sg3

Ohne einen schwarzen Bauern auf e6 ist das Feld f5 reif für eine Invasion und Weiß weiß genau, welche Figur er dort haben will. **15...Dd7 (Diagramm 16)**

16.e4 cxd4 17.cxd4 dxe4?

Der vorherige Zug des Schwarzen war möglicherweise eine Ungenauigkeit, aber dieser ist es ganz sicher. Bald sehen wir welche Folgen es hat, die f-Linie zu öffnen.

18.fxe4

Die hängenden Bauern können entweder sehr schwach oder sehr stark sein. In dieser Begegnung scheint Letzteres der Fall zu sein. Obwohl die Zentrumsbauern Angriffsziele sind, sieht der Läufer b2 jetzt viel Licht am Ende des Tunnels.

18...Sc5 19.De2 Sa4 (Diagramm 17) 20.Txf6! Sxb2

Was das Qualitätsopfer betrifft, so erhält Weiß nach 20...gxf6 21.Sh5 Kh8 22.Sxf6 Dd8 23.d5 ausgesprochen gute Kompensation.

21.Sf5!

Der Springer hüpft auf seine Idealposition, wo er außerdem auch noch den Bauern d4 verteidigt. Der Turm f6 kann wegen Dg4+ und Dg7 matt nicht genommen werden.

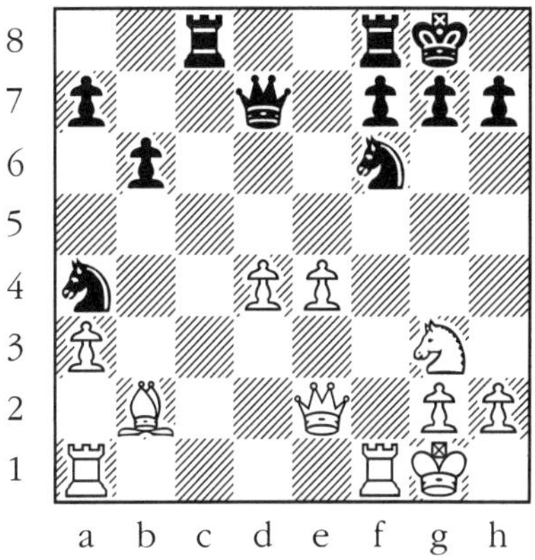

Diagramm 17

Die f-Linie wurde geöffnet

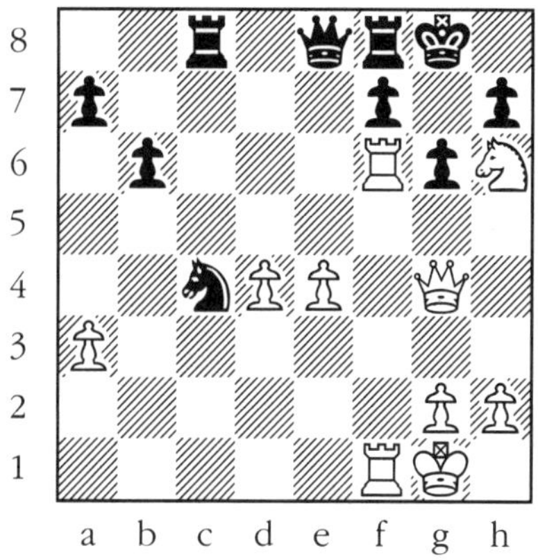

Diagramm 18

Ernsthaftes Druckspiel!

21...De8

Um diesen Zug besser zu verstehen, beachten Sie, dass 21...Sc4 22.Dg4 g6 23.Sh6+ die Dame verlieren würde.

22.Tf1

Jetzt sind alle weißen Figuren dabei.

22...Sc4 23.Dg4 g6 24.Sh6+ (Diagramm 18)

24...Kh8

24...Kg7 25.Txf7+ Txf7 26.Txf7+ Kxh6 27.Dh4 matt würde die Partie anders beenden.

25.Sxf7+ Kg7 26.Sd6 Schwarz gibt auf

Schwarz erleidet schwere Materialverluste.

Partie 9

□ **W.Georgiew** ■ **Kalinin**

Wijk aan Zee 2000

1.d4 Sf6 2.c4 e6 3.Sc3 Lb4 4.e3 0-0 5.Ld3 d5 6.cxd5 exd5 7.Sge2 Te8 8.0-0 Ld6

Da Weiß seinen schwarzfeldrigen Läufer zumindest zeitweilig eingesperrt hat, kann Schwarz sich auf den Standpunkt stellen, dass der Zug 3...Lb4 seine Aufgabe gut erfüllt hat. Mit Sicherheit hat er nicht mehr länger das Gefühl verpflichtet zu sein, den Läufer gegen einen Springer tauschen zu müssen, und auf d6 ist er drohend gegen den weißen König gerichtet.

9.Ld2 (Diagramm 19)

Die Jury tagt noch, ob dies ein raffinierter und nützlicher Zug oder Zeitverlust ist. Gebräuchlicher ist das sofortige 9.f3 c5 10.De1 Sc6 11.Dh4, aber wenn der schwarze Springer besser auf c6 steht, dann ist Ld2 (bringt Schwarz von ...c7-c5 ab, da Weiß das Feld e3 erst noch schwächen muss) vielleicht gerechtfertigt.

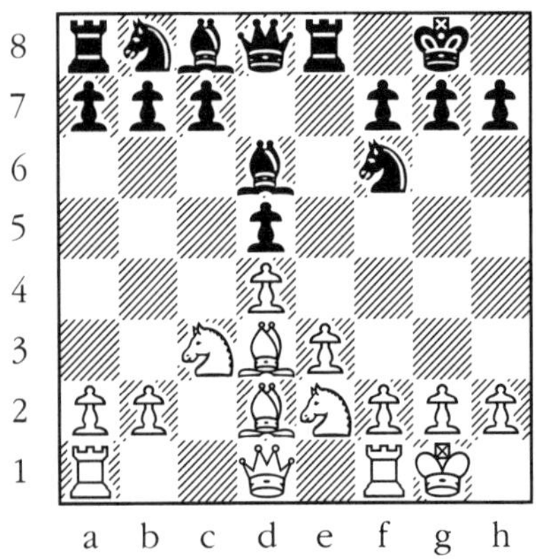

Diagramm 19

Ein Wartezug

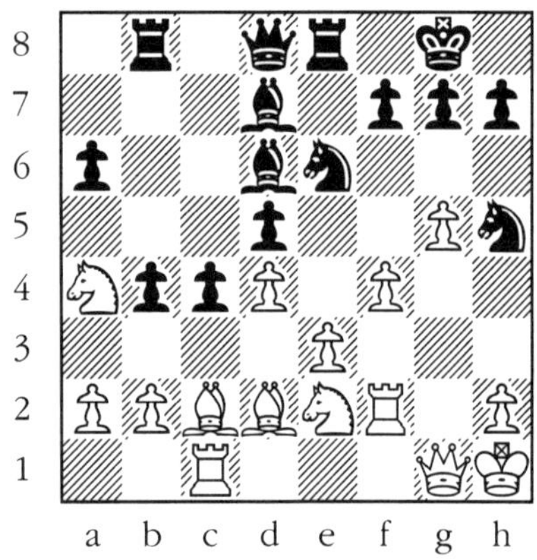

Diagramm 20

Raumgreifende Bauern

9...Sbd7 10.f3 c5

Angesichts des Drucks, den Schwarz gegen e3 ausüben könnte, macht er sich keine allzu großen Sorgen, einen isolierten Bauern zu bekommen. Außerdem ist der Vorstoß e3-e4 jetzt für Weiß noch schwieriger durchzusetzen.

11.Tc1 a6 12.Tf2 Sf8 13.Kh1 Se6 14.Dg1

Man kann sich des Gefühls nicht erwehren, dass die letzten drei Züge des Weißen (wenngleich es Vorbereitungszüge waren) einfach ein bisschen langsam sind. In der Zwischenzeit setzt Schwarz seine Expansion am Damenflügel fort.

14...b5 15.g4 b4 16.Sa4 c4 17.Lc2 Ld7 18.g5 Sh5 19.f4 Tb8 (Diagram 20)

Die vorgerückten weißen Bauern am Königsflügel sehen einfach nicht so bedrohlich aus wie ihre schwarzen Kollegen auf der anderen Seite des Bretts. Ein Blick genügt, und man sieht, dass der weiße Bauer, der die Mehrheit bildet, auf e3 steht, während der schwarze Mehrheitsbauer auf c4 sehr viel stärker ist. Tatsächlich droht Schwarz jetzt Figurengewinn mit 20...b3.

20.Ta1 Lb5 21.Dg4 g6 22.b3 c3 23.Lc1 Seg7

Tatsache ist, dass 23...De7! hier unglaublich stark gewesen wäre, denn der Zug droht unter anderem ...Lxe2 nebst ...Sexf4. Nichtsdestotrotz behält Schwarz weiterhin eindeutig die Oberhand, da die weißen Figuren am Damenflügel ein vollkommenes Durcheinander bilden.

24.Df3 Dd7 25.Sc5 Lxc5 26.dxc5 Se6 27.a3

Weiß muss irgendetwas versuchen, um seine Figuren am Damenflügel zu aktivieren, aber er hat unverkennbar Probleme.

27...a5 28.Kg1 d4!

Öffnet die Stellung in dem Moment, in dem Weiß an dem fehlenden Turm auf der Grundreihe leidet.

29.Sxd4 Sxd4 30.exd4 Te1+ Weiß gibt auf

Der Vorhang fällt. Nach 31.Kg2 ist 31...Lc6 vernichtend.

Partie 10

□ Rebel Tiger 12.0e ■ Shredder 4

Computerturnier, Cadaques 2000

1.d4 Sf6 2.c4 e6 3.Sc3 Lb4 4.e3 0-0 5.Ld3 d5 6.Sf3 c5 7.0-0 Sc6 (Diagramm 21) 8.a3

Weiß verfügt auch über die Möglichkeit, Schwarz mit dem sofortigen 8.cxd5 exd5 9.dxc5 Lxc5 10.b3 Lg4 einen isolierten Bauern zu verschaffen, aber dann würde der Läufer auf d3 deplatziert stehen (er gehört hier nach e2, wo er möglichem Druck gegen den Bauern d5 nicht im Wege steht).

8...Lxc3 9.bxc3 dxc4 10.Lxc4 Dc7 11.Le2

Bauerntausch im Zentrum würde diesen Läufer anfällig machen, aber da ...e6-e5 einen gebräuchlichen Plan des Schwarzen darstellt, kann man mit Fug und Recht sagen, dass 11.La2 ebenfalls ein vernünftiger Rückzug ist.

11...e5

Im Nachhinein hätte Schwarz vielleicht 11...Td8!? vorziehen sollen, um zu versuchen, den folgenden Bauernvorstoß zu unterbinden.

12.d5 Td8 13.e4! (Diagramm 22)

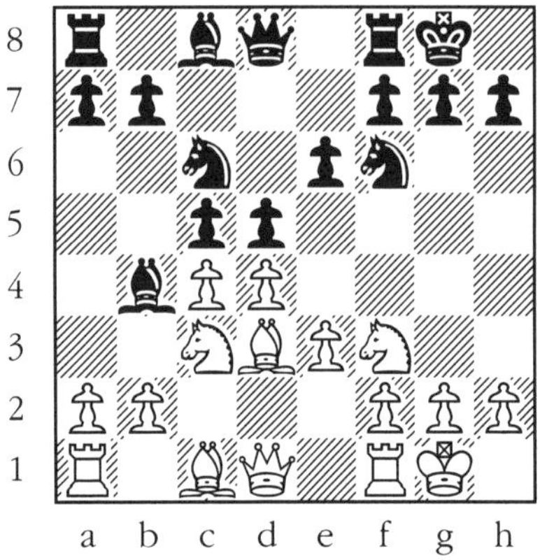

Diagramm 21

Noch wurde nichts geschlagen!

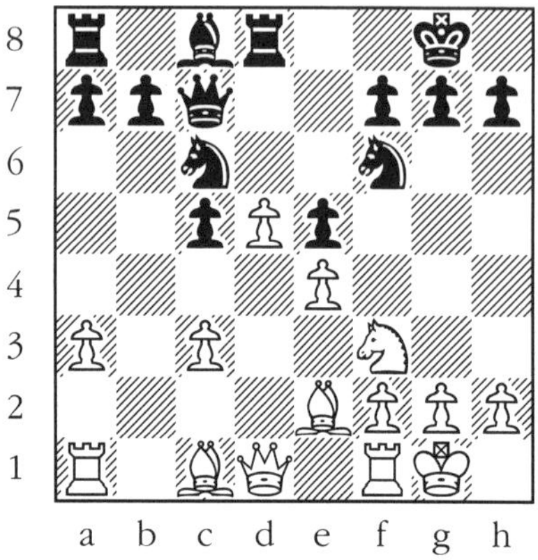

Diagramm 22

Hängt nicht wirklich

Hübsch. Schwarz kann nicht auf e4 nehmen, da nach 14.Dc2 beide Springer angegriffen wären.

13...Se7 14.Dc2 Sg6 15.Lg5 De7 16.g3 b6 17.a4!

TIPP: Wenn Schwarz einen Bauern auf b6 hat, dann ist es für Weiß immer die Mühe wert, diesen herausfordernden Plan mit a4-a5 zumindest in Betracht zu ziehen.

17...h6 18.Le3

TIPP: Wenn machbar, ist es oft vernünftig, einen gedeckten Freibauern mit einem Springer zu blockieren. Der Springer ist so beschaffen, dass er sich dort bequem niederlassen, aber zugleich auch noch andere Aufgaben erfüllen kann.

18...Lh3 19.Tfb1 Sg4

Aber leider wäre das Manöver ...Se8-d6 im Vergleich zu den weißen Plänen am Damenflügel immer noch zu langsam.

20.Ld2 Dc7 21.a5 (Diagramm 23) 21...bxa5?

Auf einen Menschen (!) wirkt dies sehr verdächtig, obwohl es nicht leicht ist, einen konstruktiven Alternativplan vorzuschlagen.

22.Tb5 Sf8 23.c4

Jetzt hat Schwarz einfach nur schwache Bauern am Damenflügel, während Weiß über einen gedeckten Freibauern und zwei reizende Läufer verfügt.

23...Tdb8 24.Tbxa5 Tb7 25.Se1 Sf6 26.f3 Lc8 27.Sd3 S8d7 28.Le3

Schwarz litt schon seit einer Weile unter ernsthaften positionellen Schwierigkeiten und jetzt kommt der unvermeidliche Verlust des Bauern c5.

28...Se8 29.Sxc5 Sxc5 30.Lxc5 a6 31.Lf2 Db8 32.T1a2 Sc7 33.Kg2 Tb1 34.Ld3 Tb3 35.c5 Se8 36.c6 h5 37.Lc5 h4 (Diagramm 24) 38.gxh4

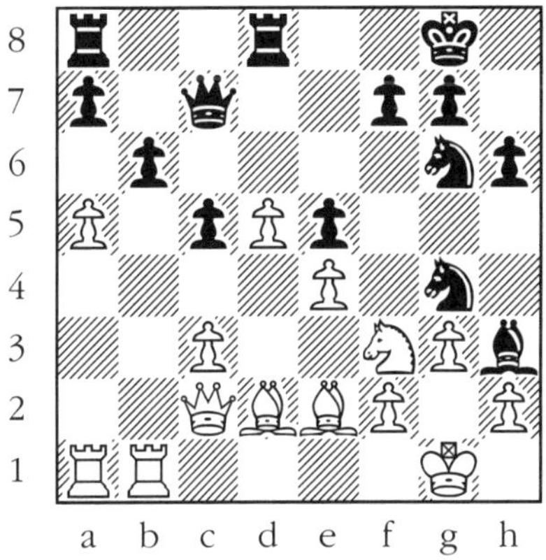

Diagramm 23

Der schwarze Damenflügel wird getestet

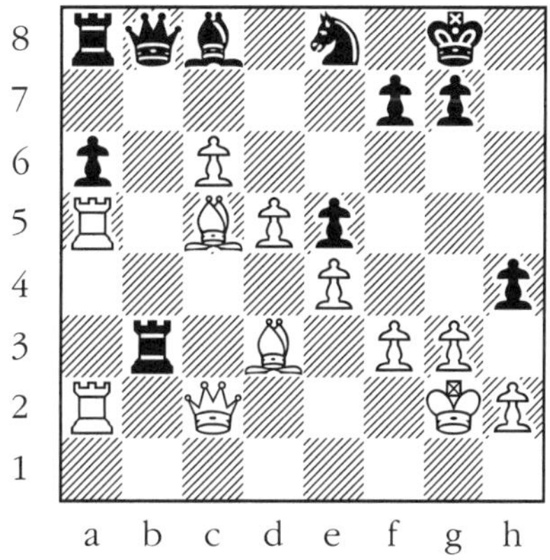

Diagramm 24

Die verbundenen Freibauern beherrschen die Stellung!

Stets sind es solche Züge, mit denen sich Computer verraten. Allerdings hat dieser Entschluss keinen Einfluss auf das Ergebnis der Partie.

38...Txd3 39.Dxd3 Dc7 40.Dc3 Tb8 41.Lb4 f5 42.exf5 Lxf5 43.Txa6 e4 44.d6 Sxd6 45.Ta7 exf3+ Schwarz gibt auf

Nur ein Racheschach. Schwarz muss die Dame geben, um das Matt auf g7 zu verhindern.

Partie 11

□ Wladimirow ■ Kasparow

Europa vs. Asien (Rapid), Batumi 2001

1.d4 Sf6 2.c4 e6 3.Sc3 Lb4 4.e3 0-0 5.Ld3 d5 6.Sf3 c5 7.0-0 cxd4 8.exd4 dxc4 9.Lxc4 b6 (Diagramm 25) 10.De2

Obwohl es Kasparow zweifellos versucht hat, wer könnte das schockierende Debakel nach 10.Lg5 Lb7 11.Te1 Sbd7 12.Tc1 Tc8 13.Db3 Le7 14.Lxf6 Sxf6 15.Lxe6 fxe6? (15...Tc7! wurde als bessere Verteidigung vorgeschlagen) 16.Dxe6+ Kh8 17.Dxe7 Lxf3 18.gxf3 Dxd4 19.Sb5 Dxb2? 20.Txc8 Txc8 21.Sd6 Tb8? 22.Sf7+ Kg8 23.De6! Tf8 24.Sd8+ Kh8 25.De7 Schwarz gibt auf, aus dem Braingames Weltmeisterschaftskampf zwischen Kramnik-Kasparow 2000 vergessen? 10.Te1 ist die andere beliebte Alternative.

10...Lb7 11.Td1 Lxc3

11...Sbd7 ist ebenfalls vernünftig, aber ab und zu entscheidet sich Kasparow dafür, sofort Bewegung in die Dinge zu bringen.

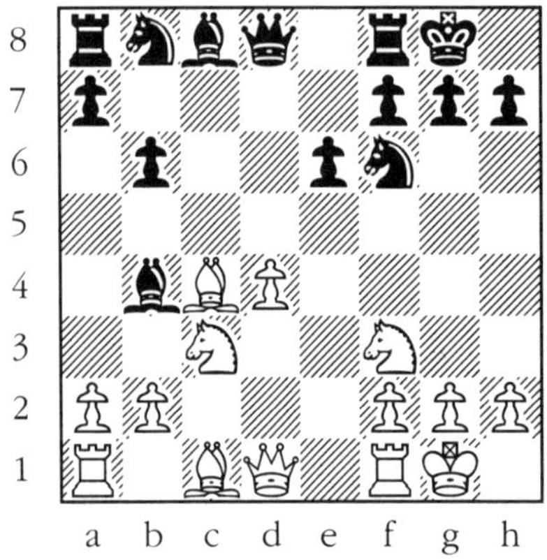

Diagramm 25

Der Läufer wird auf b7 entwickelt

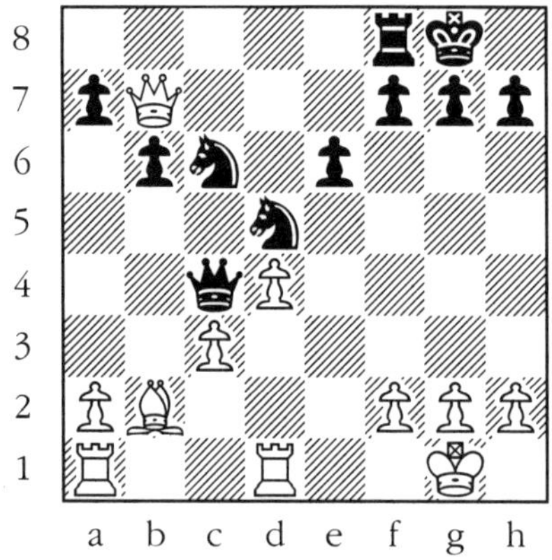

Diagramm 26

Der Läufer steht schlecht

12.bxc3 Dc7

Dieser raffinierte Zug wirkt sich bis auf den Bauern c3 aus und macht ...Lxf3, was die Bauern verdoppelt, zu einer ernsthaften Möglichkeit.

13.Lb2?!

Ich hätte geglaubt, dass hier 13.Ld2 vorzuziehen ist, aber die wirklich kritische Fortsetzung muss 13.Ld3!? Dxc3 14.Lb2 sein. Weiß könnte mit d4-d5 zur rechten Zeit ein zweites Bauernopfer zu bringen, wonach sein Läuferpaar einen wirklich starken Eindruck macht.

13...Lxf3!

Setzt die Politik der Destabilisierung fort.

14.Dxf3?

Diese Partie scheint anzuzeigen, dass 14.gxf3 besser ist. Weiß hat dann mehr Bauerninseln, aber es besteht immer noch die Möglichkeit, dass sich die zwei Läufer am Geschehen beteiligen. Außerdem könnte er die halboffene g-Linie eventuell zum Angriff nutzen.

14...Dxc4!

Zuversichtlich aufs Brett geworfen, denn Schwarz brauchte die Komplikationen nach 14...Sg4 eindeutig nicht untersuchen. In der Partie verirrt sich die weiße Dame hinter den feindlichen Linien.

15.Dxa8 Sc6 16.Db7 Sd5 (Diagramm 26)

Während der weiße Läufer schrecklich aussieht, dominieren die schwarze Dame und der schwarze Springer im Zentrum. Doch obwohl die weiße Dame nicht mehr viele Felder hat, ist sie noch nicht verloren und Weiß hat natürlich immer noch eine Qualität mehr.

17.Te1 Tb8! 18.Dd7 Td8

Zeigt, wer Chef im Ring ist. Schwarz hätte ein Remis durch Zugwiederholung erreichen können, aber ihm schwebt etwas anderes vor.

19.Db7 h5!?

Das sofortige 19...Sa5 20.Dxa7 Dc6 (mit der Drohung ...Ta8) sieht aussichtsreich aus, z.B. 21.Te5 (oder 21.c4 Sxc4 22.Tac1 Sf4 23.f3 Sd3 24.Txc4 Dxc4 25.Dxb6 Ta8) 21...Ta8 22.Txd5 (nutzt die Mattdrohung auf der Grundreihe aus) 22...exd5 23.De7 Sc4. Da Weiß nach 23.Db4 (und nicht 23.Lc1?? Te8) wohl immer noch mitspielt, zieht Kasparow stattdessen die Daumenschrauben weiter an. Der Textzug löst das Grundreihenproblem und der h-Bauer könnte sogar eine Rolle im Angriff spielen.

20.Lc1?!

Womöglich besorgt über die Möglichkeit 20...Sf4 übersieht Weiß die schwarze Drohung.

20...Sa5! 21.Dxa7 Dc6 22.Da6

Wie bereits erwähnt funktioniert 22.Te5 Ta8 23.Txd5 Txa7 24.Td8+ jetzt unter anderem nicht wegen 24...Kh7.

22...Sc4 23.Tb1 Sc7 Weiß gibt auf (Diagramm 28)

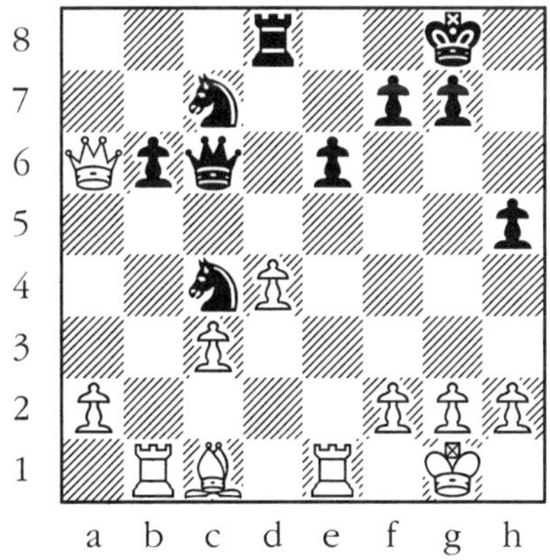

Diagramm 28

Die Dame hat keine Fluchtfelder mehr

Da 24.Txb6 die einzige 'Rettung' ist, warf Weiß das Handtuch.

Kapitel Drei

Die Rubinstein-Variante 4.e3 c5

- Einleitung
- Weiß spielt 5.Sf3
- Weiß spielt 5.Ld3
- Weiß spielt 5.Sge2
- Beispielpartien

Einleitung

1.d4 Sf6 2.c4 e6 3.Sc3 Lb4 4.e3 c5 (Diagramm 1)

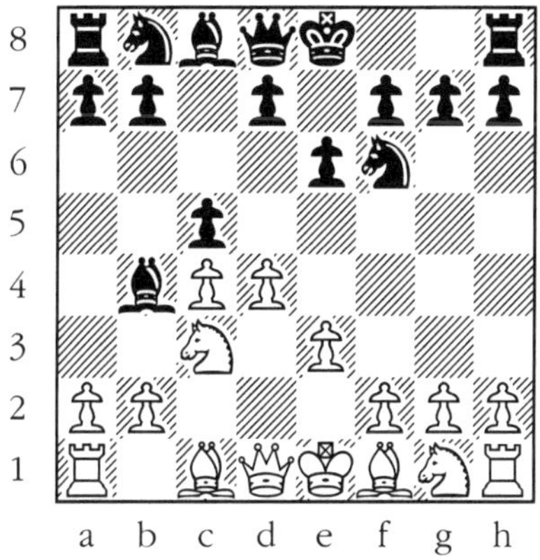

Diagramm 1

Greift das Zentrum an

Obwohl ich noch einmal betonen muss, dass Zugumstellungen von Varianten aus diesem Kapitel zu Varianten aus den beiden vorhergehenden Kapiteln nicht unwahrscheinlich sind, zeigt Diagramm 1, wie Schwarz geradewegs zur Sache kommt. 4...c5 zögert die Rochade etwas hinaus, um sich sofort dem Zentrum zu widmen.

Hinweis: Weiß ist in solchen Stellung nur selten versucht, diesen Bauern zu nehmen, da es danach durchaus realistisch ist, dass er mit einem isolierten Doppelbauern oder sogar einem isolierten Tripelbauern verbleibt.

Wenn er 5.dxc5 verwirft, muss Weiß entscheiden, welche Figurenaufstellung er wählt und da gibt es eine vertraute Möglichkeit. Sein weißfeldriger Läufer könnte von d3 angelockt sein und der Springer muss sich wie üblich zwischen e2 oder f3 entscheiden. Schauen wir uns ein paar Möglichkeiten an.

Weiß spielt 5.Sf3

1.d4 Sf6 2.c4 e6 3.Sc3 Lb4 4.e3 c5 5.Sf3 (Diagramm 2)

Dies gilt als eine ziemlich harmlose Fortsetzung, die auch über die alternative Nimzo-Indische Zugfolge 4.Sf3 c5 5.e3 erreicht werden kann.

5...Sc6

Nur eine von etlichen spielbaren Fortsetzungen. Weiß hat d4 gut gedeckt, aber Schwarz entwickelt seinen Springer einfach auf ein vernünftiges Feld.

6.Ld3

HINWEIS: Obwohl im Allgemeinen ziemlich verlockend für Weiß, ist der Vorstoß d4-d5 weit davon entfernt, immer gut zu sein. Der Bauer wird auf d5 zum Angriffsziel und wegen des gefesselten Springers auf c3 ist der unterstützende Vorstoß e4 nicht immer möglich. Tatsächlich ist Weiß oft gut beraten, seine Bauernstruktur beweglich zu halten und später könnte sich d4-d5 als wirklich kraftvoll erweisen.

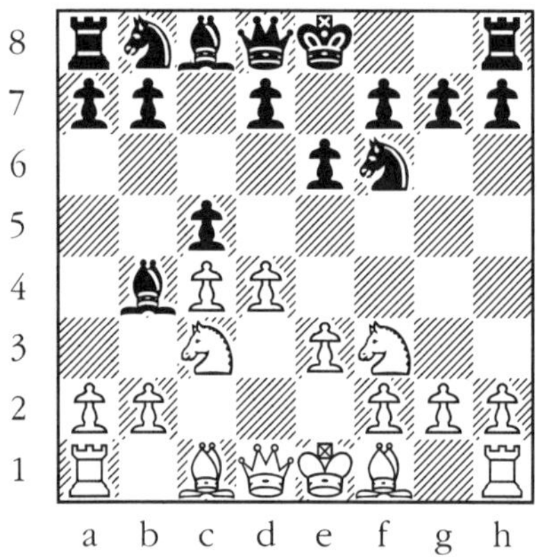

Diagramm 2

Mangelnder Ehrgeiz?

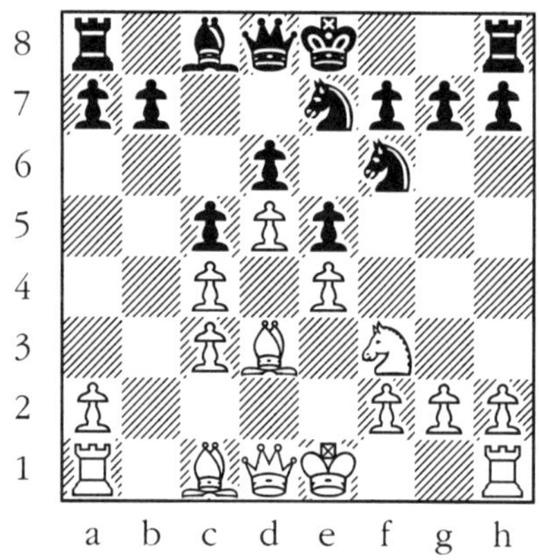

Diagramm 3

Ein verzwicktes Mittelspiel steht bevor

TIPP: Oft ist die Drohung stärker als die Ausführung!

Ja, der letzte Tipp ist ein beliebter Ratschlag. Schwarz wird sich immer um den Vorstoß des weißen d-Bauern kümmern müssen, aber erst einmal schauen wir uns in der ersten Beispielpartie dieses Kapitels an, was nach 6.d5 geschieht.

6...Lxc3+ 7.bxc3 d6

Nachdem er seinen schwarzfeldrigen Läufer abgetauscht hat, versucht Schwarz logischerweise seine Bauern auf schwarze Felder zu stellen, damit sie den noch verbleibenden Läufer ergänzen.

8.e4 e5 9.d5

Da der Bauer auf d4 unter Druck steht, gibt Weiß schließlich nach. Natürlich ist es sinnvoller, diesen Bauern vorzurücken und mehr Raum zu gewinnen, als die Bauern zu tauschen und mit isolierten Doppelbauern zu verbleiben.

HINWEIS: Doppelbauern sind nicht notwendigerweise schlecht. Naturgemäß bedeuten Doppelbauern, dass es zumindest eine halboffene Linie gibt und oft kontrollieren sie Schlüsselfelder.

9...Se7 (Diagramm 3)

Pläne

Obwohl der Bauer c4 oft zum Angriffsziel wird und Schwarz in einer anderen Situation vielleicht ...Sa5 mit möglichem nachfolgendem ...b7-b6 und ...La6 vorgezogen hätte, spielt der Bauer doch auch eine positive Rolle. Die Chancen, dass Schwarz am Damenflügel mit ...b7-b5 vorrückt, sind gering, und tatsächlich könnte Weiß sich dafür entscheiden, seinen a-Bauern und die b-Linie zu nutzen, um Druck auf seinen Gegner auszuüben. Außerdem erfüllt der Bauer auf c3 seine Aufgabe gut, die gegnerischen Springer von dem fernzuhalten, was andernfalls ein ausgezeichneter Vorposten auf d4 wäre. Andere typische Pläne für Weiß, um zu versuchen Fortschritte zu erzielen, bestehen darin, dass er sich dem Bauernvorstoß f2-f4 zuwendet und versucht, einen Springer nach f5 zu bringen. Im Gegenzug ist das Feld f4 attraktiv für die schwarzen Springer und die schwarze Strategie besteht oft einfach darin, den Gegner einfach zu frustieren. Schwarz hat keine wirklichen Schwächen und weiß, dass die meisten Endspiele günstig für ihn sein sollten.

Weiß spielt 5.Ld3

1.d4 Sf6 2.c4 e6 3.Sc3 Lb4 4.e3 c5 5.Ld3 Sc6 6.Sge2

Mittlerweise wissen wir, dass dies ein übliches Merkmal von 4.e3 ist; der Königsspringer entschließt sich, seinen Kollegen zu unterstützen.

6...cxd4 7.exd4 d5 8.cxd5

Da der Springer auf c3 gedeckt ist, entscheidet sich Weiß dafür, die Bauern zu tauschen, anstatt ...dxc4 zu gestatten, was seinen Läufer (wenn auch nur zeitweise) von seiner aktivsten Diagonale ablenken würde.

8...Sxd5 9.0-0 0-0 (Diagramm 4)

Pläne

Viele der Ideen, die ich bei meiner letzten Erörterung der typischen Stellung mit isoliertem Damenbauer erläutert habe, sind auch in dieser Stellung von Belang. Wie aus Diagramm 4 ersichtlich besteht der klare Unterschied darin, dass hier ein Springer auf e2 und nicht auf f3 steht. Dies bedeutet, dass Weiß einen anderen Weg einschlagen wird. Gewiss, er unterstützt c3, aber dann wiederum übt Weiß weniger Druck auf das Feld e5 aus. Der Bauer d4 wird schwächer, je mehr Figuren getauscht werden, und ein weißer Königsangriff (möglicherweise mit Lc2 und Dd3 eingeleitet) sollte mit Sicherheit in Betracht gezogen werden.

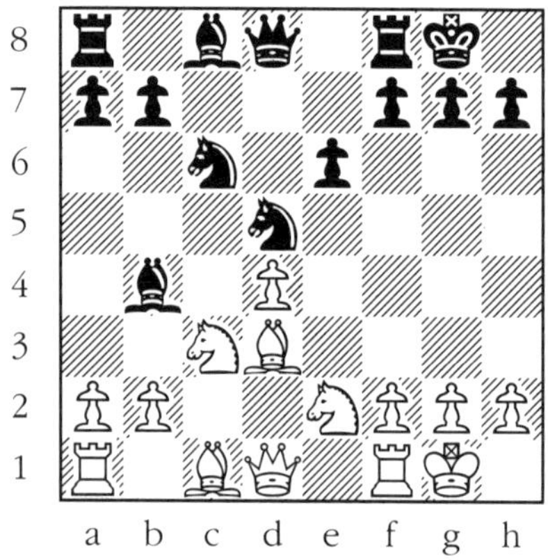

Diagramm 4

Der isolierte Bauer wird blockiert

Weiß spielt 5.Sge2

1.d4 Sf6 2.c4 e6 3.Sc3 Lb4 4.e3 c5 5.Sge2

Weiß stellt sicher, dass er keine Doppelbauern erhält und nimmt dafür in Kauf, dass er seinen Läufer behindert.

5...cxd4 6.exd4 d5

Die von mir ausgewählte Variante dient hier dazu, eine neue Dimension einzuführen. Allerdings, und etwas anders als alles, was wir bislang gesehen haben, ist auch 6...0-0 7.a3 Le7 8.d5 exd5 9.cxd5 möglich. Der weiße Bauer auf d5 gibt Weiß schönen Raumvorteil, aber dafür liegt Weiß in der Entwicklung zurück. Um rochieren zu können, muss er möglicherweise seinen Königsläufer fianchettieren, während Schwarz das meiste aus der e-Linie macht und darüber nachdenkt, wie er seine Figuren am Damenflügel ins Spiel bringt.

7.a3 Le7

Es scheint eine Schande zu sein, dem Weißen zu helfen sich zu befreien, obwohl ihm mit 7...Lxc3+ 8.Sxc3 dxc4 einen Doppelbauern zu verpassen eine akzeptable Alternative ist.

8.c5

Dieses Konzept musste schließlich auftauchen, obwohl man fairer Weise sagen muss, dass dies hier wahrscheinlich erzwungen ist, da ein isolierter Damenbauer bei einem Läufer, der auf f1 vor sich hin dümpelt, definitiv nicht wünschenswert ist.

8...0-0 9.g3

Der Läufer auf f1 muss entwickelt werden, damit Weiß rochieren kann, und im Moment kommt es ungelegen, den Springer e2 zu bewegen.

9...b6

Ein nützlicher Einschub. Schwarz fordert die einschnürenden Bauern des Weißen heraus und macht zugleich ...La6 möglich.

10.b4 (Diagramm 5)

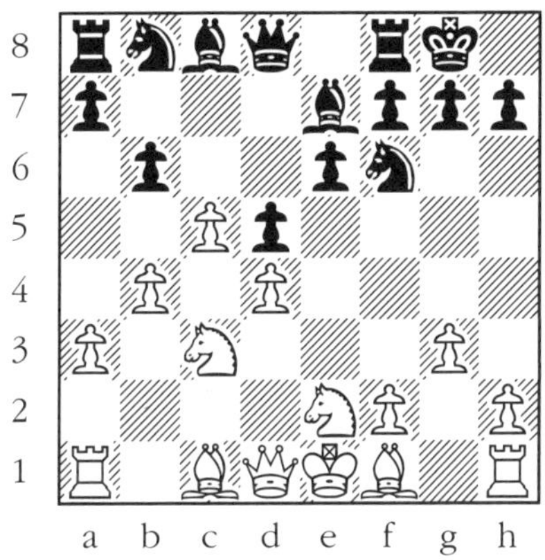

Diagramm 5

Ein Ungleichgewicht in der Bauernstruktur

Pläne

Es ist alles andere als eine große Überraschung, dass Weiß seinen vorgerückten c-Bauern auf diese Weise unterstützen möchte. Tatsächlich würde 10.cxb6 dem Schwarzen die Initiative überlassen, da der isolierte weiße Bauer auf d4 sehr viel mehr zum Angriffsziel werden würde als der schwarze a- oder b-Bauer.

Jetzt deutet alles auf ein aufregendes Mittelspiel hin, vor allem wenn, was wahrscheinlich ist, 10...bxc5 11.dxc5 geschieht. Zentrumsbauern gelten in der Eröffnung immer als wichtig und Schwarz hätte zwei mehr davon. Andererseits verfügt die weiße Bauernmehrheit am Damenflügel auch ganz klar über Potenzial.

Beispielpartien

Partie 12

□ Norri ■ Pulkkinen

Helsinki 1993

1.d4 Sf6 2.c4 e6 3.Sc3 Lb4 4.e3 c5 5.Sf3 Sc6 6.d5

Wie bereits weiter oben erwähnt könnte es sein, dass viele Vereinsspieler diesem frühen Vorstoß nur schwer widerstehen könnten, obwohl er auf höchstem Niveau tatsächlich nur sehr selten vorkommt.

6...Se7

Der Bauer auf d5 gewinnt Raum, aber wurde auch zum Angriffsziel. Denken Sie daran, dass 7.e4 offensichtlich nicht möglich ist, weil der Springer auf c3 gefesselt ist.

7.d6 Sf5 (Diagramm 6)

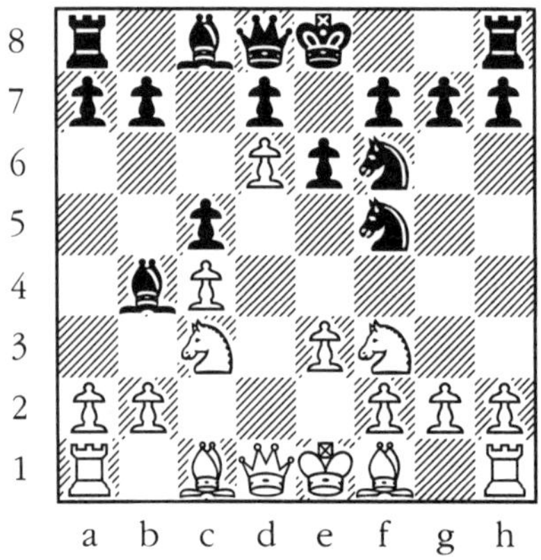

Diagramm 6

Stark oder schwach?

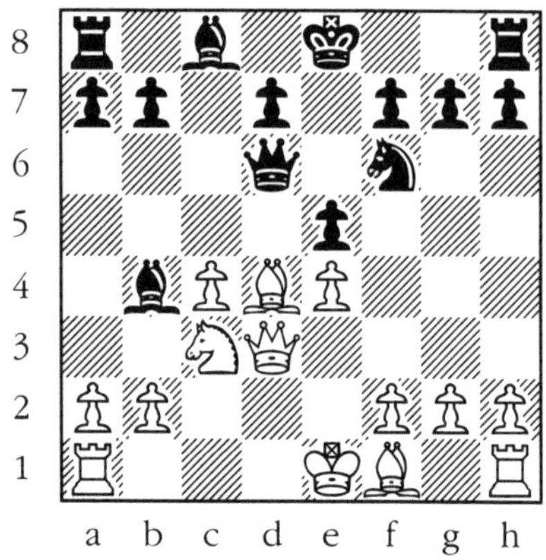

Diagramm 7

Symmetrische Damen!

Der d-Bauer ist weiter in gegnerisches Territorium eingedrungen und könnte leicht dazu beitragen, den Gegner zu erdrosseln. Doch Schwarz verfolgt die Absicht, ihn zu umzingeln.

8.Dd3

Weiß hätte es vorgezogen, seine Dame nicht so früh zu ziehen, aber 8...Se4 war eine Drohung.

8...Db6

Die Bauer d6 ist nun zwei Mal angegriffen, was Weiß zu einer Erklärung zwingt.

9.e4 Sd4

Okay, dieses Feld ist ein Vorposten, aber Schwarz rechnet nicht ernsthaft damit, dass dieser Springer dort dauerhaft bleibt. Allerdings erfüllt er doch den Zweck, die Deckung des einsamen Bauern durch die weiße Dame zu unterbrechen.

10.Le3

Mutiger war 10.e5!?, aber nach 10...Sg4 fürchtete Weiß zweifellos, dass beide Bauern fallen könnten.

10...Dxd6 11.Sxd4 cxd4 12.Lxd4 e5! (Diagramm 7) 13.a3

Nach 13.Le3 Dxd3 14.Lxd3 Lxc3+ 15.bxc3 würde der isolierte weiße Doppelbauer auf der c-Linie bald Probleme bekommen.

13...exd4 14.axb4 0-0 15.Le2 Dxb4 16.Dxd4 Sxe4! 17.0-0

Nach 17.Dxe4 Dxb2 würde Schwarz das Material zurückgewinnen.

17...Dxb2 18.Dxe4 Dxc3 (Diagramm 8)

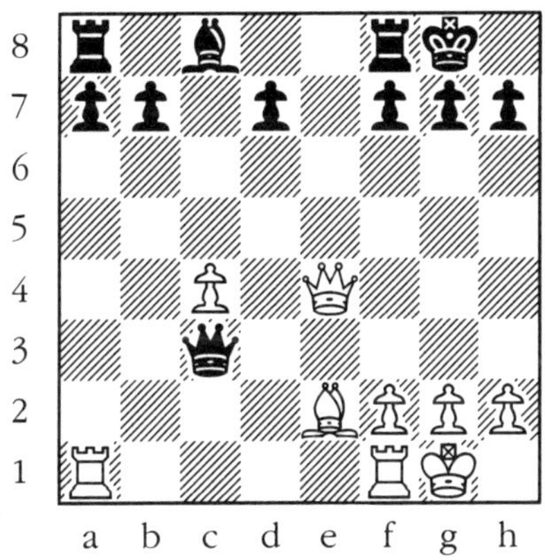

Diagramm 8

Mehrbauern

Schwarz hat jetzt zwei Bauern mehr und der Rest ist ziemlich klar.

19.Tfd1 d6 20.Lf3 a5 21.Tab1 a4 22.Txd6 a3 23.Tdd1 a2 24.Ta1 Le6 25.Dxb7 Tab8 26.Da7 Dxa1 27.Txa1 Tb1+ 28.Ld1 Txa1 29.Da4 Td8 Weiß gibt auf

Partie 13

□ Babula ■ Van der Sterren

Bundesliga 2000

1.d4 Sf6 2.c4 e6 3.Sc3 Lb4 4.e3 c5 5.Ld3 Sc6 6.Sf3 Lxc3+ 7.bxc3 d6 8.0-0

Weicht von der Variante 8.e4 e5 9.d5 Se7 aus dem theoretischen Abschnitt ab.

8...e5

Schwarz reagiert jedoch auf die gleiche Weise. Seine schwarzfeldrigen Bauern bilden eine schöne Ergänzung seines weißfeldrigen Läufers.

9.Sd2 (Diagramm 9)

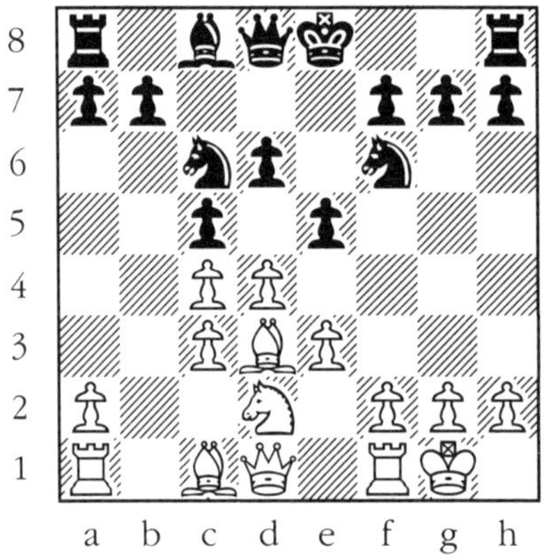

Diagramm 9

Bereitet f2-f4 vor

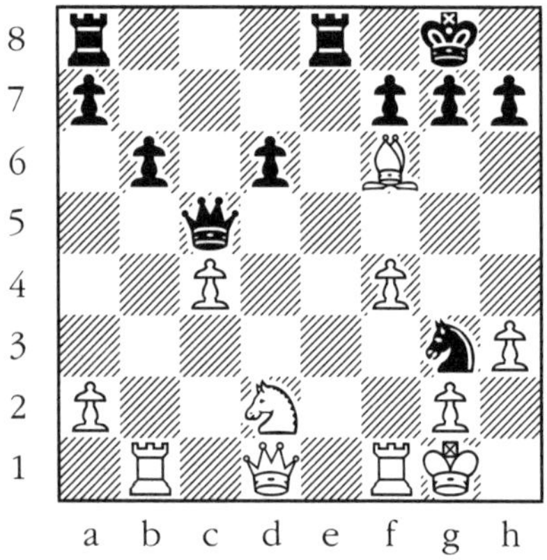

Diagramm 10

Ein unangenehmes Schach

HINWEIS: Es ist ein häufig vorkommendes Motiv in dieser so genannten 'Hübner-Variante', dass Weiß Schwarz erlaubt, d4 öfter anzugreifen, als der Bauer gedeckt ist. Die Logik dahinter ist, dass Weiß nichts dagegen hat, weitere Bauern vom Brett zu bekommen (selbst wenn dies einen Bauern kostet), da dies seinen Läufern mehr Bewegungsfreiheit verschafft. Im Gegensatz dazu zieht Schwarz eine stärker blockierte Bauernstruktur vor, in der seine Springer den Ton angeben.

Weiß macht den Weg frei, damit sein f-Bauer ins Geschehen eingreifen kann. Auch 9.Sg5, ebenfalls mit der Idee, nach e4 zu gehen, ist möglich.

9...0-0 10.Tb1 Dc7!?

Eine Alternative zu 10...De7, was ...e5-e4 unterstützen würde. Aber Schwarz hat einen Grund für seine Entscheidung.

11.h3

Liebend gerne würde Weiß die Stellung für sein Läuferpaar öffnen und f4 scheint ihm dafür der perfekte Vorstoß zu sein. Allerdings glaubt er, dass es erst einmal nötig ist, die Möglichkeit ...Sg4 zu unterbinden. Doch wie sich herausstellt, bringt dies durch das bald entstehende Loch auf g3 Nachteile mit sich.

11...b6

Schwarz folgt weiter der Lehrbuchstrategie und stellt seine Bauern auf Felder der Farbe, die sein verbleibender Läufer nicht deckt. Dies stützt den Bauern c5, beugt möglichen Problemen vor, die der Turm b1 dem Bauern bereiten könnte und macht zukünftiges ...La6 möglich.

12.f4

Kommt direkt zur Sache, obwohl angesichts der Partiefortsetzung 12.Se4 möglicherweise vorsichtiger gewesen wäre.

12...exd4 13.cxd4 cxd4 14.exd4 Te8!

Stärker als sofortiges 14...Sxd4, wonach 15.Se4 angesichts eines zukünftigen Lb2 ziemlich gefährlich sein könnte.

15.Kh1?!

Der weiße König versucht sich in Sicherheit zu bringen, aber bereitet sich doch nur noch mehr Probleme!

15...Sxd4 16.Lb2 Lf5!

Ein Schlüsselzug, der das weiße Schicksal praktisch besiegelt.

17.Lxf5 Sxf5 18.Lxf6 Sg3+ 19.Kg1 Dc5+ (Diagramm 10) 20.Kh2 Sxf1+ 21.Sxf1 gxf6

Zu guter Letzt nimmt Schwarz diesen Läufer und verbleibt mit großem Materialvorteil.

22.Sg3 Kh8 23.Tb5 Df2 24.Da1 Te6 25.Tf5 Tg8 26.Dc3 Tg6 Weiß gibt auf

---

Partie 14

□ Kacheischwili ■ Jenni

Anibal Open, Linares 2001

1.d4 Sf6 2.c4 e6 3.Sc3 Lb4 4.e3 0-0

Tatsächlich geschah 4...0-0 und nicht 4...c5, aber diese Partie ist in diesem Kapitel besser aufgehoben als im vorherigen.

5.Ld3 c5 6.Sge2 Sc6

Nicht so beliebt wie 6...cxd4 7.exd4 d5 oder sogar das sofortige 6...d5, die beide die Stellung des Damenspringers noch nicht festlegen.

7.0-0 d5

7...cxd4 8.exd4 d5 ähnelt stärker der Hauptvariante, in der Weiß im Allgemeinen zwischen den Zügen 9.Lg5, 9.a3 und 9.cxd5 wählt.

8.cxd5 exd5 9.a3 Lxc3 10.bxc3 Te8 11.f3 b6 (Diagramm 11)

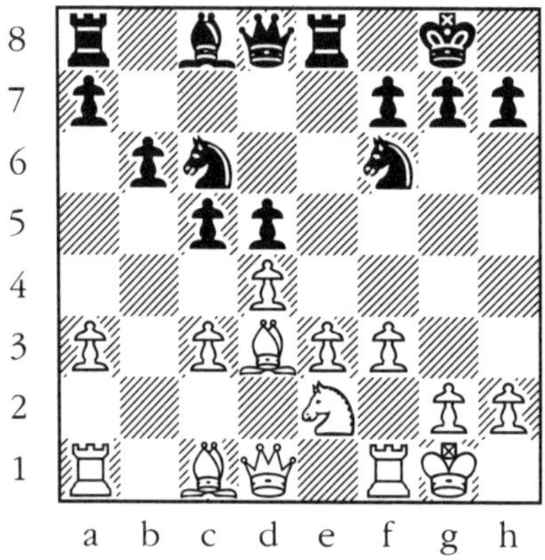

Diagramm 11

Spannung im Zentrum

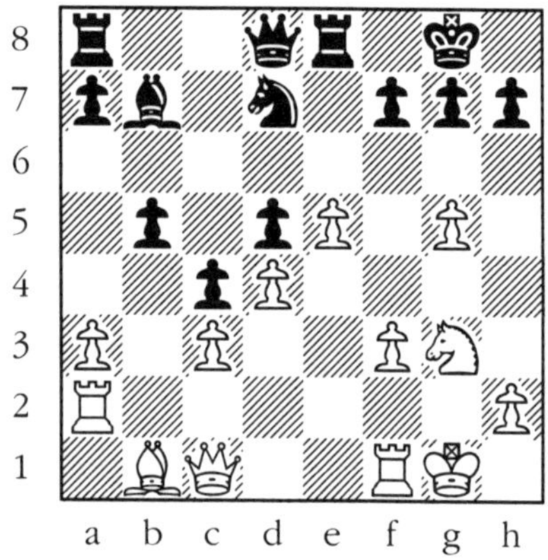

Diagramm 12

Auf der Lauer!

Weiß besitzt das Läuferpaar und verfügt über die Möglichkeit, ein großes Bauernzentrum zu bilden. Schwarz steht ausreichend frei, aber tut gut daran, den gegnerischen schwarzfeldrigen Läufer vom Hauptgeschehen fernzuhalten.

12.Ta2

TIPP: Mit Weiß sollte man diesen schlauen Zug im Auge behalten, da dies oft der beste Weg ist, um den Damenturm zu aktivieren.

12...Lb7 13.g4!?

Da Weiß nicht in der Lage ist e3-e4 durchzusetzen, entscheidet er sich dafür, am Königsflügel zu expandieren.

13...c4?!

Erleichtert den nächsten Zug des Schwarzen, aber schließt den Läufer ein und nimmt den Druck vom Zentrum. Bislang verfügt er noch über keine Angriffsziele am Königsflügel, weshalb ein weniger panischer Zug wie 13...Dd6 vorsichtiger sein könnte.

WARNUNG: Stellen Sie sicher, dass Sie wissen, was Sie tun, bevor Sie den Druck vom Zentrum nehmen.

14.Lb1 Sa5 15.Sg3 Sb3 16.g5 Sd7 17.e4

Im Vergleich zum Zentrum des Weißen ist es unwahrscheinlich, dass der schwarze Mehrbauer am Damenflügel in der nächsten Zeit viel Wirkung ausüben kann.

17...Sxc1 18.Dxc1 b5 19.e5 (Diagramm 12)

Die auf den schwarzen Feldern gut platzierten Bauern ergänzen den weißfeldrigen Läufer wunderbar. Jetzt sehen der e- und f-Bauer sehr bedrohlich aus und außerdem hat Schwarz noch andere Probleme zu lösen.

HINWEIS: Läufer sind langschrittige Figuren. Er ruht vielleicht auf b1, aber der weißfeldrige Läufer des Weißen übt an anderer Stelle großen Einfluss aus.

19...a5 20.Sh5 Db6 21.Sf6+!

Dieser Querschuss kündigte sich schon seit langer Zeit an.

21...gxf6 22.gxf6

Jetzt führen Dg5 und Dh6 beide zum Matt, weshalb die Antwort des Schwarzen erzwungen ist.

22...Kh8 23.Dh6 Tg8+ 24.Kh1 Sf8 25.Tg1 (Diagramm 13)

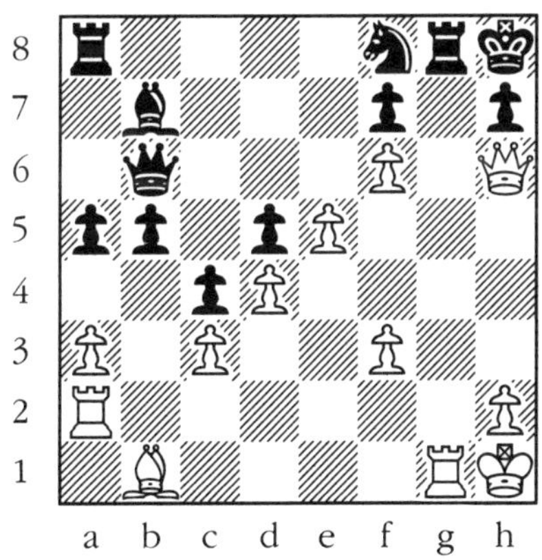

Diagramm 13

Das Matt ist nicht abzuwenden

Ruft die Kavallerie zu Hilfe. Nach Turmtausch wird Matt auf g7 folgen.

25...Sg6 26.Tg5 Schwarz gibt auf

Reizend! Weiß droht nicht nur 27.Th5, sondern auch das Damenopfer 27.Dxh7+.

Partie 15

□ Scherbakow ■ Jakowenko

Russische Mannschaftsmeisterschaft, Omsk 2001

1.d4 Sf6 2.c4 e6 3.Sc3 Lb4 4.e3 b6

Spezifisch 4...b6, aber aufgrund einer möglichen Zugumstellung habe ich mich entschlossen, diese Partie an dieser Stelle abzuhandeln.

5.Sge2 c5 6.a3 La5 7.Tb1 (Diagramm 14)

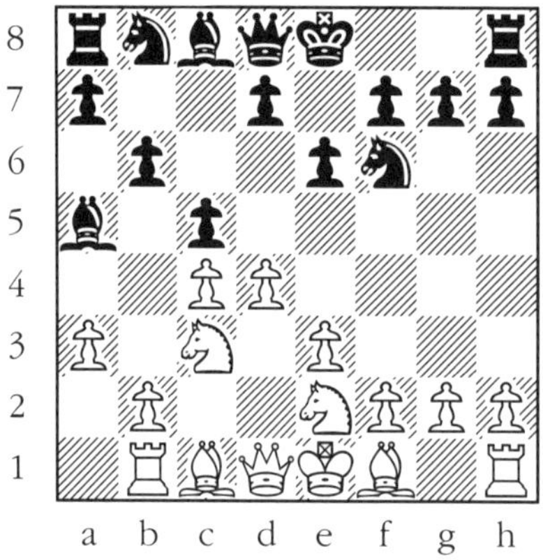

Diagramm 14

Vergessen Sie den Läufer nicht!

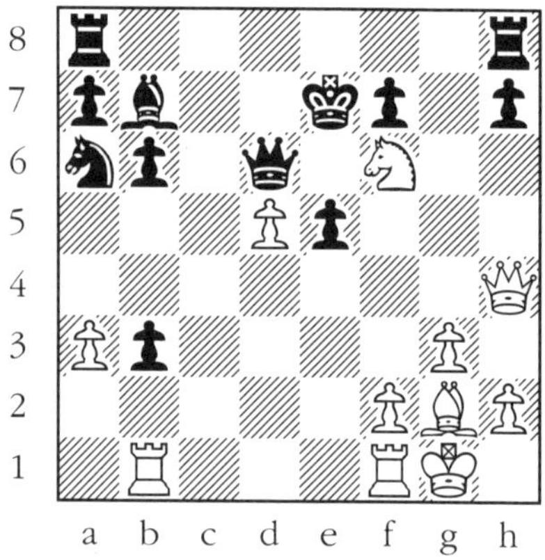

Diagramm 15

Ein König in Schwierigkeiten

Der Läufer auf a5 befindet sich in einer prekären Lage, und Schwarz muss vor der Drohung b2-b4 permanent auf der Hut sein.

7...De7 8.Ld2 La6

8...Sa6 wird häufiger gespielt, da dies die Kontrolle über das Feld b4 weiter verstärkt. Nichtsdestotrotz, der dynamische Zug des Schwarzen stellt dem Bauern c4 Fragen.

9.Sf4 cxd4 10.exd4 Lxc3 11.Lxc3 d5 12.g3

12.cxd5 exd5+ 13.Le2 Lxe2 14.Sxe2 Sc6 würde Weiß mit einem schlechten Läufer zurücklassen.

12...Dd7

Nach 12...Lxc4 13.Lxc4 dxc4 hatte Weiß 14.0-0! geplant, wonach Schwarz den Vorstoß d4-d5, der die Stellung des Läufers stark verbessert, nicht mehr verhindern kann.

13.b3 Lb7 14.Lg2 dxc4?

Ein sorgloser Zug, der sich trotzdem als sehr lehrreich für uns erweist. Besser war das solide 14...0-0.

15.d5!

Die Öffnung der langen Diagonale ist unangenehm für Schwarz. Jetzt sieht die Rochade zu gefährlich aus.

15...cxb3!? 16.Lxf6 gxf6 17.Sh5! Dd6 18.0-0

Im Gegensatz zu seinem schwarzen Gegenüber hat sich der weiße König nun sicher versteckt.

18...Sa6

18...Sd7 19.dxe6 Dxd1 20.Tfxd1 Sc5 21.Lxb7 Sxb7 22.Td7 war auch nicht besser, z.B. 22...Sc5 23.Sxf6+ Kf8 24.Txf7 matt.

19.Sxf6+ Ke7 20.Dd4! e5 21.Dh4 (Diagramm 15)

FRAGE 4: Schwarz nahm den Springer jetzt nicht, aber warum nicht?

21...Kd8 22.Txb3 Kc7

Ein verzweifelter Versuch, mit dem König zu entkommen.

23.Se4! Dxd5 24.Td3!!

Sehr hübsch. Jetzt ist die Dame gezwungen, den Bauern e5 ungedeckt zu lassen.

24...Dxd3 25.De7+ Dd7 26.Dxe5+

26.Tc1+ Sc5 27.Dxe5+ Kd8 28.Sxc5 bxc5 29.Dxh8+ war ein einfacherer Gewinnweg, aber am Ende erreicht Weiß doch sein Ziel.

26...Kd8 27.Df6+ Kc7 28.De5+ Kd8 29.Dxh8+ Ke7 30.Df6+ Kf8 31.Dh6+ Ke7 32.Df6+ Kf8 33.Dh6+ Ke7 34.Te1 De6 35.Dh4+ Kf8 36.Dxh7 Sc5 37.Te3 Sxe4 38.Lxe4 Lxe4 39.Dh8+ Ke7 40.Dh4+ Kd7 41.Txe4 Df5 42.De7+ Kc6 43.Tf4 Dd5 44.Df6+ Kc7 45.Td4 De6 46.Df4+ Kc8 47.Tc4+ Kd8 48.Te4 Schwarz gibt auf

Kapitel Vier

Die Klassische Variante 4.Dc2 d5

- Einleitung
- Weiß spielt 5.a3
- Weiß spielt 5.cxd5
- Beispielpartien

Einleitung

1.d4 Sf6 2.c4 e6 3.Sc3 Lb4 4.Dc2 (Diagramm 1)

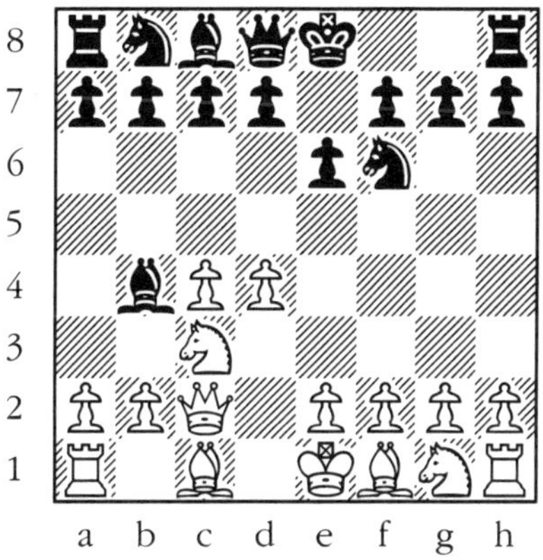

Diagramm 1

Ein bequemer Zug

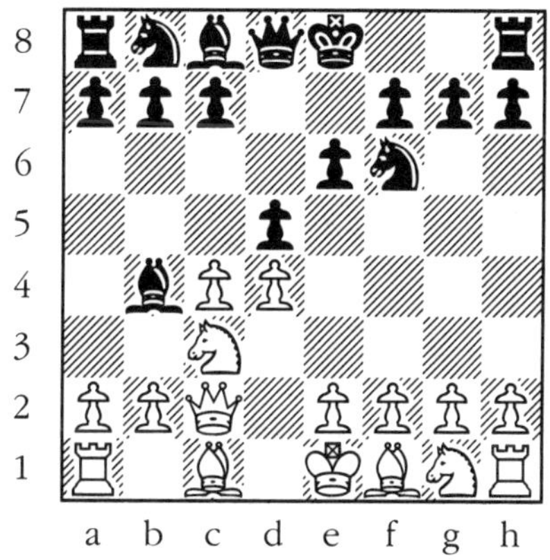

Diagramm 2

Ähnlichkeiten mit dem Damengambit

Die klassische Variante wurde in letzter Zeit immer beliebter, und Weiß versucht hier, einen leichten Vorteil zu bekommen, indem er sich das Läuferpaar sichert, ohne sich die Bauern verdoppeln zu lassen.

TIPP: Bringen Sie Ihre Dame nicht zu früh ins Spiel.

Oben stehender Satz ist eine Standarderöffnungsregel, die darauf abzielt zu vermeiden, dass eine solch wertvolle Figur von Pontius zu Pilatus gejagt wird, während sich der Rest der Armee stattdessen entwickeln sollte. Allerdings steht die Dame auf c2 wirklich nicht besonders anfällig, und da Weiß mit seinem schwarzfeldrigen Läufer ehrgeizigere Pläne hat, zieht man dies 4.Ld2 vor.

Die drei wichtigsten Antworten des Schwarzen werden in den nächsten drei Kapiteln abgehandelt, und den Anfang macht dabei

4...d5 (Diagramm 2)

Schwarz stellt fest, dass Weiß geschickt gespielt gehaben könnte, und indem er das Schlüsselfeld e4 kontrolliert, hindert er seinen Gegner daran, das Zentrum mit 5.e4 unter Kontrolle zu bringen. Bedenkt man dies und lässt sich auf einen kleinen Schlenker ein, sollte man festhalten, dass 4...b6?! fast bedeutet, dass man das Gatter schließt, nachdem das Pferd schon entkommen ist. Anders als in den Varianten mit 4.e3 gelangt der schwarze Läufer nicht rechtzeitig nach b7, um den attraktiven Vorstoß e2-e4 zu verhindern, und tatsächlich könnte der schwarze Läufer nach seinem Fianchetto und möglichem nachfolgendem f2-f3 von Weiß vor einer Mauer von Bauern stehen.

Diagramm 2 weist entschieden Ähnlichkeiten mit dem Abgelehnten Damengambit auf. Die fundamentalen Unterschiede bestehen darin, dass Weiß es normalerweise vorziehen würde, einen Springer oder Läufer statt der Dame zu entwickeln, und da Schwarz für gewöhnlich nicht an einem Tausch des Läufers gegen den Springer interessiert ist (da cxd5 immer möglich ist, bringt die Verdoppelung der weißen Bauern nichts ein), stünde der schwarze Läufer lieber auf e7. Doch was den letzten Punkt betrifft, so muss Weiß aufpassen.

WARNUNG: Jetzt ist ...dxc4 eine ernsthafte Drohung, da der Bauer d4 danach angegriffen ist und die Schwarz die Fesselung b4-e1 ausnutzen kann, um ...b7-b5 erfolgreich durchzusetzen.

FRAGE 5: Warum spielt Weiß hier nicht einfach 5.c5?

Angesichts der oben stehenden Warnung erreichen wir jetzt einen theoretischen Scheideweg.

Weiß spielt 5.a3

1.d4 Sf6 2.c4 e6 3.Sc3 Lb4 4.Dc2 d5 5.a3

Die ursprüngliche Idee von 4.Dc2. Weiß will das Läuferpaar!

5...Lxc3+

Man könnte sich fragen, warum Schwarz sich allem Anschein nach auf die weißen Pläne einlässt. Ich nehme an, der Läufer könnte einfach nach e7 zurückkehren, obwohl dann klar wird, dass Schwarz ein Tempo verloren hat. Zwar würde Weiß in einem gewöhnlichen Abgelehnten Damengambit nicht so früh Dc2 und a3 gespielt haben, aber auf lange Sicht gesehen sind beide Züge nützlich.

6.Dxc3 Se4

Die Alternative 6...dxc4 wird in dem Abschnitt mit den Partien vorgeführt, aber mit diesem alten Zug versucht Schwarz den frühen Ausflug der weißen Dame zu bestrafen.

7.Dc2 c5

Logischerweise greift Schwarz das Zentrum an und trachtet nach schnellem und aktivem Spiel. Übrigens lässt sich das gleiche über das Gambit 7...e5!? sagen.

8.dxc5 Sc6 9.cxd5

Mutig ist 9.Sf3 Da5+ 10.Sd2 wegen 10...Sd4 11.Dd3 e5 mit sehr komplizierter Stellung. Wie Sie jedoch sehen werden, ist 9.e3 eine vorsichtige Alternative.

9...exd5 10.Sf3 (Diagramm 3)

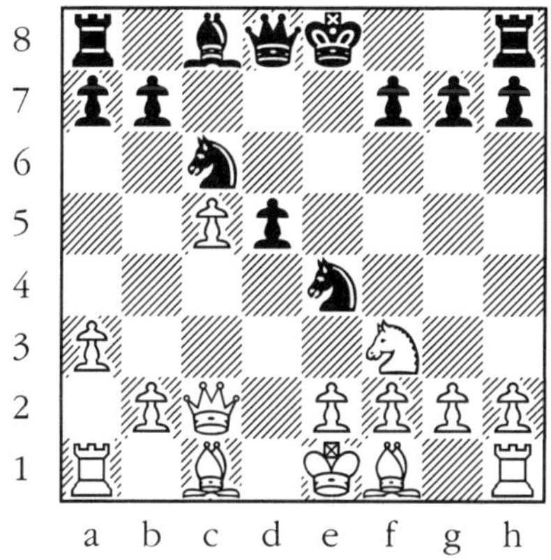

Diagramm 3

Funken werden sprühen!

Pläne

Schwarz hat einen Bauern geopfert, verfügt aber über vernünftige Kompensation. Er sollte sich weiter schnell entwickeln und mit Zügen wie ...Lf5 könnte er mit Angriffen auf die weiße Dame leicht noch mehr Zeit gewinnen. Das Axiom 'wer A sagt, muss auch B sagen' sollte man hier befolgen und ...b7-b6 (ein weiteres Geschenk, um die c-Linie zu öffnen) ebenfalls in Betracht ziehen.

Die weiße Stellung wird schwer unter Beschuss geraten, aber wenn Weiß überleben kann, dann sollte das Endspiel für ihn günstig sein. Und selbst wenn er ein Teil seines Materialvorteils zurückgeben muss, um am Leben zu bleiben, dann kann er immer noch auf das Läuferpaar zurückgreifen, und das stellt in einer offenen Stellung einen echten Bonus dar.

Weiß spielt 5.cxd5

1.d4 Sf6 2.c4 e6 3.Sc3 Lb4 4.Dc2 d5 5.cxd5

Mit diesem Zug versucht Weiß eine günstige Version der Abtauschvariante des Abgelehnten Damengambits zu erreichen. Ja, nach 1.d4 d5 2.c4 e6 3.Sc3

Sf6 4.cxd5 exd5 5.Lg5 geht die Dame oft nach c2, um ...Lf5 zu verhindern, während Schwarz nicht wirklich Interesse daran hat, ...Lb4 zu spielen. Eine hübsche Logik, aber der Nachziehende ist zu Recht entschlossen, hier ein Wörtchen mitzureden. Tatsächlich ist 5...Dxd5 eine Möglichkeit. Mit dieser Fortsetzung, die in Partie 19 behandelt wird, nutzt Schwarz die Fesselung aus und greift sofort den Bauern d4 an. Der unten stehende Zug befreit dafür den Läufer c8.

5...exd5 6.Lg5 h6 7.Lh4

Angesichts des kommenden Feuerwerks ist 7.Lxf6 Dxf6 8.e3 sicherlich eine ruhigere Alternative, aber man sollte festhalten, dass Schwarz versuchen kann, dies mit 6...c5 zu vermeiden.

7...c5 8.dxc5

Mit seinem letzten Zug hat sich Schwarz dazu entschlossen, die Lage anzuheizen, auch wenn er damit riskiert, Schwächen zu schaffen. Angesichts des zur Zeit ungedeckten Feldes d4 ist die weiße Antwort die einzige Entgegnung, die Schwarz Probleme bereitet.

9...g5

Da Schwarz unerwünschte Löcher am Königsflügel schafft, wird deutlich, dass er aufs Ganze geht. Er hatte nie die Absicht, einfach nur mit dem Läufer auf c5 zurück zu nehmen, und obwohl ...d5-d4 immer eine Möglichkeit darstellt, würde dies hier an 10.0-0-0! scheitern. Apropos Fesselungen: Der letzte schwarze Zug hebt eine Fesselung auf, und das Ziel besteht nun darin, eine andere Fesselung auszunutzen.

10.Lg3 Se4 11.e3 Da5 (Diagramm 4)

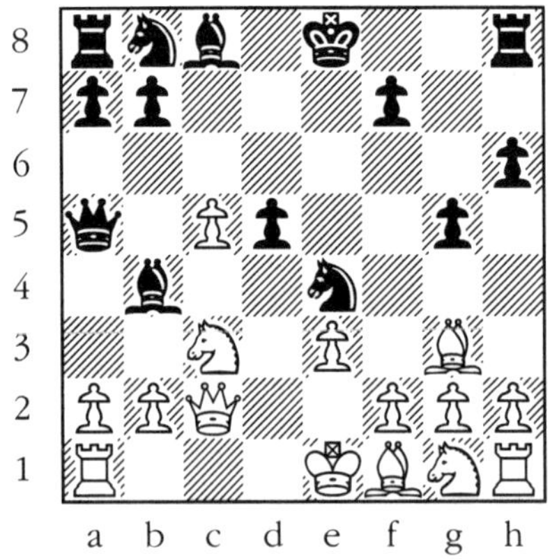

Diagramm 4

Definitiv gefesselt!

Pläne

Wir haben eine extrem zweischneidige Stellung erreicht, in der der Springer auf c3 schwer einstecken muss. Schwarz muss weiterhin so dynamisch wie möglich spielen, denn wenn sich Weiß konsolidiert, wird er zweifellos die Schwächen am Königsflügel ausnutzen und den isolierten d-Bauern ins Visier nehmen.

Beispielpartien

Partie 16

□ J.Popovic ■ Ma.Stojanovic

Jugoslawische Mannschaftsmeisterschaft der Frauen 2000

1.d4 Sf6 2.c4 e6 3.Sc3 Lb4 4.Dc2 b6?!

Anstatt e4 rechtzeitig zu kontrollieren, wie es dieses Fianchetto in den Varianten mit 4.e3 oder 4.Sf3 oft tut, könnte dieser Läufer feststellen, dass er auf Granit beißt.

5.e4! Lb7 6.Ld3 Lxc3+

Schwarz verdoppelt die Bauern, bevor Sge2 geschieht, aber ihre Stellung bleibt ernsthaft eingeengt.

7.bxc3 (Diagramm 5)

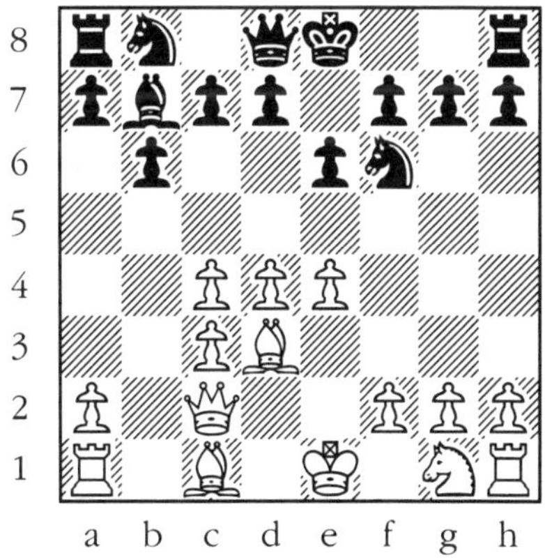

Diagramm 5

Der e-Bauer kommt!

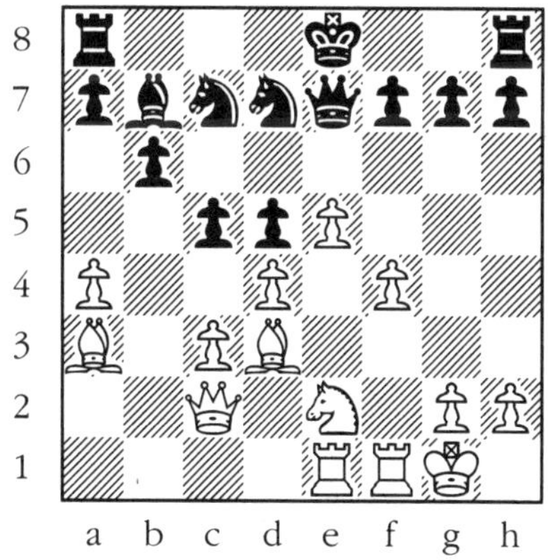

Diagramm 6

Der f-Bauer kommt!

HINWEIS: Der Bauer auf c3 leistet bei der Deckung von d4 gute Arbeit.

7...d5

Schwarz versucht seinen Anteil am Zentrum zu behaupten, aber das schafft Schwächen auf den schwarzen Feldern.

8.cxd5 exd5 9.e5 De7 10.Se2 Sfd7 11.0-0

Nun bietet sich der Plan, den f-Bauern in die schwarze Stellung zu bohren, von alleine an.

11...c6 12.a4

Weiß musste nicht einmal ein Tempo mit a2-a3 verlieren, und plant jetzt, einen Läufer auf dieses Feld zu stellen.

12...Sa6 13.La3 c5 14.Tae1 Sc7 15.f4 (Diagramm 6)

Unausweichlich. Die Stellung spielt sich von allein und Weiß kann kaum fehl greifen.

15...La6 16.Lxa6 Sxa6 17.f5

Schwarz ist es gelungen, ihren 'schlechten' Läufer gegen den 'guten' weißen zu tauschen, aber hat jetzt andere Sorgen.

17...Sc7 18.Sf4 0-0

Hier ist es ebenfalls kaum sicher, aber der König musste sich aus dem Zentrum entfernen.

19.Dd3 Dg5 20.Sh3 De7 21.Te3

Ja, Züge wie f5-f6 und Tg3 sehen für Schwarz nicht besonders appetitlich aus!

21...f6 22.e6 Sb8 23.Sf4 Te8 24.dxc5 Schwarz gibt auf

Partie 17

□ Baburin ■ Ward

Monarch Assurance Open, Port Erin 1998

1.d4 Sf6 2.c4 e6 3.Sc3 Lb4 4.Dc2 d5 5.a3 Lxc3+ 6.Dxc3 Se4 7.Dc2 c5 8.dxc5 Sc6 9.e3

Nicht so kritisch wie 9.cxd5, aber Weiß unterbindet ...Sd4 und befreit seinen Läufer.

9...Da5+ (Diagramm 7)

Das einzige Schach, aber ein gutes. Natürlich kann Weiß das Schach nicht mit dem Bauernzug b2-b4 parieren, da der a-Bauer gefesselt ist.

10.Ld2 Dxc5

Der Läufer auf d2 ist eine wertvolle Figur, aber Schwarz hat keine Eile ihn zu nehmen.

11.Sf3 Sxd2 12.Dxd2 dxc4

Dieses Mal schnappt sich Schwarz den c-Bauern. Weiß muss jetzt genau spielen, um ihn zurück zu gewinnen.

13.Dc3 Da5 14.Tc1

Nach 14.Lxc4 Dxc3+ 15.bxc3 bescheren die isolierten Bauern am Damenflügel Weiß die schlechtere Stellung.

14...Dxc3+ 15.Txc3 b5 16.b3 (Diagramm 8)

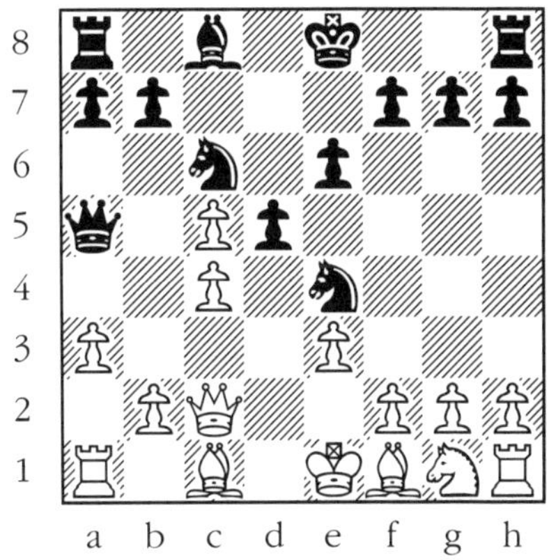

Diagramm 7

Ein nützliches Schach

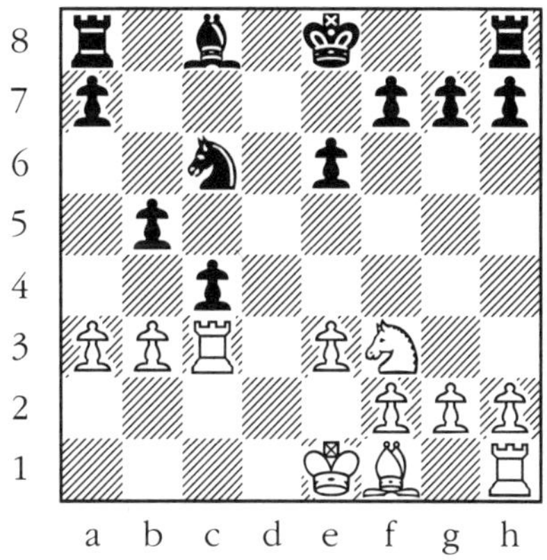

Diagramm 8

Der c-Bauer ist gefesselt

Weiß kann nicht zulassen, dass Schwarz seinen Mehrbauern konsolidiert.

16...Tb8 17.bxc4 bxc4 18.Txc4 Tb1+ 19.Kd2 Ld7 20.Kc2 Ta1

Indem er auf der ersten Reihe bleibt, hindert der schwarze Turm den Weißen daran, seine Entwicklung am Königsflügel abzuschließen. Es kommt zu einem gerechten Ende.

21.Kb2 Td1 22.Kc2 Ta1 23.Kb2 Td1 24.Kc2 Remis

Partie 18

☐ Likavsky ■ Cvitan

Charleville 2000

1.d4 Sf6 2.c4 e6 3.Sc3 Lb4 4.Dc2 d5 5.a3 Lxc3+ 6.Dxc3 dxc4 7.Dxc4 b6

Schwarz hat das Läuferpaar aufgegeben, aber erhält dafür gefährlichen Entwicklungsvorsprung. Obwohl b7 ein gutes Feld für den Läufer darstellt, verfolgt Schwarz eine andere Idee, um die gegnerische Dame herumzuscheuchen.

8.Sf3 0-0 9.Lg5 La6 (Diagramm 9)

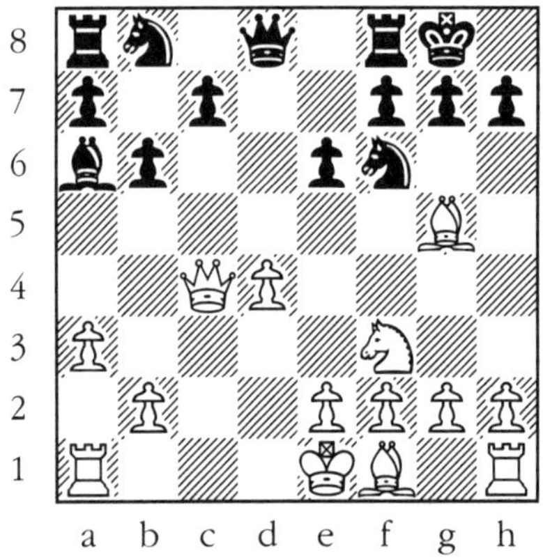

Diagramm 9

Ziehen bitte!

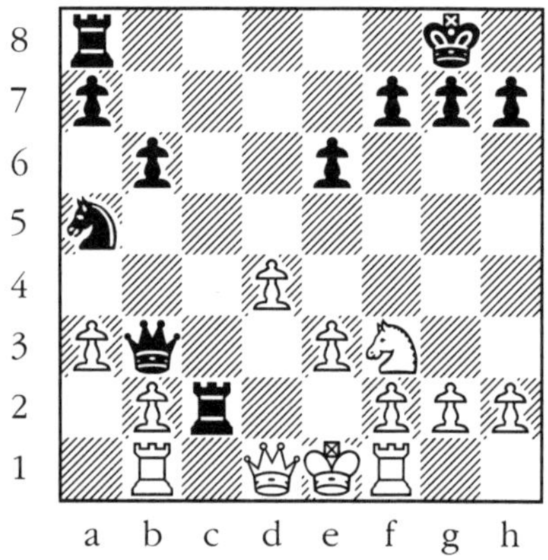

Diagramm 10

Der siebte Himmel!

10.Lxf6?!

Mit diesem Zug lässt sich Weiß tatsächlich auf einen riskanten Bauernraub ein, dessen Folgen er am Ende tragen muss.

10...Dxf6 11.Dxc7 Tc8 12.De5 Dg6

Weiß ist weit davon entfernt zu rochieren, während Schwarz gar nicht weit davon entfernt ist, über die c-Linie in die weiße Stellung einzudringen.

13.Dg5 Dc2 14.Dd2 Db3

Natürlich möchte Schwarz die Damen auf dem Brett lassen. Augenblicklich droht das Eindringen auf der 7. Reihe mit dem Turm, und 15.Tc1 würde nur dazu führen, dass der andere schwarze Turm nach 15...Sd7 irgendwann auf fatale Weise ins Spiel eingreift.

15.Tb1 Sc6 16.e3 Lxf1 17.Txf1 Sa5

Der weiße König muss jetzt in der Mitte bleiben, während sich der schwarze Springer bereit macht ins Geschehen einzugreifen.

18.Dd1 Tc2 (Diagramm 10) 19.Se5 Tac8

Ja, Schwarz hat die c-Linie definitiv unter Kontrolle!

20.Sd3 T8c3

Sehr spektakulär (der Turm kann wegen ...Dxc3+ nicht geschlagen werden), aber 20...Sc4 ist ebenfalls sehr attraktiv.

21.Sc1 Dc4

Und da der weiße König weiterhin keine Fluchtfelder hat, kann der Turm immer noch nicht genommen werden.

22.Se2 Td3 (Diagramm 11)

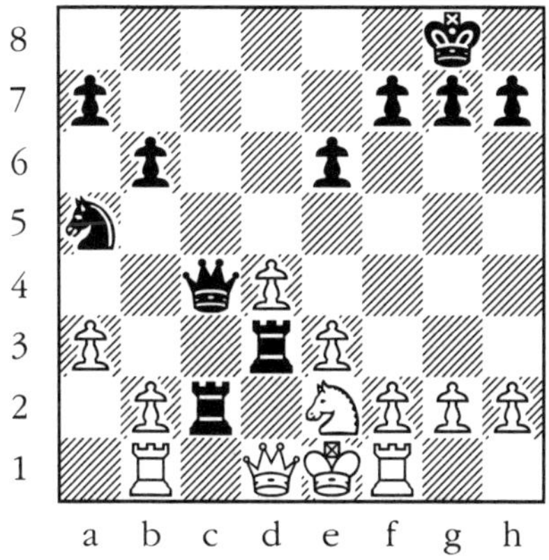

Diagramm 11

Gefangen!

Die Türme sind in die weiße Stellung hineingekrochen und jetzt ist die weiße Dame matt gesetzt!

23.Dxc2 Dxc2 24.Tc1 Dd2 matt

Ein guter Zug, denn sonst wäre die schwarze Dame ebenfalls verloren gegangen!

Partie 19

□ Shipov ■ Short

Monarch Assurance Open, Port Erin 1999

1.d4 e6 2.c4 Sf6 3.Sc3 Lb4 4.Dc2 d5 5.cxd5 Dxd5 6.e3 (Diagramm 12)

Den Damentausch zu verhindern, der nach 6.Sf3 Df5 möglich wäre, ist wahrscheinlich eine ehrgeizigere Methode für Weiß.

6...c5 7.Ld2

Jetzt ist die Dame nicht mehr länger vor dem Springer geschützt und so macht Schwarz das typische Zugeständnis der Aufgabe des Läuferpaars.

7...Lxc3 8.Lxc3 cxd4 9.Lxd4 Sc6 10.Lc3 0-0

Generell kam Schwarz in dieser Variante dank seiner guten Entwicklung gut zurecht.

11.Sf3 b6

11...Dc5 mit der Absicht 12...Sd5 wurde ebenfalls versucht.

12.Le2 Lb7 13.0-0 Tac8 14.Tfd1 De4 15.Dxe4 Sxe4 16.Le1 (Diagramm 13)

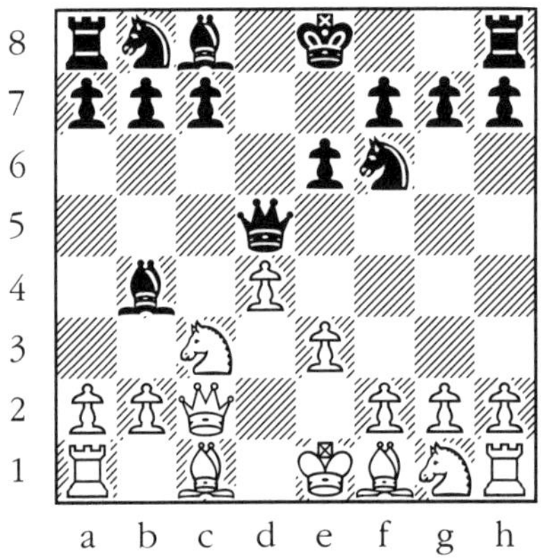

Diagramm 12

Zeit, sich zu entfesseln!

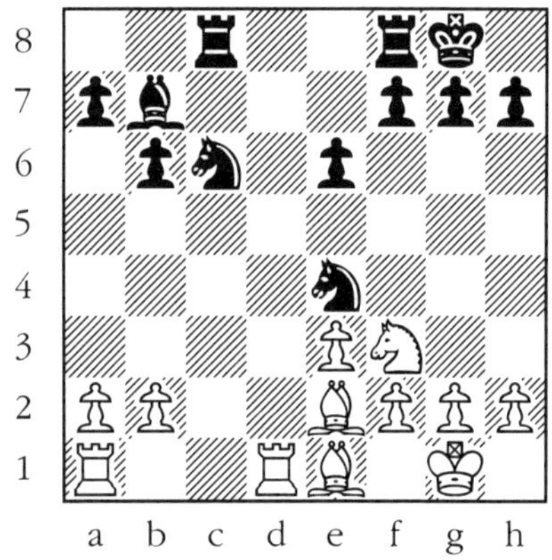

Diagramm 13

Ein zeitweiliger Rückzug

Der Läufer hat sich dem bösen Zugriff des schwarzen Springers entzogen. Obwohl Schwarz keine offensichtlichen Schwächen hat, kann ich mich des Gefühls nicht erwehren, dass die Möglichkeiten des Läuferpaars Weiß dauerhaften Vorteil geben.

16...Tfd8 17.Txd8+ Txd8 18.Tc1 a5 19.Lb5 Td6 20.Kf1 f6 21.Ke2 e5 22.a3 Kf8 23.Sd2 Sxd2 24.Lxd2 h6 25.f3 Ke7 26.b4 axb4 27.axb4 Kd8 28.Ld3 Se7 29.b5 e4? (Diagramm 14)

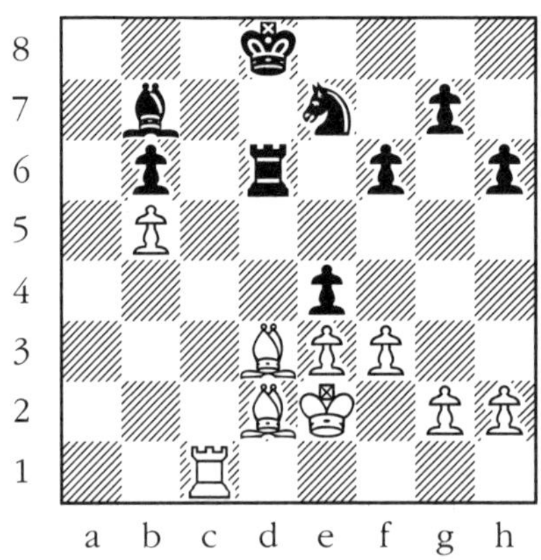

Diagramm 14

Ein verfrühter Vorstoß

Schwarz hat das Remis fest im Blick und jetzt scheint dieses Ziel zum Greifen nah. Der in Athen lebende englische Großmeister warf nun einen Zug aufs Brett, den er für den Auftakt einer forcierten Abwicklung hielt. Doch leider unterlief ihm ein bemerkenswert verbreitetes Übersehen.

30.fxe4 Te6 31.Tc4 Sc8 32.Td4+ Kc7 33.Le1!

WARNUNG: Läuferzüge rückwärts gelten als die Züge, die am schwersten zu sehen sind.

Was diese Warnung betrifft (ironischerweise das zweite Mal, dass dieser Zug in der Partie gespielt wird), so ist dieser Läuferrückzug tödlich. Schwarz hatte mit 33.Lb4 gerechnet, damit Weiß versuchen kann, den Plan mit ...Sd6 und irgendetwas-nimmt-auf-e4 zu durchkreuzen. Stattdessen drehen die Läufer auf und entfalten bald ihr Potenzial.

33...Sd6 34.Lg3 Kd7

Entkommt einer Fesselung, aber läuft in eine andere. Schwarz verliert die Qualität.

35.Lc4 Te5 36.Lxe5 fxe5 37.Td2 Lxe4 38.Ld5 Lxd5 39.Txd5 Ke6 40.Td3 Sxb5 41.Tb3 Sd6 42.Txb6 e4 43.g4 g6 Schwarz gibt auf

---

Partie 20

□ Law ■ Ward

Lloyds Bank Masters, London 1994

1.d4 Sf6 2.c4 e6 3.Sc3 Lb4 4.Dc2 d5 5.cxd5 exd5 6.Lg5 h6 7.Lh4 c5 8.dxc5 g5 9.Lg3 Se4 10.e3 Da5 11.Sge2 Lf5 12.Le5 (Diagramm 15)

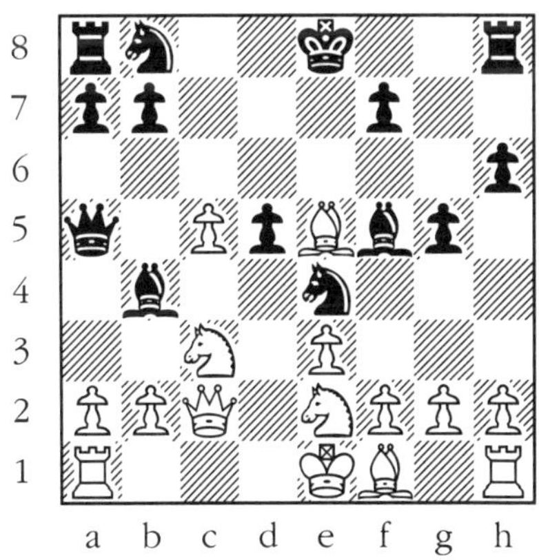

Diagramm 15

Aspirin wird gebraucht!

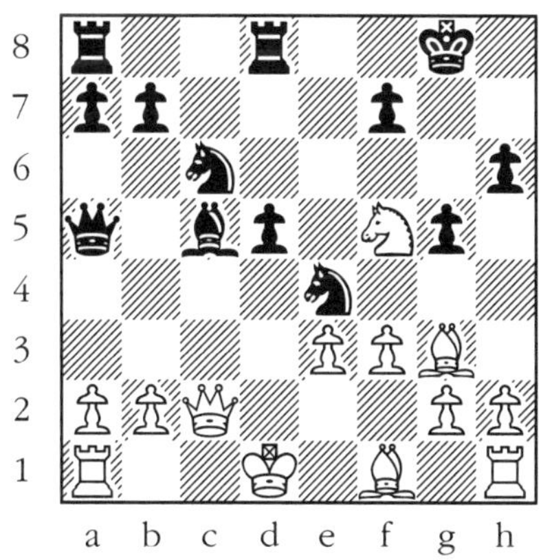

Diagramm 16

Weiß kann nicht rochieren

Von Kasparow in seinem Weltmeisterschaftskampf gegen Nigel Short 1995 gespielt. Diese Stellung ist so kompliziert, dass viele Analysepartner und ich trotz ausführlicher Analysen der Wahrheit über diese Variante immer noch nicht näher gekommen sind. Weiß hat einen Mehrbauern und die bessere Struktur, aber da Schwarz so gefährlich aktiv steht, hat Weiß Probleme die Entwicklung seines Königflügels abzuschließen.

12...0-0 13.Sd4 Sxc3 14.Sxf5 Se4+ 15.Kd1 Sc6 16.Lg3?!

Die Stellung ist so kritisch, dass ein einziger Fehler schon die Partie kosten könnte. Ich glaube, der Textzug ist genau dieser Fehler, und dass 16.Ld6 vorzuziehen ist.

16...Lxc5 17.f3 Tfd8! (Diagramm 16) 18.Sxh6+ Kg7 19.Sxf7

Nach 19.Sf5+ Kf6 gehen Weiß die Schachs aus und 20.fxe4 dxe4+ 21.Sd4 Lxd4 22.exd4 Sxd4 sieht schrecklich für Weiß aus.

19...Kxf7 20.fxe4 dxe4+ 21.Kc1 Lxe3+ 22.Kb1 Kg7!

Ein nützlicher Wartezug. Alle rettenden Schachs werden ausgeschaltet und nach 23.Dc3+ Dxc3 24.bxc3 Td2 ist Weiß gelähmt.

23.a3 Td2 24.Dxe4 Ld4 (Diagramm 17)

Diagramm 17

Die Türme sind zu Hause

25.b4 Td1+ Weiß gibt auf

Partie 21

□ **Shipov** ■ **Ward**

Monarch Assurance Open, Port Erin 1999

1.d4 Sf6 2.c4 e6 3.Sc3 Lb4 4.Dc2 d5 5.cxd5 exd5 6.Lg5 c5!? (Diagramm 18)

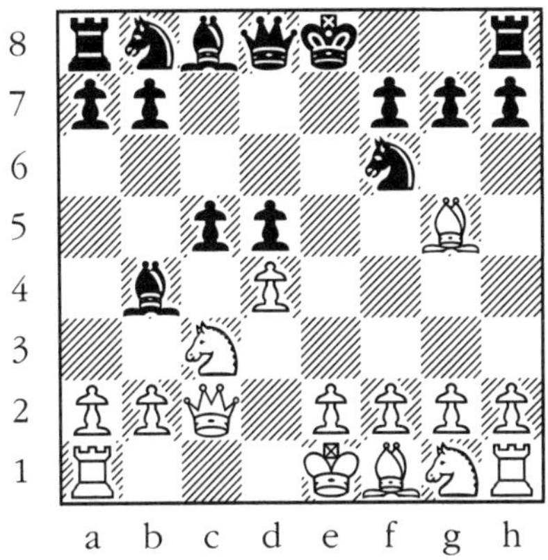

Diagramm 18

Der Spaß beginnt

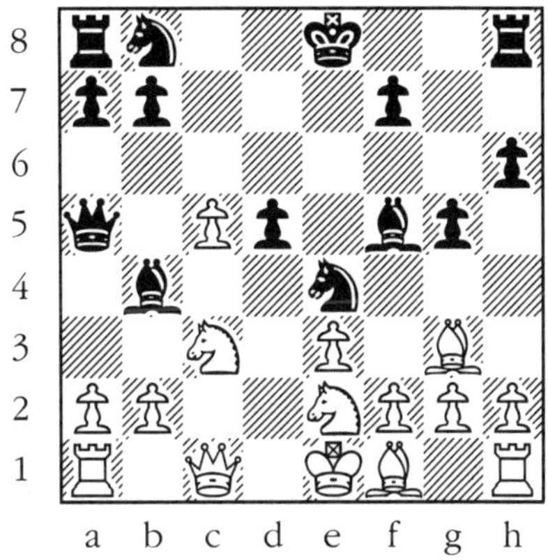

Diagramm 19

Zuerst auf Nummer Sicher!

Dieser Zug ist beliebter als 6...h6, da er den Vorteil hat, Weiß die Möglichkeit zu nehmen, in die solide Variante 6...h6 7.Lxf6 überzuleiten.

7.dxc5 h6 8.Lh4

Trotz meiner vorherigen Anmerkung hat Weiß immer noch die Möglichkeit mit 8.Lxf6 vorsichtig zu spielen. Doch trotz seines isolierten d-Bauern wird er seinen Minusbauern zurückgewinnen und Trost in seinem Läuferpaar finden. In einer meiner anderen Partien geschah 8...Dxf6 9.e3 0-0 10.Sge2 Le6 11.a3 Lxc5 12.Sf4 Tc8 13.Td1 d4 14.Se4 Df5 15.g4 De5 16.Sxc5 Txc5 17.De2 Lc4 18.Df3 Sc6 19.b4 dxe3 20.Dxe3 Te8 21.Dxe5 Tcxe5+ 22.Kd2 Te4 23.Lxc4 Txc4 24.Sd3 Sd4 25.Sc5 Sf3+ 26.Kd3 Se5+ 27.Kd2 b6 28.Sb3 Td8+ 29.Ke2 Te4+ und Weiß gab auf, Matthiesen-Ward, Politiken Cup, Kopenhagen 1999.

8...g5 9.Lg3 Se4 10.e3 Da5 11.Sge2 Lf5 12.Dc1 (Diagramm 19)

Mein Gegner wusste, dass 12.Le5 zu einer meiner Hauptvarianten führt, aber entschloss sich, dieser kritischen Variante auszuweichen, da er sich unvorbereitet fühlte. Wie in der vorhergehenden Partie gezeigt, sind die Komplikationen tatsächlich enorm, und es ist keine Überraschung, dass Weiß nicht schon in der Eröffnung wegen fehlender häuslicher Vorbereitung zertrümmert werden wollte.

12...Sd7!? 13.Ld6

In der Tat muss Weiß jetzt genau spielen, um eine schnelle Niederlage zu vermeiden.

13...Sdxc5 14.Lxc5 Dxc5 15.a3 Lxc3+ 16.Sxc3 Sxc3 17.Dxc3 Remis

Kapitel Fünf

Die Klassische Variante 4.Dc2 0-0 5.a3 Lxc3+ 6.Dxc3

- Einleitung
- Schwarz spielt 6...b6
- Schwarz spielt 6...Se4
- Beispielpartien

Einleitung

1.d4 Sf6 2.c4 e6 3.Sc3 Lb4 4.Dc2 0-0 (Diagramm 1)

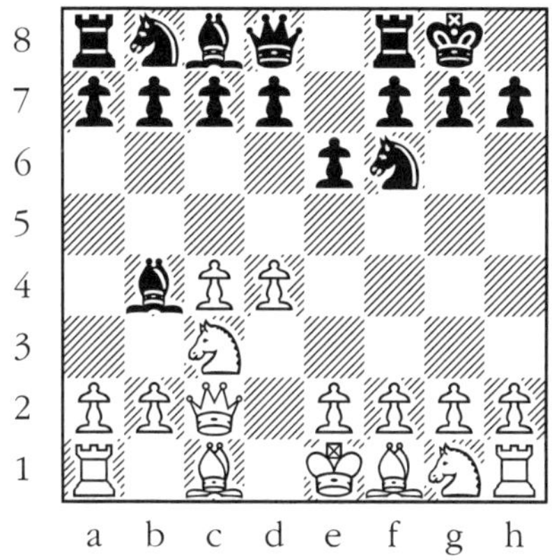

Diagramm 1

Schwarz hat sich noch nicht festgelegt

Mit seinem flexiblen vierten Zug wartet Schwarz in aller Ruhe ab. Das heißt auch, dass er keine Angst vor 5.e4 hat, da er glaubt, dass dies für Weiß angesichts seiner relativ mangelhaften Entwicklung Konsequenzen haben könnte. Tatsächlich hat die große Mehrheit der Spieler über die Jahre meist langsam fortgesetzt, aber in letzter Zeit hat der ehrgeizige Bauernzug für Schlagzeilen gesorgt. Dennoch scheint er plötzlich außer Mode gekommen zu sein, weshalb ich mich darauf beschränke, ihn nur in der ersten Beispielpartie dieses Kapitels zu behandeln.

5.a3 Lxc3+ 6.Dxc3

Weiß hat sich den Vorteil seines geliebten Läuferpaars gesichert und jetzt ist es Zeit für Schwarz sich zu erklären. Ich unterteile die Varianten hier, wobei die erste Wahl noch immer die mit Abstand am häufigsten gespielte Variante darstellt. Doch obgleich es sehr klug ist, den b-Bauern ein Feld vorzurücken, werfen wir in Partie 23 einen Blick auf das faszinierende Bauernopfer 6...b5(!? oder ?!).

Schwarz spielt 6...b6

1.d4 Sf6 2.c4 e6 3.Sc3 Lb4 4.Dc2 0-0 5.a3 Lxc3+ 6.Dxc3 b6

Schwarz legt sich noch immer nicht auf die Stellung seiner Zentrumsbauern fest und verschafft seinem Läufer einfach erst einmal Möglichkeiten.

7.Lg5

TIPP: Springer vor Läufern.

Der obige Tipp ist immer noch eine gültige Eröffnungsregel, aber wenngleich man sie immer im Kopf behalten sollte, so wird es doch immer Ausnahmen geben. Hier zum Beispiel könnte Weiß sich noch nicht sicher sein, wohin er seinen Springer entwickeln möchte (wie Sie bald sehen werden, haben die Felder e2, f3 und h3 alle ihre Anhänger). Allerdings könnte es sein, dass er gerne das sichere e2-e3 spielen, aber vorher seinen Läufer entwickeln möchte. Auf diese Weise eine Fesselung aufzustellen ist eine nahe liegende Wahl.

FRAGE 6: Wenn diese Läuferfesselung so lästig ist, warum nimmt sich Schwarz dann nicht Zeit für 6...h6?

7...Lb7

Viele Spieler würden diesen Zug ohne nachzudenken ausführen, aber ich habe die Pflicht, Ihnen zu sagen, dass 7...La6 keineswegs lächerlich ist. Allgemein gesagt begrüßt Schwarz einen Läufertausch, da dadurch der Vorteil des weißen Läuferpaars beseitigt wird, während Druck auf den c-Bauern auszuüben schon für sich genommen ein ernstzunehmender Plan ist. Zum Beispiel könnte Schwarz später ...c7-c5 zusammen mit ...d7-d5 spielen, und wenn auf c8 ein Turm steht, dann könnte das Leben für Weiß sehr unangenehm werden.

8.f3

Die aktuelle Eröffnungstheorie zeigt an, dass dies entweder jetzt oder im nächsten Zug die ehrgeizigste Möglichkeit für Weiß darstellt. Tatsächlich kann sich Schwarz nach 8.Sf3 mit ...d6 und ...Sbd7 vernünftig entwickeln. Seine Kontrolle über das Feld e4 sichert ihm fast vollständigen Ausgleich.

Was den Textzug angeht, so ist er zweifellos sehr logisch, denn auch wenn Weiß noch gar keinen Bauern nach e4 stellen möchte, ist der Zug sicher nützlich, um einen gegnerischen Springer daran zu hindern, den Vorposten einzunehmen, und auch die Diagonale b7-g2 des Läufers zu entschärfen kann keine schlechte Idee sein.

WARNUNG: Nur weil der Springer f6 scheinbar gefesselt ist, kann man nicht sicher sein, dass er nicht doch zieht und eine Situation herbeiführt, in der beide Damen angegriffen sind.

Der Nachteil für Weiß besteht darin, dass seine Figuren am Königsflügel unentwickelt bleiben, worüber vor allem sein Springer verstimmt sein könnte.

8...h6 9.Lh4 (Diagramm 2)

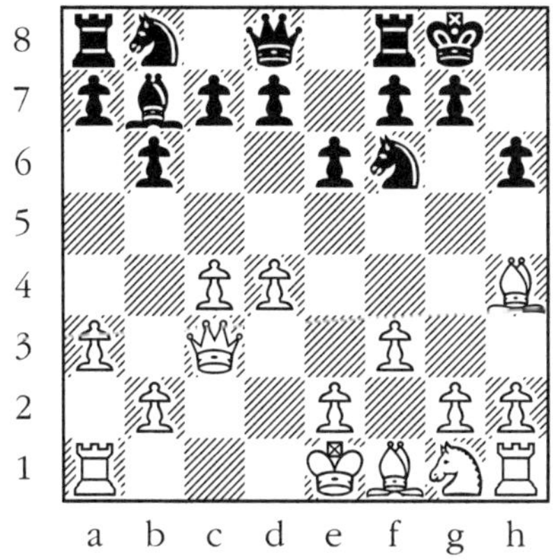

Diagramm 2

e2-e4-e5 lockt!

Pläne

Was den letzten Zug betrifft, so hat Weiß all die Mühe, sich das Läuferpaar zu sichern, nicht auf sich genommen, um die schwarzen Probleme mit der Fesselung mit dem lässigen 9.Lxf6 zu lösen. Tatsächlich ist die Diagonale h4-d8 ein wichtiges Plus für Weiß, der jetzt die Entwicklung seines Königsflügels abschließen muss. Da dem Springer der Zugang zu f3 verwehrt ist, könnte er nach h3 hüpfen, während der e-Bauer, vorausgesetzt er hat Gelegenheit dazu, sofort ins Spiel eingreifen könnte.

Schwarz möchte seinen Königsflügel nicht mit ...g7-g5 schwächen, was sich als katastrophal erweisen könnte, aber er muss das Zentrum mit einem oder zwei Bauern unter Druck setzen. Tatsächlich würde 9...d5 10.e4 verhindern, während sich schnelles ...c7-c5 sich als unbequem für Weiß erweisen könnte, wenn er die Dinge nicht in den Griff kriegt. Wenn die Damen noch auf dem Brett stehen, wäre Schwarz besonders unglücklich, wenn er mit ...gxf6 zurückschlagen müsste, aber die schwarze Dame kann ziehen, sobald der Unterstützungszug ...Sbd7 erst einmal geschehen ist.

Schwarz spielt 6...Se4

1.d4 Sf6 2.c4 e6 3.Sc3 Lb4 4.Dc2 0-0 5.a3 Lxc3+ 6.Dxc3 Se4

Eine vergleichsweise neue Variante, die von Englands Nummer Eins Michael Adams favorisiert wird. Ein vor kurzem erschienener Artikel charakterisierte das schwarze System als eines, in dem Schwarz alle 'schönen' Züge spielt. Der

Springer besetzt einen exzellenten Vorposten im Zentrum und indem er jetzt zieht, hindert er Weiß daran, die typische Fesselung mit Lg5 aufzustellen.

7.Dc2 f5

Ja, eine weitere schöne Nimzo-Indische Einschaltung. Schwarz muss oft hart arbeiten, um die beiden Züge durchzusetzen, die er gerade so schnell spielen konnte.

HINWEIS: 8.f3 ist angesichts von 8...Dh4+ 9.g3 Sxg3 nicht spielbar.

8.Sh3 (Diagramm 3)

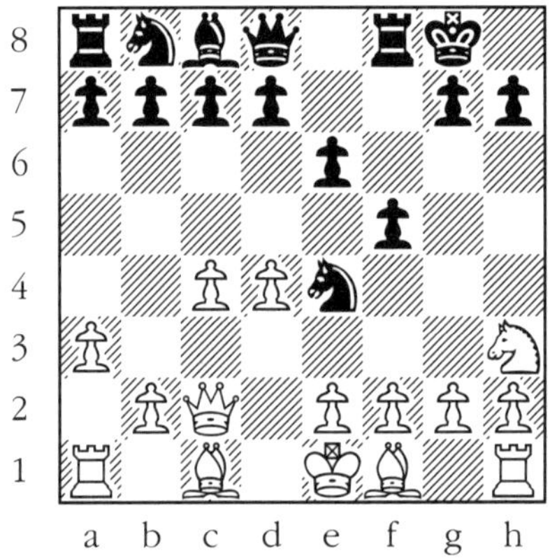

Diagramm 3

Bereitet f2-f3 vor

TIPP: 'Springer am Rand bringt Kummer und Schand' ist ein anderes nützliches Eröffnungsprinzip.

Pläne

Der obige Hinweis lohnt die Mühe, im Gedächtnis behalten zu werden, und bezieht sich auf den Umstand, dass Springer mehr Felder kontrollieren, wenn sie zentraler postiert stehen. Es ist vor allem ein Hinweis, dass es ihren Spielraum einschränkt, wenn man sie an Rand stellt. Dennoch gibt es natürlich Fälle, in denen ein Springer ins Randgebiet reist, um sich von dort zu grüneren Weiden aufzumachen. Weiß könnte das Feld f4 als attraktiven Platz für einen Springer betrachten, und es gibt keinen schnelleren Weg dorthin als über h3.

Wichtiger noch ist, dass Weiß den Springer sehr gerne vertreiben würde und sein letzter Zug macht 9.f3 zu einer realistischen Möglichkeit, da der h-Bauern nach ...Dh4+ nicht mehr gefesselt ist. Weiß wird definitiv danach streben, diesen Bauernvorstoß auszuführen, der außerdem das Feld f2 räumt, was dem Springer h3 eine weitere Möglichkeit bietet. Da der Springer e4 vertrieben werden wird, könnte man argumentieren, dass Schwarz tatsächlich Zeit verloren hat. Andererseits, auch wenn er nach f6 zurückkehrt, dann wird das eingeschobene ...f7-f5 es Weiß zumindest erschwert haben, e2-e4 durchzusetzen. Da Schwarz über ein bisschen mehr Raum am Königsflügel verfügt (den ihm sein vorgerückter f-Bauer sichert), könnten auch die traditionellen Ideen mit ...De8-h5/g6 ebenfalls möglich sein. Alternativ ist es auch vernünftig, ...e6-e5 mit Hilfe von ...d7-d6 anzustreben, obwohl den Springer in Verbindung mit ...b7-b6 und ...Lb7 (oder sogar ...La6) nach d6 zurückzuziehen, in der Praxis ebenfalls geschah.

Beispielpartien

Partie 22

□ **Ward** ■ **J.Horvath**

Malta 2000

1.d4 Sf6 2.c4 e6 3.Sc3 Lb4 4.Dc2 0-0 5.e4 (Diagramm 4)

HINWEIS: Stellen Sie Ihre Bauern ins Zentrum.

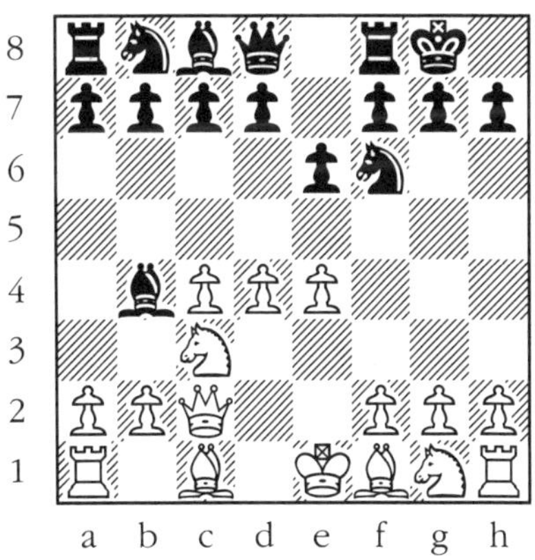

Diagramm 4

Versucht die ganze Welt unter Kontrolle zu bringen!

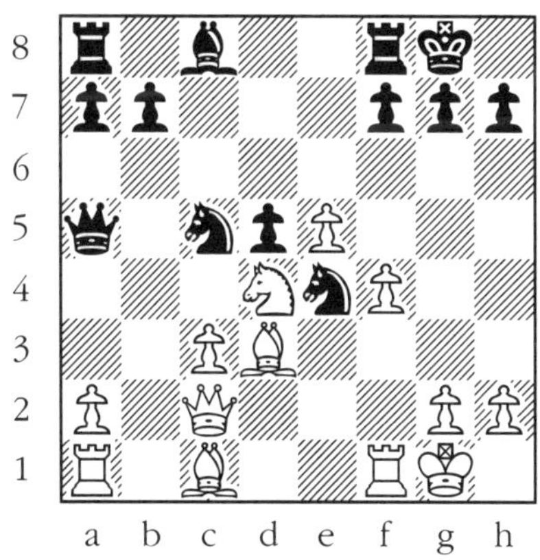

Diagramm 5

Aktive Verteidigung

Der obige Hinweis stellt eine sehr wörtliche Interpretation dieses beliebten Eröffnungsprinzips dar, aber die große Frage ist, ob Weiß zu viel zu schnell verlangt. Tatsächlich lässt sich, ohne Partei zu ergreifen, sagen, dass das letzte Wort über dieses ziemlich kühne Vorgehen noch nicht gesprochen wurde. Im Vergleich zu anderen Varianten des klassischen Nimzo-Inders gibt es zu 5.e4 relativ wenig Theorie, aber obwohl das denjenigen gefallen mag, die einfach ein 'paar Züge machen' wollen, ohne bis an die Zähne mit Theorie bewaffnet zu sein, kann ich Ihnen sagen, dass die ganze Variante ein Minenfeld ist.

5...d5

Eine kritische Antwort. Obwohl 5...d6 und 5...c5 spielbar sind, nimmt Schwarz mit diesem Zug wirklich den Fehdehandschuh auf. Während Weiß Bauern gezogen hat (und seine Dame!), hat sich Schwarz Entwicklungsvorsprung gesichert. Der Nachziehende ist nichts weniger als froh darüber, dass sich das Zentrum öffnet, vor allem, weil der gegnerische König immer noch dort steht.

6.e5 Se4

Das aggressive Vorgehen ist der einzige Weg, andernfalls könnte Schwarz leicht erdrückt werden. Jetzt entsteht eine bekannte Situation, da Weiß feststellt, dass er den lästigen Springer e4 vertreiben muss.

7.Ld3 c5

Keine Ruhe für die Übeltäter. Weiß würde liebend gerne eine Atempause einlegen, um seinen Springer zu entwickeln und zu rochieren, aber Schwarz spielt nicht mit.

8.cxd5 exd5 9.Sge2 cxd4

Schwarz nimmt freiwillig einen isolierten d-Bauern in Kauf, der sich natürlich später als schwach erweisen könnte. Allerdings lenkt dies den Springer e2 von seinen Verteidigungsaufgaben auf c3 ab und Schwarz hat Recht, aktiv fortzusetzen.

10.Sxd4 Sd7 11.f4 Sdc5

Verlockend ist 11...Dh4+, aber nach 12.g3 funktioniert 12...Sxg3 nicht wegen 13.Df2, während 12...Dh3 13.Lf1 Dh5 14.Lg2 zur Zeit wegen der starken Bauernkette als ein wenig besser für Weiß eingeschätzt wird.

12.0-0 Lxc3 13.bxc3 Da5!? (Diagramm 5)

Wenn Weiß sich konsolidiert, dann kann man davon ausgehen, dass er besser aufgestellt sein wird. Neben der Blockade des schwachen Bauern d5 verfügt er auch über einen langfristigen Plan mit f4-f5. Die korrekte Entgegnung des Schwarzen sollte dazu führen, dass Weiß sich Gedanken machen muss.

14.Le3

Darauf eingestellt, einen Bauern zu opfern, gefiel mir 14.Lxe4 oder das passive 14.Ld2 einfach nicht.

14...Sxd3 15.Dxd3 Ld7

Sehr vernünftig, da 15...Dxc3 16.Dxc3 Sxc3 17.Tfc1 Se4 18.Tc7 dem Weißen eine Menge Druck gegeben hätte.

16.Tfc1 Tfc8 17.c4

Es ist notwendig, diese Schwäche jetzt zu beseitigen, bevor sie eine zu große Belastung wird. Allerdings hatte ich zu diesem Zeitpunkt das Gefühl, mit Weiß darum zu kämpfen Ausgleich zu halten.

17...Da6 18.Sb5

Wickelt praktisch in ein Endspiel ab, das ich (wahrscheinlich korrekt) als Remis eingeschätzt hatte.

18...Txc4 19.Txc4 Lxb5 20.Dxd5 Sf6

Gewinnt einen Bauern, aber führt zum Damentausch und einem remisträchtigen Endspiel mit ungleichfarbigen Läufern.

21.exf6 Lxc4 22.Dg5 Dxf6 23.Dxf6 gxf6 24.a3 b5 25.Td1 a5 26.Td6 b4 27.axb4 axb4 28.Ld4 f5 29.Lf6 (Diagramm 6)

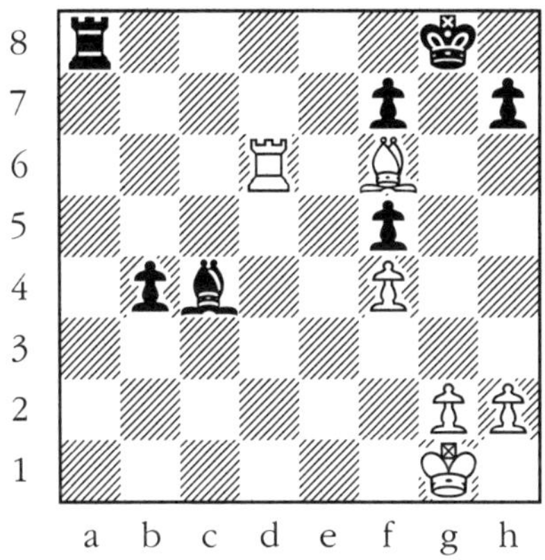

Diagramm 6

Aktive Verteidigung Teil 2!

Ohne die Türme wäre dies ein einfaches Remis. Sind sie auf dem Brett, geben sie dem Angreifer oft etwas Hoffnung, aber hier ist Schwarz nicht in der Lage mit seiner eigenen Schwerfigur auf Wanderschaft zu gehen, da er Probleme mit seinem König hat.

29...b3 30.Tb6 h6 31.h4 Kh7 32.h5!

Der schwarze König ist nun eingekeilt und deshalb spielt sich nicht mehr viel ab.

32...Te8 33.Tb4 Tc8 34.Tb6

TIPP: Türme gehören hinter die Freibauern.

Der weiße Turm sorgt nicht nur dafür, dass der Freibauer des Schwarzen nicht weiter vorankommt, sondern verfügt auch über andere aktive Möglichkeiten. Das wäre nicht der Fall, wenn der Turm versuchen würden, den Bauern zu blockieren, indem er sich nach b2 manövriert.

34...Ld5 35.g3 Te8

Einmal mehr versucht Schwarz die Türme zu tauschen (mit ...Te6), wonach auch der Bauer h5 fallen würde. Allerdings besteht für Weiß keine Notwendigkeit, dies zu gestatten.

36.Tb5 Lc4 37.Tb4 Tc8 38.Tb6 Ta8 39.Kf2 Ta6 40.Txa6 Lxa6 Remis

---

Partie 23

□ Van Wely ■ Nikolic

Wijk aan Zee 2000

1.d4 Sf6 2.c4 e6 3.Sc3 Lb4 4.Dc2 0-0 5.a3 Lxc3+ 6.Dxc3 b5 (Diagramm 7)

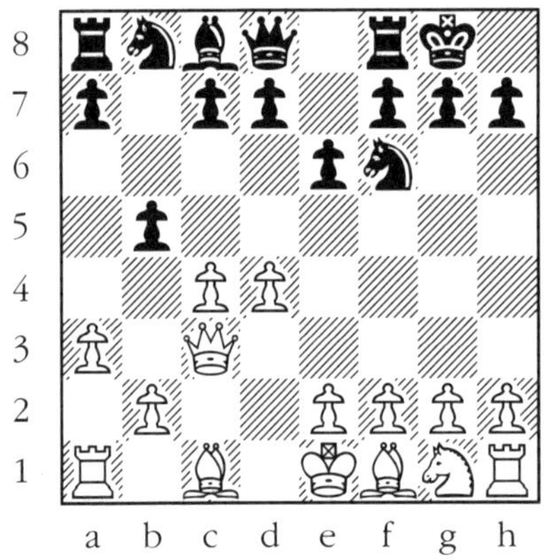

Diagramm 7

Übers Ziel hinaus geschossen?

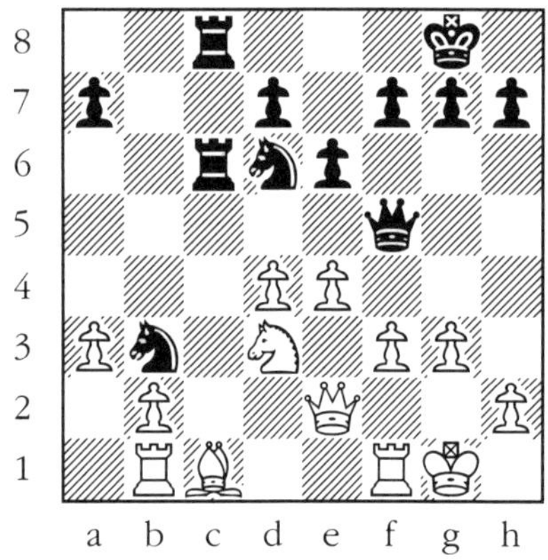

Diagramm 8

Kontrolle über die c-Linie

Hier, wo Schwarz versucht, die Kontrolle über e4 und d5 zu bekommen, ist das eigentlich nichts anderes als ein Fall, in dem Schwarz einen Bauern für ein paar Felder gibt. Der Textzug stellt ein interessantes Bauernopfer dar, aber nachdem ich etliche Partien mit dieser Variante nachgespielt habe, kann ich nur den Schluss ziehen, dass jeder selbst entscheiden muss, wie sehr ihm das gefällt. Freut mich, Ihnen geholfen zu können!

7.cxb5 c6 8.e3

Wenn Weiß 'eigen' bei der Annahme von Gambits ist, dann ist 8.Lg5 mit der Absicht 9.e3 eine Alternative und eine vernünftige Methode.

8...cxb5 9.Lxb5 Se4 10.Db3 Dg5!?

Schwarz möchte den unterentwickelten Königsflügel des Weißen exponieren, und hofft, die eine oder andere Schwäche zu provozieren.

11.Lf1

Kaum wünschenswert, aber zumindest vermeidet dieser Rückzug Löcher zu schaffen.

11...Sc6 12.Dc2

In einer anderen hochklassigen Begegnung geschah 12.Sf3 Dg6 13.g3 Tb8 14.Dd3 Df5 15.Le2 Tb6 16.0-0 La6 17.Dd1 Lxe2 18.Dxe2 Tc8 19.Se1 Sa5 20.Sd3 Sb3 21.Tb1 Tbc6 22.f3 Sd6 23.e4 (Diagramm 8).

Und obwohl Weiß jetzt das Zentrum erobert hatte, hielt Schwarz den Druck aufrecht und konnte am Ende über die c-Linie in die gegnerische Stellung eindringen: 23...Da5 24.Le3 Sc4 25.Tfd1 h6 26.Sb4 T6c7 27.d5 Sxe3 28.Dxe3 Da4 29.dxe6 dxe6 30.Sa2 Tc2 31.Sc3 Da5 32.Te1 Sd2 33.Te2 Td8 34.Td1 Txc3 35.Dxc3 Dxc3 36.bxc3 Sxf3+ 37.Kf2 Txd1 38.Kxf3 Ta1 39.Ke3 Txa3 40.Kd4 e5+ 41.Kc4 f6 42.Tb2 a5 43.Tb7 h5 44.h4 Kh7 45.Tc7 Kg6 46.Kd5 a4 47.c4 Td3+ 48.Ke6 Txg3 49.Te7 Tg4 und Weiß gab auf, Baburin-Adams, Kilkenny 1999.

12...f5 13.Sh3 Dd8 14.b4 Lb7 15.f3 Tc8

Weiß kann weiter auf seinen Mehrbauern als Plus verweisen, aber Schwarz fährt damit fort sich auf Kosten der weißen Dame zu entwickeln. Während zeitweilig eine Figur hängt, ist die Drohung ...Sxd4.

16.Db2 Sd6 17.Ld3 Db6 18.0-0 La6 19.Lxa6 Dxa6 20.a4

Da c4 so aussieht, als wäre dort sehr gut eine Invasion möglich, versucht Weiß noch das eine oder andere weiße Feld zu erhaschen.

20...Db6 21.Tb1 Se7 22.Sf4 Tc4 23.Ld2 Tfc8 24.Tfc1 Sd5 25.Sxd5 exd5 (Diagramm 9)

Eine faszinierende Stellung. Schwarz beherrscht die c-Linie und übt außerdem schönen Druck auf e4 aus. Weiß hat einen 'halb-schlechten' Läufer gegen einen Springer, aber verfügt natürlich über diesen Mehrbauern am Damenflügel.

26.b5 f4 27.exf4 Txa4 28.Txc8+ Sxc8 29.Le3 Sd6 30.Db3 Tc4 31.g4

Es fällt immer noch schwer, die Lage einzuschätzen (vor allem in Hinblick darauf, wo Schwarz in dieser Partie fehlgreift). Weiß versucht jetzt, mit seiner Mehrheit am Königsflügel voran zu kommen. Außerdem würde er dem Springer gerne das Feld f5 nehmen.

31...h5 32.h3 Da5 33.Kf2 h4 34.Kg2 Kh8 35.Lf2 Dd2 36.b6 axb6 37.Dxb6

Außer 38.Dxd6 droht Weiß auch noch 38.Dd8+ und 39.Dxh4+. Da sein König so schwach ist wie der weiße, lautet meine Schlussfolgerung, dass es so aussieht, als hätte der Schwarze sein Pulver verschossen.

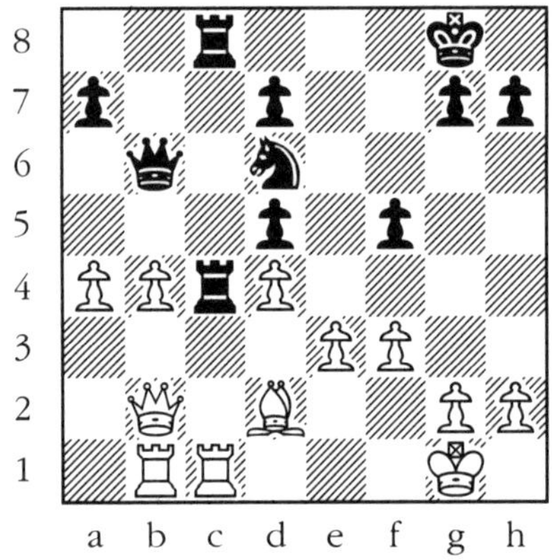

Diagramm 9

Einen Bauern wert?

37...Sf7 38.Dg6 Dxf4 39.Te1 Tc8 40.Te7 Kg8 41.Lxh4 Ta8 42.Dd3 Sd6 43.Lg3 Df6 44.Lxd6 Dxd6 45.Te5 Db8 46.h4 Db2+ 47.Te2 Db6 48.h5 Df6 49.Kg3 d6 50.De3 Df7 51.De6 Ta3 52.Dxf7+ Kxf7 53.Kf4 Td3 54.Ta2 Txd4+ 55.Kf5

Die Partie endet schließlich Remis, aber ich habe keinen Zweifel daran, dass Weiß auf Gewinn steht.

55...Td3 56.Ta7+ Kf8 57.f4 Te3 58.Td7 d4 59.Txd6 d3 60.g5 Kf7 61.h6 gxh6 62.Txh6 d2 63.Td6 Te2 64.Kg4 Ke7 65.Td3 Ke6 66.Kf3 Th2 67.Ke3 Kf5 68.Td5+ Kg4 69.Txd2 Th1 70.Tg2+ Kf5 71.g6 Th8 72.g7 Tg8 73.Tg5+ Kf6 74.Ke4 Te8+ 75.Kf3 Kf7 76.Kg4 Ta8 77.Kh5 Kg8 78.Tg6 Ta1 79.Tg4 Th1+ 80.Kg6 Th4 81.Kf5 Th6 82.Ke5 Ta6 83.Tg5 Ta5+ 84.Kf6 Ta6+ 85.Kf5 Ta5+ 86.Kg4 Ta4 87.Tg6 Ta1 88.Kf3 Ta3+ 89.Ke4 Ta4+ 90.Kf5 Ta5+ 91.Kg4 Ta1 92.f5 Tg1+ 93.Kh5 Txg6 94.Kxg6 Remis

---

Partie 24

□ Privman ■ Hebert

Philadelphia 2001

1.d4 Sf6 2.c4 e6 3.Sc3 Lb4 4.Dc2 0-0 5.a3 Lxc3+ 6.Dxc3 b6 7.Lg5 Lb7 8.f3 d5 9.e3 Sbd7 (Diagramm 10)

Diese Art von Stellung kann ohne den Einschub von ...h7-h6 und Lh4 erreicht werden. In jedem Fall ist der Bauerntausch auf d5 die bei weitem beliebteste Fortsetzung des Weißen. In dieser Partie tauscht er nicht und muss schließlich die Konsequenzen tragen.

10.Ld3 h6 11.Lh4 c5 12.Se2?!

Ein wichtiges Motiv in dieser Variante ist der Wegzug des scheinbar gefesselten Springers f6, um die weiße Dame anzugreifen. Oft zieht es der weiße Springer vor nach h3 zu gehen, da er dann nach ...Se4xc3 nicht geschlagen werden kann.

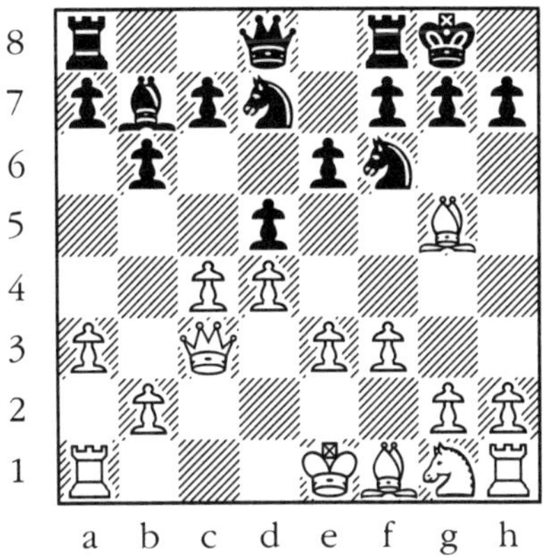

Diagramm 10

Hilfreiche Springer

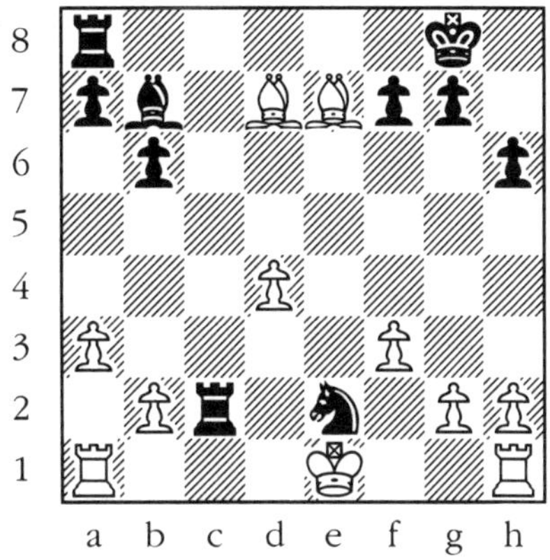

Diagramm 11

Rochieren verboten!

12...cxd4 13.exd4 dxc4 14.Lxc4 Se4!

Ein vereinfachender taktischer Trick, vor dem ich bereits gewarnt hatte. Offensichtlich ist 15.fxe4? Dxh4+ jetzt inakzeptabel.

15.Lxd8 Sxc3 16.Le7

Wenn Weiß auf c3 zurücknimmt (sei es mit dem Bauern oder mit dem Springer), dann verbleibt Schwarz mit der besseren Bauernstruktur.

16...Tfc8 17.Lxe6

Erneut steht Weiß nach dem geradlinigen 17.bxc3 Txc4 wegen seiner minderwertigen Bauernstruktur schlechter.

TIPP: Je weniger Bauerninseln, desto besser.

Allerdings heißt das nicht, so viele Bauern loszuwerden, wie Sie können (!), sondern anstatt sie verstreut an verschiedenen Orten stehen zu lassen, lieber zu versuchen, sie beieinander zu halten (damit sie einander schützen können).

17...Sxe2 18.Lxd7 Tc2 (Diagramm 11)

Weiß hat zwar das Läuferpaar, aber er steckt in großen Schwierigkeiten.

19.Td1 Sf4 20.0-0 Txg2+

20...Tc7 21.Ld6 Se2+ 22.Kf2 Txd7 sieht ebenfalls ziemlich eindrucksvoll aus, obwohl am Textzug nichts auszusetzen ist.

21.Kh1 Txb2 22.Lf5 Te8 23.Ld6 g5 24.Lxf4 gxf4 25.Le4 Txe4 Weiß gibt auf

---

Partie 25

□ I.Sokolow ■ C.Hansen

Malmö 2001

1.d4 Sf6 2.c4 e6 3.Sc3 Lb4 4.Dc2 0-0 5.a3 Lxc3+ 6.Dxc3 b6 7.Lg5 Lb7 8.f3 h6 9.Lh4 d5 10.e3 Sbd7 11.cxd5

Da die Theorie der Ansicht ist, diese Fortsetzung vereinfacht zu einem remisträchtigen Endspiel, hält Weiß die Spannung oft mit 11.Sh3 aufrecht.

11...Sxd5 (Diagramm 12)

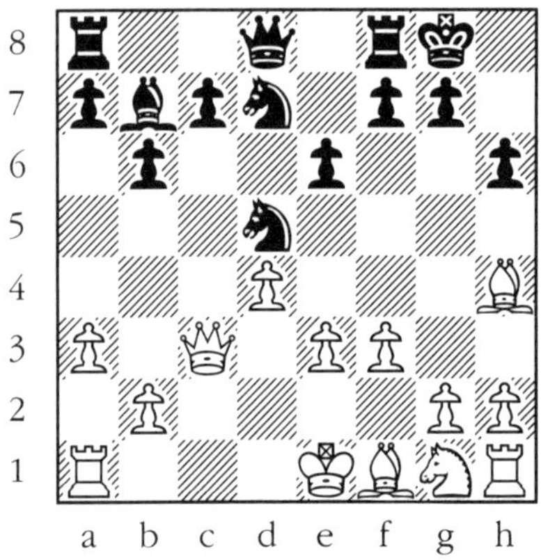

Diagramm 12

Die Damen sind angegriffen!

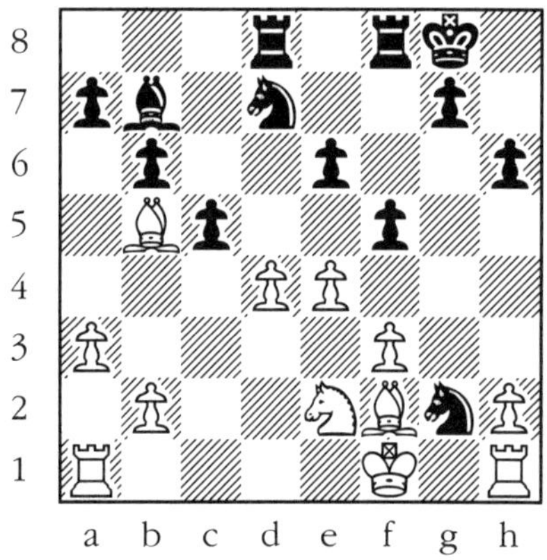

Diagramm 13

Der König steht alleine da

12.Lxd8 Sxc3 13.Lh4

Da der schwarze Springer nach 13.Lxc7 Sd5 14.Ld6 Sxe3 15.Lxf8 Sc2+ nicht gefangen wird, gibt Schwarz sein Entwicklungsvorsprung die Oberhand.

13...Sd5 14.Lf2

Wenn Weiß die Dinge nur einfach halten könnte, dann würde sich der Vorteil seines Läuferpaars wirklich bemerkbar machen. Es liegt an Schwarz, dafür zu sorgen, dass die Dinge nicht so geradlinig verlaufen, aber wenn der Textzug auch logisch ist (er beseitigt ein potenzielles Angriffsziel auf der halboffenen c-Linie), so sieht eine Auszeit mit 14...f5 ebenfalls vernünftig aus.

14...c5 15.e4

15.Lb5 S5f6 16.Se2 a6 17.La4 b5 ist nach Angaben verschiedener Quellen ausgeglichen.

15...Sf4

Gewiss ehrgeizig, wobei die Alternative 15...Se7 einen sicheren Rückzug darstellt.

16.Lb5 Tad8

Bald wird deutlich, warum sich Schwarz dafür entschieden hat, diesen Turm zu nehmen. Da es allerdings so aussieht, als ob die c-Linie geöffnet wird, kommt auch 16...Tfd8 in Betracht.

17.Se2!?

Vorher wären nach 16...Sxg2+ 17.Kf1 beide Springer angegriffen gewesen wären, aber jetzt ist das eine ernsthafte Möglichkeit. Die Variante 17.g3 Sg6 18.Td1 f5 bereitet Weiß Probleme auf der Diagonalen b7-h1. Allerdings ist 17.Lg3 möglich, wonach ein gieriger Springer Schwierigkeiten hätte zu entkommen.

17...Sxg2+

Offensichtlich nicht zufrieden mit 17...Sxe2 18.Kxe2 cxd4 19.Lxd4, nimmt Schwarz den 'Verwicklungen'-Fehdehandschuh auf.

18.Kf1 f5 (Diagramm 13)

Der Springer ist gefangen, aber Schwarz hat Teuflisches im Sinn.

19.d5!

Will die Diagonale b7-h1 schließen und wer kann Weiß daraus angesichts von 19.Kxg2?! fxe4 einen Vorwurf machen?

19...exd5 20.exd5 Lxd5

Zumindest hat Weiß so die f-Linie geschlossen gehalten.

21.Kxg2 Se5 22.Sg1

Ein sehr hässlicher Zug, den zu spielen Weiß jedoch gezwungen ist. Es wirkt kaum so, als ob Weiß eine Mehrfigur hat. Nichtsdestotrotz ist das so und Schwarz braucht mehr als nur diese beiden Bauern.

22...g5

Möchte den Bauern f3 mit ...g5-g4 noch eingehender befragen. Wenn er nach Verbesserungen sucht, könnte Schwarz 22...c4 oder 22...Tf6 in Betracht ziehen.

23.Te1 Sg6 24.h4!

Schwarz verfügt über ein paar nützliche Felder für seinen Springer, aber Weiß konzentriert sich einfach darauf, zu versuchen seinen Königsturm zu aktivieren.

24...g4 25.h5

Wichtig. Weiß möchte das Feld h4 für sich selbst.

25...Sf4+ 26.Kg3 Se6 27.Th4 Sg5 28.Le3

Einfaches Schach. 28.Te7 ist vielleicht gut, aber der Textzug erlaubt es Weiß, die Stellung zu vereinfachen.

28...Lxf3 29.Sxf3 Sxf3 30.Thh1 Sxe1 31.Txe1

Schwarz hat drei Bauern, aber das Läuferpaar ist eindrucksvoll. Dennoch bin ich nicht sicher, ob Schwarz im nächsten Zug, der zur Gesamtlage nicht viel beizutragen scheint, das Beste getroffen hat.

31...f4+ 32.Lxf4 Td4

Schwarz erhält ein Feld für seinen Turm, aber jetzt haben die Läufer sogar noch mehr Diagonalen.

33.Tf1 c4 34.Kxg4

Plötzlich gibt es nur noch einen Bauern, der den Turm gegen die beiden Läufer unterstützt.

34...Kh7 35.La4 a6

Der Schlüssel zur Antwort auf 35...Tg8+ liegt darin, 36.Kf3?? Txf4+ 37.Kxf4 Tf8+ zu vermeiden.

36.Lc2+ Kg7 37.Kg3 Te8 38.Kf3 Te6 39.Lf5 Te8 40.Tg1+ Kf6 41.Lc2 Schwarz gibt auf

Der h-Bauer ist dem Tode geweiht, genau wie Schwarz.

Partie 26

□ Ward ■ Adams

Southend 2001

1.c4 Sf6 2.d4 e6 3.Sc3 Lb4 4.Dc2 0-0 5.a3 Lxc3+ 6.Dxc3 Se4 7.Dc2 f5 8.Sh3 d6

Typischerweise möchte Schwarz ein paar Bauern auf Felder stellen, die nicht die Farbe des verbleibenden Läufers haben. Im Gegensatz dazu wäre 8...d5? positionell fehlerhaft. Der Läufer wird 'schlecht' und Schwarz überlässt Weiß einen Vorposten auf e5.

HINWEIS: Ein Vorposten ist ein Feld, das von eigenen Bauern gedeckt wird, aber nie von einem gegnerischen Bauern angegriffen werden kann. Springer freuen sich ganz besonders über Vorposten.

9.f3 Sf6 10.e3 e5

Schwarz verfügt jetzt über seinen gerechten Anteil am Zentrum und kann seine Figuren leicht entwickeln. Wie so oft in der Klassischen Variante kann Weiß auf sein Läuferpaar verweisen (minus struktureller Schwächen), das ihm langfristigen Vorteil gibt.

11.dxe5

Ich muss gestehen, dass ich mich bei meiner Vorbereitung auf diese Partie nicht unbedingt überanstrengt habe, aber ich erinnere, festgestellt zu haben, dass die

Theorie letztendlich diesen Zug empfahl, der Weiß in Verbindung mit dem nächsten einen leichten Vorteil sichern sollte. Angesichts dieser Partie muss diese Schlussfolgerung womöglich revidiert werden.

11...dxe5 12.Sf2

Noch immer mehr oder weniger per Autopilot gespielt. Ich hatte nicht wirklich Vertrauen zu 12.Ld3, da hierauf ...e5-e4 möglich wird, aber mit Sicherheit sieht 12.Le2 vernünftig aus.

12...Sc6

Obwohl 12...c5 bereits vorher gespielt wurde, scheint sich der Plan, dem Schwarz jetzt folgt, von selbst anzubieten. Weiß wird die e-Linie nicht vorzeitig öffnen wollen, während sich der schwarze Springer liebend gerne auf d4 niederlassen möchte.

13.b4

Die Diagonale b2-g7 ist für den schwarzfeldrigen Läufer des Weißen attraktiv, obwohl ich natürlich ein wenig besorgt war, in der Entwicklung zurückzufallen.

13...f4 14.Ld3

Ich sah den Vorteil, mit der Entwicklung dieses Läufers zu warten, darin, dass er jetzt, wo der schwarze f-Bauer gerade vorgerückt ist, einen schönen Posten einnimmt. Über 14.exf4, was das Feld d4 der Gnade des Schwarzen überlässt, habe ich nicht lange nachgedacht.

14...a5! (Diagramm 14)

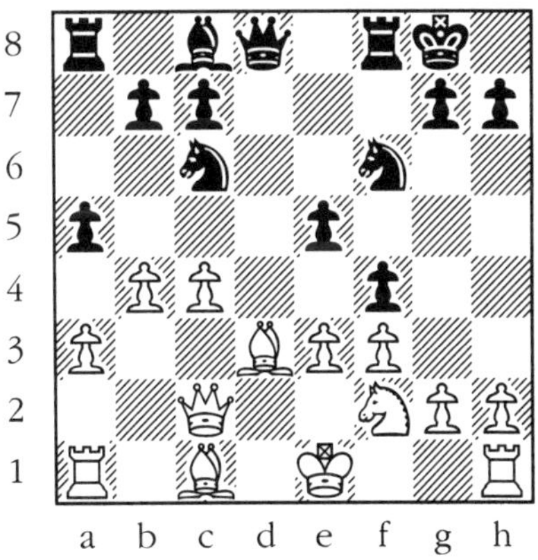

Diagramm 14

Provoziert eine Schwäche

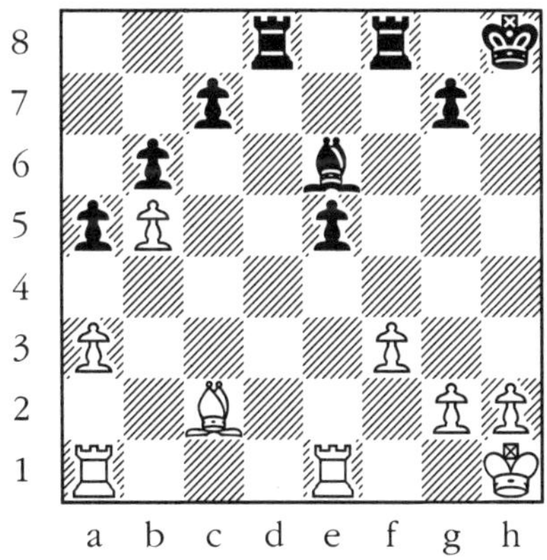

Diagramm 15

Hält durch

Schwarz weiß, wohin sein Springer möchte, aber bringt Weiß dazu, das Feld c5 aufzugeben, bevor der Springer seine Reise beginnt.

TIPP: Achten Sie auf diese Idee, die sich in vielen Eröffnungen anwenden lässt. Anstatt den Springer sofort zu ziehen, ist es oft vorteilhaft, den gegnerischen b-Bauern auf diese Weise zu provozieren.

15.b5 fxe3 16.Lxe3 Sd4 17.Lxd4

Ich nehme an man könnte sagen, dass dies als Sicherheitszug angesehen werden könnte, da Weiß im Idealfalle seine beiden Läufer behalten würde. Ich habe Züge wie 17.Db2 und 17.Db1 in Betracht gezogen, aber gefühlsmäßig wollte ich nicht, dass Schwarz seinen Springer mit ...c7-c5 festsetzt.

17...Dxd4

Ich hatte immer noch das Gefühl, hier einen kleinen Vorteil zu haben, obwohl Sie sehen, wie nützlich es für Schwarz ist, das Feld c5 zur Verfügung zu haben.

18.0-0

Das Ärgerliche an diesem Zug ist, dass der Springer jetzt gefesselt ist.

18...Le6 19.Tfd1 Dc5 20.Kh1 Tad8 21.Se4 Sxe4 22.Lxe4 Dxc4 23.Lxh7+ Kh8 24.Tdc1!?

Wenn man bedenkt, dass der schwarze König noch ein wenig angeschlagen aussieht, wäre es schön, die Damen auf dem Brett zu lassen. Der Textzug versucht Schwarz genau dazu zu ermuntern, während er dem Abtausch der Türme ausweicht, um unmittelbare Probleme auf der Grundreihe zu vermeiden.

24...Dxc2

Es ist keine allzu große Überraschung, dass die Nummer Vier der Welt mein nicht gar so großzügiges Angebot des b-Bauern ablehnt. Tatsächlich wäre die schwarze Dame nach 24...Dxb5?! 25.Le4 im Abseits gefangen, der b- und der c-Bauer wären offensichtliche Angriffsziele und es könnte sich leicht als katastrophal erweisen, wenn die weiße Dame auf die h-Linie kommt.

25.Lxc2 b6

Ich habe hier eine lange Zeit über Züge wie 26.Le4 nachgedacht. Schwarz hat Schwächen auf c7 und e5, aber es scheint, als würde das nicht ausreichen, Schwarz die Partie verlieren zu lassen.

26.Te1 (Diagramm 15)

HINWEIS: Obwohl es im Allgemeinen stimmt, dass man versuchen sollte, Bauern auf Felder der Farbe zu stellen, die der verbleibende Läufer nicht beherrscht, so schadet es nicht, einen verstreuten Bauern auf der Farbe des Läufers zu haben, wenn noch Türme im Endspiel auf dem Brett stehen. Tatsächlich können sich Läufer und Bauern oft gegenseitig schützen, während die Türme zum Angriff blasen.

26...Lf5

Schwarz hat hier eine etwas glückliche Verteidigung zur Verfügung.

27.Tac1 Lxc2 28.Txc2 Tf7 29.h3

Um beide Türme am Spiel zu beteiligen, muss man sich irgendwann um das Grundreihenproblem kümmern.

29...Td5 30.Tec1 Txb5 31.Txc7 Txc7 32.Txc7 Tb3 33.a4 Tb4 34.Tb7 e4 Remis

Alle Turm- und Bauernendspiele sind Remis, und dies ist keine Ausnahme!

Kapitel Sechs

Die Klassische Variante 4.Dc2 c5 5.dxc5

- Einleitung
- Schwarz spielt 5...Lxc5
- Schwarz spielt 5...0-0
- Weiß spielt 5...Sa6
- Beispielpartien

Einleitung

1.d4 Sf6 2.c4 e6 3.Sc3 Lb4 4.Dc2 c5 (Diagramm 1)

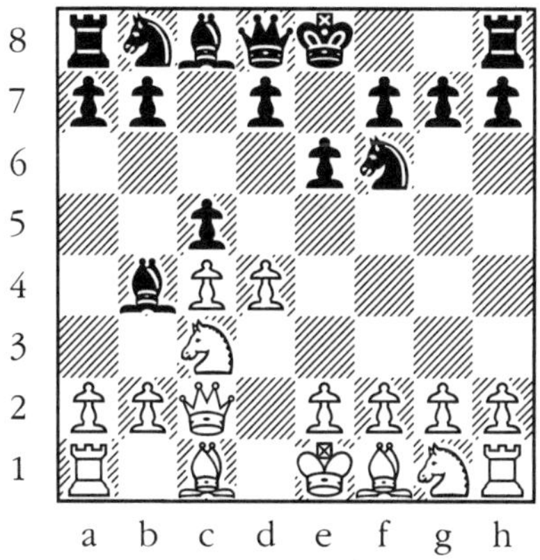

Diagramm 1
Greift d4 an

In vielerlei Hinsicht ist die Fortsetzung 4...c5 die logische Antwort, um der Klassischen Variante zu begegnen, da Schwarz, ohne viel Umstände machen zu müssen, jetzt die fehlende weiße Deckung eines Schlüsselfelds im Zentrum ausnutzt. Da der Springer c3 weiterhin gefesselt bleibt, verliert der Vorstoß 5.d5 einfach einen Bauern, weshalb **5.dxc5** die einzig herausfordernde Möglichkeit darstellt.

Es wäre sehr falsch zu sagen, dass Weiß mit diesem Zug die Initiative aufgibt, nur weil er einen Zentrumsbauern für einen weiter außen stehenden aufgibt. Tatsächlich übt der Bauer c4 weiterhin Druck in diesem wichtigen Brettabschnitt aus, und außerdem steht Weiß jetzt die halboffene d-Linie zur Verfügung, die hilft, den schwarzen d-Bauern unter Beschuss zu nehmen und vielleicht auf dem Feld d6 einzudringen.

Schwarz wird den Bauern auf c5 zurückgewinnen, aber er hat eine Reihe von Möglichkeiten, das zu tun: 5...Lxc5, 5...0-0 und 5...Sa6.

Schwarz spielt 5...Lxc5

1.d4 Sf6 2.c4 e6 3.Sc3 Lb4 4.Dc2 c5 5.dxc5 Lxc5

Zweifellos kommt Schwarz damit gleich zur Sache, aber der Nachteil dieses Zuges ist, dass der Läufer jetzt zwei Mal gezogen hat und die Fesselung c3-e1 nicht mehr länger aufrechterhalten wird.

6.Sf3

WARNUNG: Bitte beachten Sie, dass 6.Lg5? anstelle des Textzuges 6...Lxf2+! 7.Kxf2 Sg4+ zum Opfer fällt. Da dies einen Bauern gewinnt und den König in Verlegenheit bringt, lohnt es sich, diesen taktischen Trick im Gedächtnis zu behalten.

6...Db6

Da der nächste weiße Zug erzwungen ist, zeigt sich die Absicht hinter diesem und dem vorherigen Zug des Schwarzen. Der Läufer c1 wird die aktiven Felder g5 und f4 in naher Zukunft nicht betreten.

7.e3

Seltsam genug glaube ich nicht, je Partien mit 7.e4, was der Dame die Deckung von f2 ermöglicht, gesehen zu haben. Angesichts von 7...Sg4 glaube ich allerdings nicht, dass das eine große Überraschung ist.

7...Dc7

Während es für den Weißen irgendwann einmal reizvoll sein wird, einen oder zwei Türme auf die d-Linie zu bringen, darf man nicht vergessen, dass Schwarz die halboffene c-Linie zur Verfügung steht. Dieser Damenrückzug hat allerdings mehr mit dem Umstand zu tun, dass Schwarz sich irgendwann einmal um die drohende Gabel Sa4 kümmern muss und Schwarz zugleich ...b7-b6 möglich machen möchte, um seinen Damenläufer mit Hilfe eines Fianchettos bei der Entwicklung zu unterstützen.

8.b3

Schwarz möchte seinen schwarzfeldrigen Läufer ebenfalls aktivieren und 8.Ld2 genügt seinen Ansprüchen nicht.

8...a6

Ein weiterer Zug, der keine Leichtfigur berührt, aber ein nützlicher. Später könnte Schwarz versuchen, den Damenflügelvorstoß ...b5 durchzusetzen, aber erst einmal wird das Feld dem weißen Springer verwehrt.

9.Lb2 b6 (Diagramm 2)

Pläne

Schwarz schickt sich an, die berühmte 'Igelstellung' einzunehmen, die durch typische Züge wie ...Lb7, ...Le7 (um diesen Läufer nicht im Abseits stehen zu lassen), ...d7-d6, ...Sbd7 und ...0-0 charakterisiert wird. Typischerweise ist dieses System, das in Partie 27 untersucht wird, für Weiß schwer zu knacken. Schwarz strebt im Allgemeinen Durchbrüche wie ...b6-b5 oder ...d6-d5 an, aber davon abgesehen bewahrt er die Ruhe und wartet, dass der Gegner fehl greift.

Weiß kann offensichtliche Züge wie Le2, 0-0 und einen Turm nach d1 spielen, aber um ernsthaft Fortschritte zu machen, muss er vielleicht am Damenflügel oder im Zentrum vorrücken.

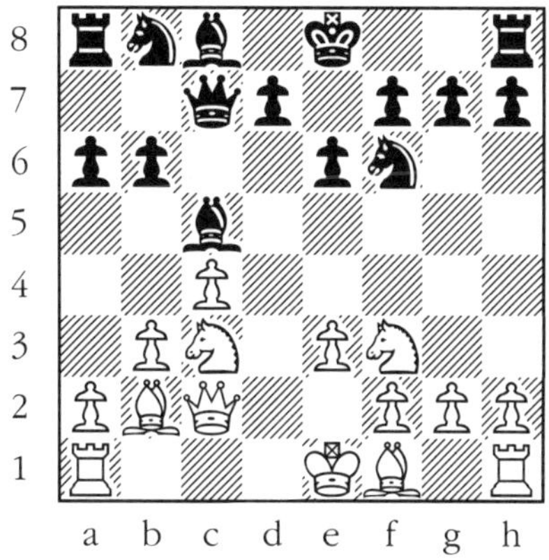

Diagramm 2

Die d-Linie ist halboffen

Schwarz spielt 5...0-0

1.d4 Sf6 2.c4 e6 3.Sc3 Lb4 4.Dc2 c5 5.dxc5 0-0

Hier lautet die schwarze Logik, dass keine Eile besteht, den Bauern c5 zu nehmen, da der ohnehin nicht entkommen kann.

TIPP: Machen Sie immer einen Zug, von dem Sie 'wissen', dass Sie ihn spielen werden vor einem Zug, bei dem Sie sich nicht sicher sind.

Die kurze Rochade würde mit ziemlicher Sicherheit bei einer nicht allzu fernen Gelegenheit anstehen, während es nun sehr gut möglich ist, dass Schwarz versuchen könnte, den Bauern c5 mit der Dame oder dem Springer zu beseitigen.

6.a3 Lxc5

Schwarz könnte behaupten, dass er jetzt mit seinem 5. Zug praktisch ein Tempo gewonnen hat, da ...Lxc5 ohnehin geschehen ist, allerdings nicht ohne die Einschaltung des vergleichsweise unwichtigen Zuges a2-a3. Das Gegenargument lautet, dass letzterer Punkt einfach nicht stimmt, da es nützlich ist, das Feld b4 zu decken und Weiß jetzt immer über die Möglichkeit eines Vorrückens mit b2-b4 verfügt.

7.Sf3 Sc6

7...Db6!? würde zu ähnlichen Varianten wie denen führen, die wir im vorherigen Abschnitt betrachtet haben.

8.Lg5

8.b4 gilt als etwas verfrüht, aber eine andere mögliche Läuferaufstellung ist 8.Lf4; es ist praktisch, die Felder c7 und d6 im Blick zu behalten.

8...Sd4

Nutzt den Umstand aus, dass e2-e3 noch nicht gespielt wurde.

9.Sxd4 Lxd4 10.e3 Da5

Nimmt den Läufer auf g5 aufs Korn und droht, die weiße Bauernstruktur am Damenflügel zu ruinieren.

11.exd4 Dxg5 (Diagramm 3)

FRAGE 7: Ist der Läufer auf c8 ein 'schlechter' Läufer?

Pläne

Die Aufstellung der schwarzen Dame macht die Entwicklung des Königsflügels ein wenig schwer für Weiß, dem nun empfohlen wird, 12.Dd2 zu versuchen. Damentausch (nicht erzwungen, aber der weiße Raumvorteil im Zentrum gibt ihm in jedem Fall Vorteil) würde uns einem Endspiel näher bringen, das minimal besser für Weiß ist. Die Bauernstruktur ist asymmetrisch, weshalb Weiß am Damenflügel, wo er über einen Extrabauern verfügt, expandieren wird. Schwarz wird seinen Läufer ins Spiel bringen, einen Turm oder zwei auf die c-Linie stellen und dann den König zentralisieren.

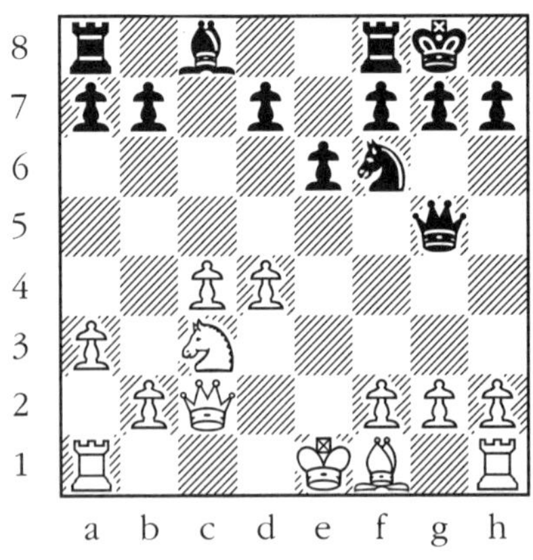

Diagramm 3

Weiß möchte die Damen vom Brett haben

Schwarz spielt 5...Sa6

1.d4 Sf6 2.c4 e6 3.Sc3 Lb4 4.Dc2 c5 5.dxc5 Sa6

Zum Auftakt der lebhaftesten der drei Varianten bringt Schwarz schnell eine weitere Figur ins Spiel. Er möchte den zeitweiligen weißen Mehrbauern aufgabeln und zugleich den Springer aktivieren.

6.a3

Erzwingt das Zugeständnis des Tausches Läufer gegen Springer, da 6...Lxc5 die Figur auf a6 mehr als nur ein wenig dumm dastehen lassen würde.

6...Lxc3+ 7.Dxc3 Sxc5

Weiß hat den Vorteil des Läuferpaars und man kann leicht sehen, wie Schwarz auf den schwarzen Feldern leiden könnte. Allerdings verfügt Schwarz über Entwicklungsvorsprung und der schwarze Springer-Duo-Plan macht das Leben für Weiß sehr schwer.

8.f3

Während er den möglichen Bauernvorstoß e2-e4 plant, ist Weiß auch darauf bedacht, die schwarzen Springer von diesem Feld fernzuhalten. Diese Variante ist so interessant, dass ich ihr vier der fünf Beispielpartien dieses Kapitels gewidmet habe, wobei die letzte die Alternative 8.b4 behandelt.

8...d5

TIPP: Obwohl es stimmt, dass Läufer offene Stellungen mögen, denken Sie daran, dass auch andere Figuren zu beachten sind.

Weiß hat das Läuferpaar, aber Schwarz möchte die Stellung öffnen, während der König seines Gegners im Zentrum steht und seine Armee noch zu Hause ausharrt.

9.cxd5 b6

Der Springer c5 war angegriffen und Schwarz denkt nicht zwei Mal darüber nach, einen Bauern ins Geschäft zu stecken, um den Schwung zu bewahren. Jetzt sieht 10.dxe6 sehr gierig aus und in meinen Datenbanken kann ich keine praktischen Beispiele finden, in denen dies Opfer von Mensch oder Maschine angenommen wird.

HINWEIS: Maschinen oder Computer-Engines stehen in dem Ruf, sehr viel materialistischer zu sein als wir Wesen aus Fleisch und Blut. Sie werden nicht nervös, wenn sie 'vergiftete' Bauern nehmen und sie brechen unter Druck nicht zusammen. Das bedeutet allerdings nicht, dass ihre ursprüngliche Neigung zur Gier der richtige Weg ist. Immer wieder ist es ihre mangelnde Fähigkeit zur Stellungsbeurteilung, die dazu führt, dass sie

etliche Minuten tiefer Analyse brauchen, um festzustellen, dass adäquate Kompensation vorhanden ist.

10.b4 Sa4 (Diagramm 4)

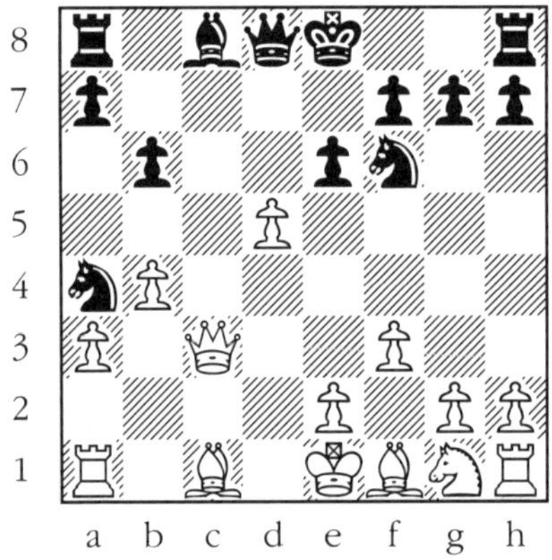

Diagramm 4

Die weißen Figuren sind zu Hause!

Pläne

Nach seiner nächsten Antwort kann Weiß keine Figur vorzeigen, die er in den ersten elf Zügen ins Spiel gebracht hat. Nach z.B. 11.Db3 wird Schwarz höchstwahrscheinlich seinen angegriffenen Springer mit 11...b5 decken und dann damit fortfahren, einen Angriff auf die unentwickelte weiße Stellung zu unternehmen. Was den Anziehenden betrifft, so muss er versuchen, die Lage zu stabilisieren und seine Figuren so schnell wie möglich ins Spiel zu bringen. Wenn ihm das nicht gelingt, kann das sehr leicht dazu führen, dass er vom Brett gefegt wird.

Beispielpartien

Partie 27

□ **Kirjakow** ■ **Tiwjakow**

Monarch Assurance Open, Port Erin 1999

1.d4 Sf6 2.c4 e6 3.Sc3 Lb4 4.Dc2 c5 5.dxc5 Lxc5 6.Sf3 Db6

Schwarz weiß, dass sowohl seine Dame als auch sein Läufer bald noch einmal ziehen werden müssen, aber er begreift dies als fairen Tausch dafür, dass der weiße Läufer hinter seiner eigenen Bauernkette bleibt.

7.e3 Dc7 8.b3 b6 9.Lb2 Lb7 10.Le2 a6

Ein typischer Zug, um die lästige Möglichkeit Sb5 zu verhindern.

WARNUNG: Schwarz muss sehr vorsichtig sein, das Feld d6 gedeckt zu halten, da sich ein Eindringen des Weißen auf diesem Feld als tödlich erweisen könnte.

11.Td1

Eine Standardidee. Weiß nutzt die halboffene d-Linie, um Druck auf den schwarzen d-Bauern auszuüben.

11...Le7

Schwarz muss diesen Läufer zurückziehen, bevor er ...d7-d6 spielt, damit er nicht im Abseits gefangen wird.

12.0-0 0-0?! (Diagramm 5)

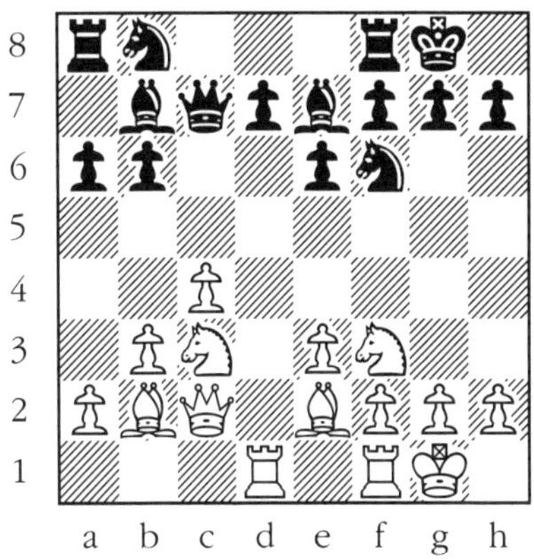

Diagramm 5

Verfrühte Rochade?

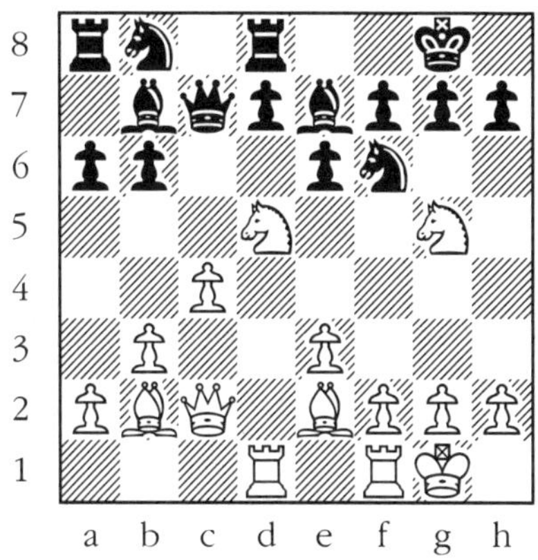

Diagramm 6

Aus heiterem Himmel!

Erstaunlicherweise neige ich angesichts dieser Partie dazu, so weit zu gehen, diesen Zug als Fehler zu bezeichnen. Zuvor wurde versucht zunächst den 'Igelaufbau' mit 12...d6 und 13...Sbd7 zu vervollständigen. Ich frage mich einfach nur, ob die Schwarzen immer wussten, warum man das gemacht hat!

13.Sg5!

Da er auch Damenindisch (1.d4 Sf6 2.c4 e6 3.Sf3 b6) spielt, besteht kaum Zweifel daran, dass Großmeister Tiwjakow dieses Motiv bereits vorher begegnet ist – Weiß hat die kecke Idee, auf h7 Matt zu setzen. Es gibt hier keinen weißen Läufer, der auf der Diagonale h1-a8 steht (oft fianchettiert er sich auf g2), aber die Alarmglocken sollten läuten.

13...Td8

Gibt dem König ein Fluchtfeld und hofft wahrscheinlich (obwohl vergeblich!) den Weißen davon zu abzubringen, die folgende Fortsetzung zu spielen. Beachten Sie, dass 13...h6? wegen 14.Sd5! exd5 15.Lxf6 hxg5 16.Lxe7 Te8 17.Lxg5 sofort verlieren würde.

14.Sd5!! (Diagramm 6)

Weiß spielt dennoch so. Wie sich bald zeigt erhält Weiß ausgezeichnete positionelle und taktische Kompensation für die Figur.

14...exd5

Das Opfer abzulehnen ist nutzlos, z.B. 14...Lxd5 15.Lxf6 Lxf6 16.Dxh7+ Kf8 17.cxd5 Lxg5 18.d6 und wegen der Drohung 19.Dh8 matt gewinnt Weiß die Dame.

15.Lxf6 Lxf6 16.Dxh7+ Kf8 17.cxd5 d6

Notwendig, um Weiß daran zu hindern, seinen Bauern auf dieses Feld vorzurücken. Weiß hat bereits zwei Bauern für die Figur eingesackt und Schwarz hilft seine unbeholfene Stellung am Damenflügel nicht.

18.Lh5 Lxg5

Nach 18...Sd7 hätte der weiße Springer mit 19.Sxf7 Tdc8 20.Sh6 ziemlichen Schaden angerichtet (da das mit 21.Dg8+ eingeleitete Matt extrem schwer zu stoppen ist).

19.Dh8+ Ke7 20.Dxg7 Tf8 21.Dxg5+ Ke8 22.Tc1 Dd8

Stattdessen hätte 22...De7 wegen des offensichtlichen 23.Dxe7+ Kxe7 24.Tc7+ die Figur einfach nur zurückgegeben.

23.Df5 (Diagramm 7)

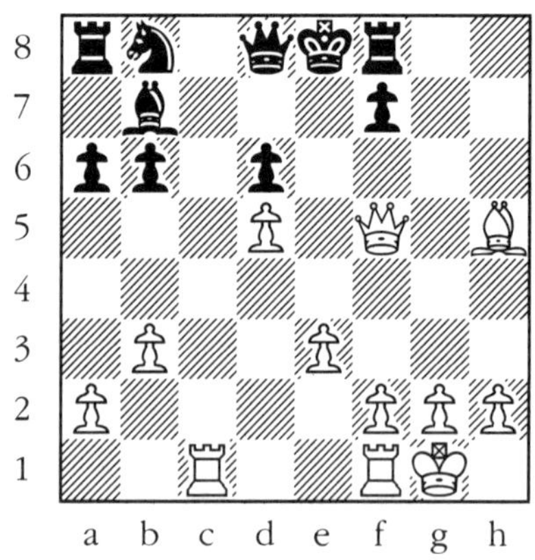

Diagramm 7

Der Bauer f7 ist gefesselt

Droht raffiniert mit 24.De6+ in die vorhergehende Anmerkung überzuleiten.

WARNUNG: Denken Sie daran, dass gefesselte Figuren die Aufgabe nicht erfüllen, die sie sonst wahrnehmen.

23...De7 24.Tc4

Unnachgiebig. Schwarz möchte keinem gegnerischen Turm Zugang zu seiner siebten Reihe gestatten, aber er muss sich gegen 25.Te4 schützen.

24...Sd7 25.Tc7 Lc8 26.Tfc1 Kd8 27.Lg4

Es ist schrecklich! Schwarz ist fürchterlich eingeschnürt und wartet einfach nur auf das Unvermeidliche.

27...De8 28.T1c6 Tg8 29.h3

Wie es so geht, war 29.Dc2 Ke7 30.De4+ Kd8 31.Dc4 Ke7 32.Lxd7 Lxd7 33.Dh4+ Kf8 34.Dh6+ Ke7 35.Dxd6+ Kd8 36.Df6+ De7 37.Txd7+ Kxd7 38.Tc7+ Kxc7 39.Dxe7+ Kb8 40.Dd6+ Kc8 41.Dc6+ Kb8 42.Dxb6+ Kc8 43.Dc6+ Kb8 44.d6 Ta7 45.d7 Tb7 46.Dd6+ eine Gewinnfortsetzung, aber ich glaube, wir sollten mit Weiß nicht zu streng sein!

29...b5 30.Df4 Df8 31.Lxd7 Lxd7 32.Df6+ Ke8

Wie bereits gesehen, würde 32...De7 an 33.Txd7+ Kxd7 34.Tc7+ scheitern.

33.Txd6 Td8 34.Tdxd7 Schwarz gibt auf

Partie 28

□ **Shirov** ■ **Bauer**

Olympiade Istanbul 2000

1.d4 Sf6 2.c4 e6 3.Sc3 Lb4 4.Dc2 c5 5.dxc5 Sa6 6.a3 Da5?! (Diagramm 8)

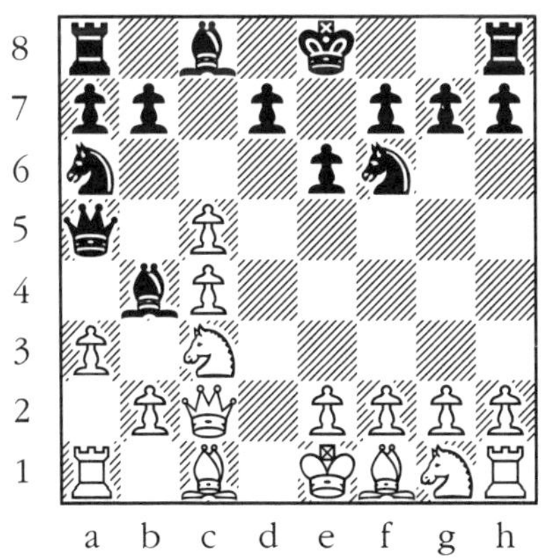

Diagramm 8

Der Bauer c5 kann nicht gerettet werden!

Möglich, weil der a-Bauer jetzt gefesselt ist. Aus theoretischer Sicht ist dies jedoch eine schlechte Fortsetzung.

7.Ld2 Sxc5 8.0-0-0!?

Ein sehr ehrgeiziger Zug, aber Shirov ist so ein Spieler. Jeder Turmzug auf der Grundreihe (wonach axb4 droht) sieht spielbar aus, während 8.e3 Lxc3 9.Lxc3 Da4 10.0-0-0 Dxc2+ 11.Kxc2 ebenfalls bequem besser für Weiß sein sollte.

8...Lxc3 9.Lxc3 Da4

Schwarz muss versuchen, die Damen auf dem Brett zu lassen, um seinen 6. Zug zu rechtfertigen.

10.Dxa4 Sxa4 11.Le5!?

Natürlich möchte Weiß die beiden Hälften seines Läuferpaars auf dem Brett behalten und außerdem geht von dem Feld d6 eine gewisse magnetische Wirkung aus.

11...b6

11...d5 wird am Besten mit 12.Lxf6 gxf6 13.cxd5 exd5 14.e4! beantwortet, da auf 14...dxe4? 15.Lb5+ folgt.

12.f3

Deckt das Feld e4 und bereitet den Vorstoß e2-e4 vor.

12...Ke7 13.Ld6+ Kd8 14.e4 Se8 15.Lg3 Ke7 16.b3 Sc5 17.b4 Sa4 18.Kc2

Die weißen Figuren am Königsflügel bleiben zuhause, aber dennoch spielt er diesen frechen Zug, der 19.Kb3 droht, was den Springer 'am Rand' fängt.

18...d6 19.Kb3 Ld7 (Diagramm 9)

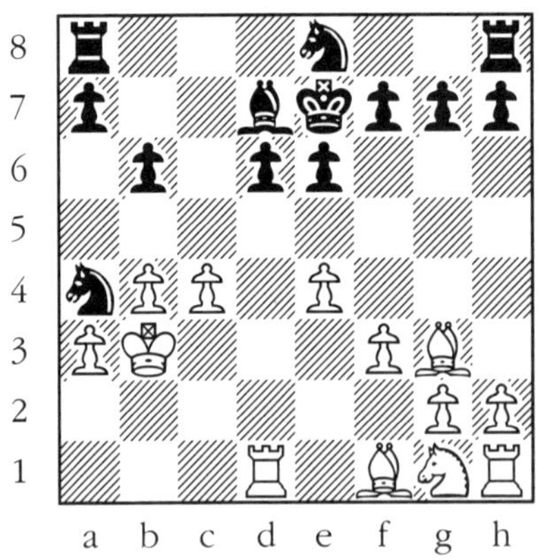

Diagramm 9

Die Könige werden aktiv!

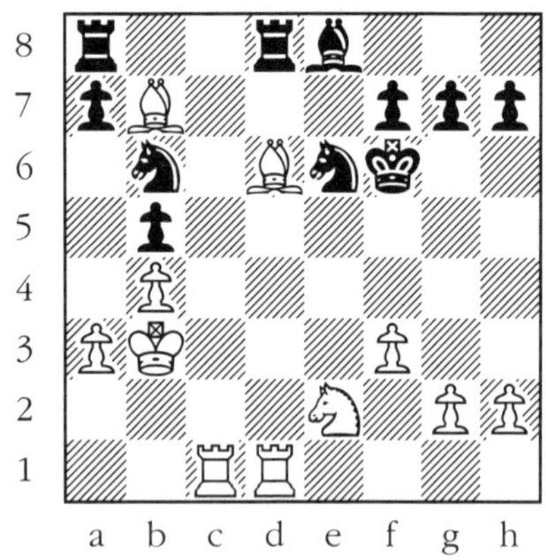

Diagramm 10

Alle Felder gedeckt

20.e5! d5

Die Pointe hinter dem letzten weißen Zug war, dass 20...dxe5? angesichts von 21.Txd7+! Kxd7 22.Kxa4 nicht spielbar ist.

21.cxd5 exd5 22.La6!

22.Txd5?, was 22...Le6 zulässt, kam für Weiß, der jetzt einen schwarzen Turm daran hindert, auf die c-Linie zu kommen, nicht in Betracht.

22...Sc7 23.e6!

Ein hübscher taktischer Schlag.

23...Sxe6

Bietet mehr Hoffnung als 23...Sxa6? 24.exd7 b5 25.Txd5.

24.Txd5 Lc6 25.Ld6+ Kf6 26.Le5+ Ke7 27.Ld6+

HINWEIS: Oft wiederholen erfahrene Spieler die Stellung einmal, obwohl sie nicht die Absicht haben, dies ein zweites Mal zu machen und dem Gegner die Möglichkeit zu geben, Remis zu reklamieren. Ein Grund dafür könnte das Vermeiden von Zeitnot sein, aber ein anderer Grund ist der psychologische Vorteil, dem Gegner zu zeigen, wer Chef ist!

27...Kf6 28.Td2 Thd8 29.Se2 b5 30.Tc1

Es sieht vielleicht so aus, als sei der Läufer a6 abgeschnitten, aber Schwarz hat nicht wirklich eine Möglichkeit, ihn zu fangen.

30...Le8 31.Tdd1 Sb6 32.Lb7 (Diagramm 10)

Hier zeigen die Läufer, wie gut sie miteinander harmonieren. Der angegriffene schwarze Turm kann nirgendwo hingehen.

32...Sc4 33.Lxa8 Txa8 34.Sc3 Kg6 35.Sxb5!

Vereinfacht die Stellung zu einem anderen, aber völlig gewonnenen Endspiel.

35...Lxb5 36.Txc4 Lxc4+ 37.Kxc4 Tc8+ 38.Kb5 Tc2 39.Ka6 Txg2 40.Kxa7 Schwarz gibt auf

Die weißen Freibauern am Damenflügel rollen zum Sieg.

Partie 29

□ Bykow ■ Nikolenko

Russland-Pokal, Moskau 1999

1.d4 Sf6 2.c4 e6 3.Sc3 Lb4 4.Dc2 c5 5.dxc5 Sa6 6.Sf3

Wie im theoretischen Abschnitt angedeutet ist 6.a3 kritischer. Das Problem hier einen Springer hinzustellen ist, dass Weiß nicht in der Lage sein wird, einen schwarzen Springer mit f2-f3 von e4 fernzuhalten.

6...Sxc5!? 7.a3 Lxc3+ 8.Dxc3 b6!? (Diagramm 11)

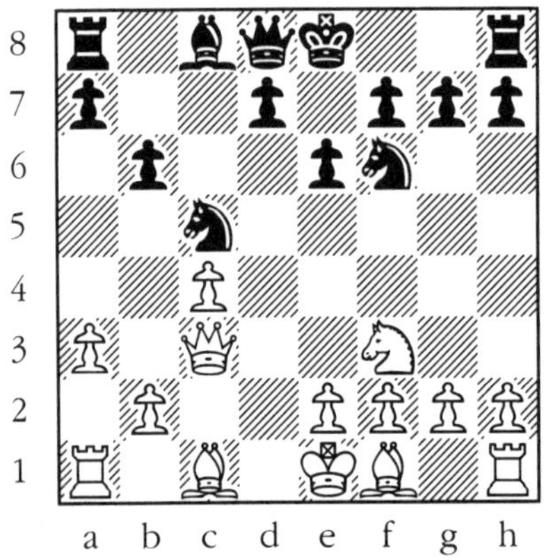

Diagramm 11

Wird es a6 oder b7 sein?

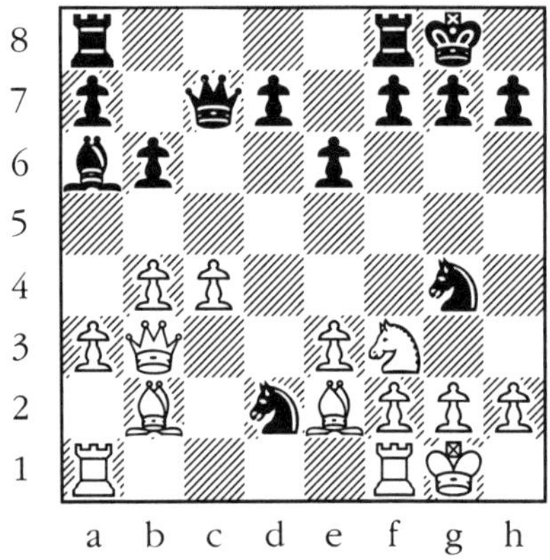

Diagramm 12

Gibt dem Läufer viele Möglichkeiten

9.e3 0-0 10.Le2 La6

Schwarz entscheidet sich, Druck auf den Bauern c4 auszuüben, wobei ...Tc8 als nächster Zug auf der Tagesordnung steht.

11.b4 Sce4 12.Db3?!

Rückblickend betrachtet wäre 12.Dd4 d6 13.Lb2 besser gewesen.

12...Dc7!

Schwarz setzt seinen Angriff auf den weißen c-Bauern fort, aber er hat auch noch andere Dinge im Sinn.

13.Lb2 Sg4! 14.0-0??

Okay, dies verliert, aber abgesehen davon, dass es den h-Bauern ungedeckt lässt, war den f-Bauern mit 14.Tf1 zu decken, auch kaum attraktiv.

14...Sd2!! (Diagramm 12)

Oh, du meine Güte! Der Springer wird gebraucht, um ...Dxh2 matt zu verhindern, weshalb der Textzug eine sehr eindrucksvolle Gabel darstellt.

15.Le5 Sxf3+

15...Sxb3 hätte ebenfalls Material gewonnen.

16.Lxf3 Sxe5 17.Lxa8 Lxc4 18.Tfc1 Txa8 19.h3

Da 19.f4 mit 19...Tc8 pariert wird, ist die Partie praktisch vorbei.

19...d5 20.a4 De7 21.Dc3 Sd3 22.Tcb1 Dh4 23.Dd2 e5 24.b5 h6 25.a5 Te8 26.axb6 axb6 27.f3 e4 28.f4 Dg3 29.Tf1 Lxb5 30.Tab1 Lc4 Weiß gibt auf

Der b-Bauer könnte fallen, aber dann ist ...Ta8-a2 vernichtend.

Partie 30

□ **Golod** ■ **Gaprindaschwili**

Linares 2001

1.d4 Sf6 2.c4 e6 3.Sc3 Lb4 4.Dc2 c5 5.dxc5 Sa6 6.a3 Lxc3+ 7.Dxc3 Sxc5 8.f3 d6 (Diagramm 13)

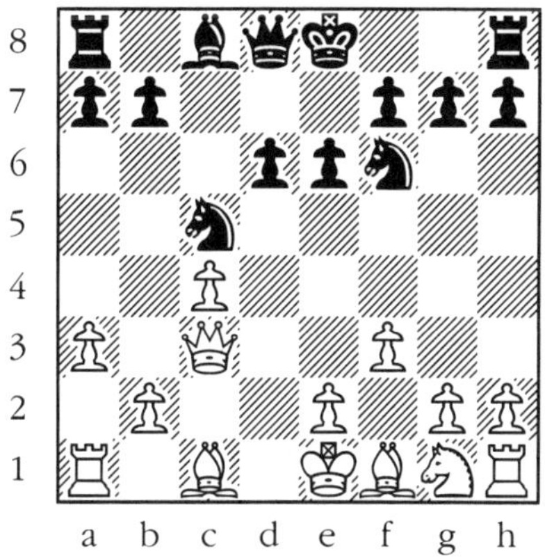

Diagramm 13

Schwarz hat keine Eile

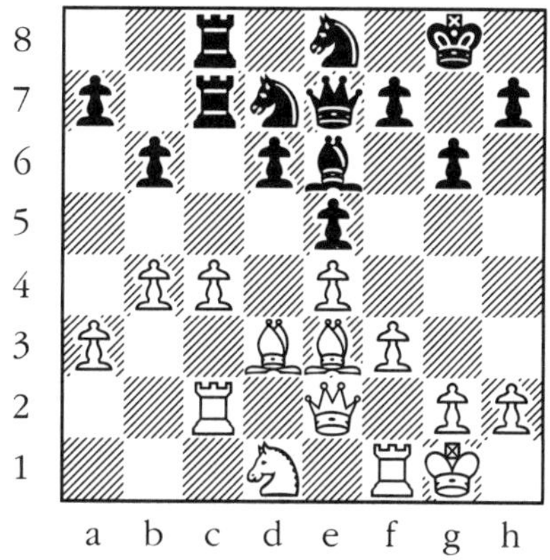

Diagramm 14

Den Vorposten im Blick

Obwohl dieser Zug keineswegs lächerlich ist, bleibt das Gefühl, dass Schwarz schnell handeln muss, weshalb 8...d5!? reizvoller aussieht.

9.e4 0-0 10.Le3 b6 11.Sh3!?

Es ist nicht das erste Mal, dass wir diese Methode den Springer einzusetzen, sehen. Obwohl 11.Se2 vollkommen spielbar ist, behindert der Springer auf h3 den Läufer nicht und hat sowohl auf f4 als auch auf f2 Möglichkeiten für die Zukunft.

11...e5 12.Sf2 Le6

Der rückständige Bauer d6 wird schließlich zum Angriffsziel für Weiß, aber Schwarz richtet sein Hauptaugenmerk auf den Bauern c4.

13.b4!

Vertreibt den Springer von seinem bequemen Posten und gewinnt Raum am Damenflügel.

13...Scd7 14.Tc1 Tc8 15.Dd2 De7 16.Ld3 Tc7

TIPP: Wenn Sie einen Plan suchen, dann können Sie wenig falsch machen, wenn Sie die Türme auf einer halboffenen Linie verdoppeln.

17.0-0 Tfc8 18.De2 Se8?!

Spielt dem Weißen in die Hände, indem er eine ziemlich defensive Aufstellung einnimmt. Mehr Probleme bereitet dem Gegner 18...Sh5!? mit der Absicht, auf f4 einzudringen.

19.Tc2 g6 20.Sd1 (Diagramm 14)

Weiß trifft Vorbereitungen, den Springer zum Vorposten d5 zu manövrieren.

20...Kh8 21.Lf2

Und er nimmt das Feld e3 und nicht c3, da dies die Deckung des c-Bauern stören würde.

21...f5 22.Se3 Df7 23.Tfc1 Sg7 24.Sd5 Tc6

Nach 24...Lxd5? 25.cxd5 Txc2 26.Txc2 würden die weißen Läufer unangefochten dominieren.

25.c5!

Öffnet ein paar Diagonalen anstatt mit 25.b5 Lxd5 26.bxc6 Lxc6 Material zu gewinnen, da dies Schwarz eine solide Stellung gibt.

25...dxc5 26.La6 Tb8 27.Lb5 Tcc8 28.Lxd7

Weiß glaubt, dass jetzt ein guter Zeitpunkt gekommen ist, um einen Läufer aufzugeben.

28...Dxd7 29.bxc5 bxc5 30.h3!?

Zieht es vor, die Dinge nicht zu überstürzen, anstatt 30.Txc5 Txc5 31.Lxc5 Lxd5 32.exd5 Dxd5 33.Lxa7 Ta8 zu spielen.

30...fxe4 31.fxe4 Sh5

31...Lxd5 32.exd5 Dxd5 33.Txc5 Txc5 34.Txc5 Dd6 35.Dxe5 würde Schwarz großen Endspielvorteil geben.

32.Txc5 Txc5 33.Txc5 Sf4 34.Sxf4 exf4 35.Dc2 (Diagramm 15)

TIPP: Ungleichfarbige Läufer begünstigen den Angreifer.

Da der schwarze König entlang der Diagonale a1-h8 exponiert steht, liegt der weiße Angriffsplan auf der Hand. Da der weiße Turm bereit steht, auf c7 einzudringen, hat Schwarz alle Hände voll damit zu tun, zu versuchen, schwarze Schlüsselfelder zu decken. Ganz gewiss ist sein weißfeldriger Läufer in dieser Hinsicht keine Hilfe.

35...Tb7

Ich wiederhole meine vorherigen Anmerkungen und weise darauf hin, dass 35...Tc8? 36.Dc3+ Kg8 37.Txc8+ Dxc8 38.Df6 gefolgt von Ld4 vernichtend gewesen wäre. Beachten Sie, wie der weiße König im Vergleich dazu überhaupt keine Sorgen hat.

36.Dc3+ Kg8 37.Df6

Tatsächlich wäre 37.De5!, wieder mit der Absicht Ld4, sogar noch stärker gewesen.

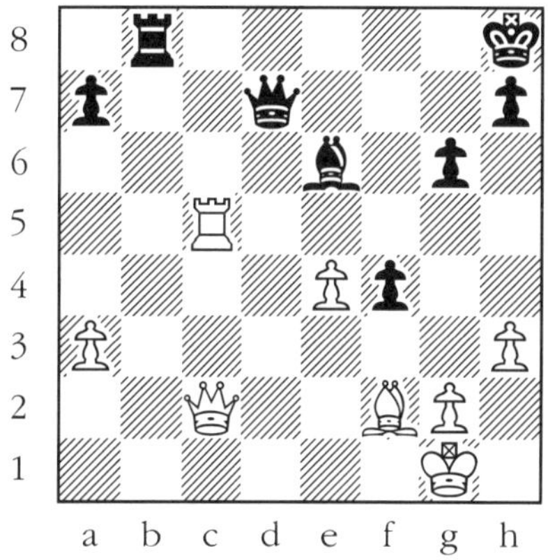

Diagramm 15

Schwarzfeldrige Probleme

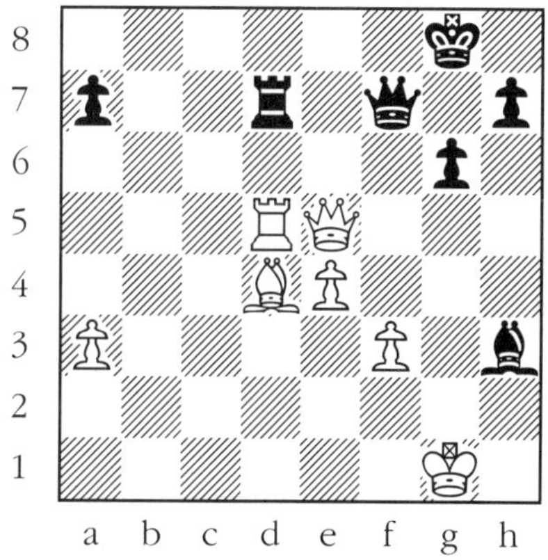

Diagramm 16

Droht Matt

37...Df7 38.De5 f3 39.gxf3

Der schwarze Plan die Stellung zusammen zu halten war 39.Ld4 Kf8!.

39...Lxh3 40.Td5?

Aufgrund von Zeitnot sehen wir jetzt einen doppelten Fehler. Forciert gewinnt 40.Ld4! Kf8 41.Td5 Ld7 42.Dh8+ Dg8 (oder 42...Ke7 43.Lc5+ Ke6 44.De5 matt) 43.Df6+ Df7 44.Lc5+ Kg8 45.Dd8+ Le8 (oder 45...Kg7 46.Ld4+ Kh6 47.Dg5 matt und 45...De8 46.Txd7!) 46.Te5. Schwarz kann den Läufer auf e8 nicht verteidigen und 46...Tb1+ 47.Kg2 Tb2+ 48.Kg3 sind lediglich Racheschachs.

40...Td7?

Revanchiert sich mit einem Fehler. Obwohl es viele gefährlich aussehende Schachs gibt, scheint es nach 40...Dxf3! keinen Gewinn zu geben.

41.Ld4! (Diagramm 16) 41...Dxf3 42.Dh8+ Kf7 43.Dg7+ Ke8 44.Dg8+ Ke7

Die Alternative 44...Df8 45.Te5+ Te7 46.Txe7+ Kxe7 47.Lc5+ führt zu einem leckeren Spieß!

45.Lc5+ Kf6 46.Df8+ Tf7 47.Ld4+ Schwarz gibt auf

Partie 31

□ Ionow ■ Asejew

St. Petersburg 1997

1.d4 Sf6 2.c4 e6 3.Sc3 Lb4 4.Dc2 c5 5.dxc5 Sa6 6.a3 Lxc3+ 7.Dxc3 Sxc5 8.b4

Anstatt den nächsten schwarzen Zug mit 8.f3 zu verhindern, scheint Weiß Schwarz tatsächlich dazu zu ermuntern. Weiß suchte jedoch ein Feld, um seinen schwarzfeldrigen Läufer zu entwickeln und b2 ist recht attraktiv.

8...Sce4 9.Dd4 d5 10.c5 (Diagramm 17)

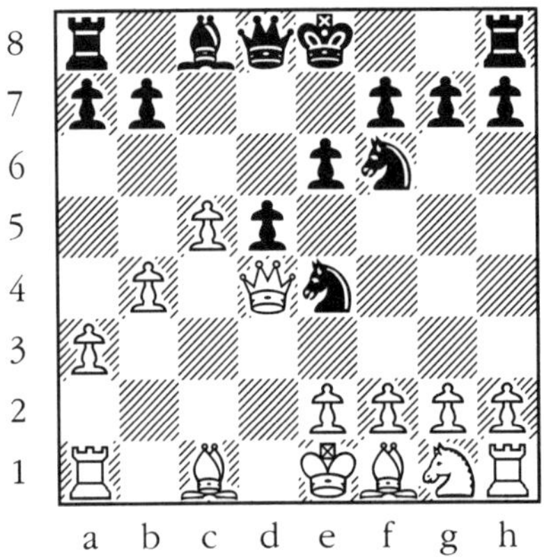

Diagramm 17

Dem Springer e4 fehlt ein Rückzugsfeld

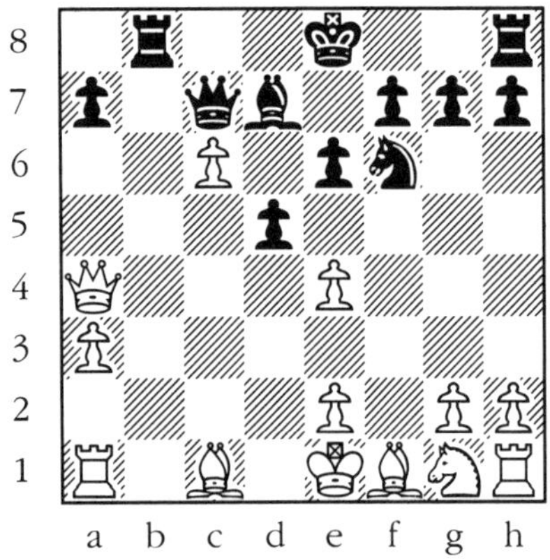

Diagramm 18

Hat Weiß irgendetwas vergessen?

Eine natürliche Reaktion. Wenn er die Möglichkeit bekommt, Züge wie Sf3, e3, Le2, Lb2 und 0-0 zu spielen, würde Weiß sich freuen. Schwarz hat jedoch keinerlei Absicht so entgegenkommend zu sein.

10...b6!

Der Springer e4 hat keinen sicheren Rückzug, aber Schwarz ignoriert diesen Umstand, um sich stattdessen lieber um den Bauern c5 zu kümmern.

11.f3 bxc5 12.bxc5 Da5+ 13.Db4 Dc7

Hält die Dinge im Fluss. Stattdessen würde 13...Dxb4+ 14.axb4 Sc3 dem Weißen in die Hände spielen.

TIPP: Springer mögen offenen Raum oft nicht.

Während der langschrittige Läufer einen Kampfschauplatz schnell verlassen kann, kann ein Springer ohne schützende Bauern und fern der Heimat leicht zur Schwäche werden. Dies ist ein wichtiger Punkt, den die Leute oft nicht ausreichend berücksichtigen, wenn sie die relativen Vorzüge von Läufern und Springern gegeneinander abwägen.

14.fxe4 Tb8 15.Da4+ Ld7 16.c6 (Diagramm 18)

Das Figurenopfer des Schwarzen hat zu einer sehr komplizierten Stellung geführt.

Klar ist jedoch, dass Weiß sechzehn Züge nach Beginn der Partie nur Bauern- und Damenzüge vorweisen kann; ein Merkmal, das Schwarz dazu verleitet, weiter Öl ins Feuer zu gießen.

16...De5!? 17.cxd7+ Ke7 18.Ta2?! Dc3+ 19.Kd1

Schön ist 19.Ld2? Tb1+ 20.Kf2 Sg4 matt.

19...Sg4

Droht 20...Sf2 matt.

20.Dxa7 Tb1

Fesselt den Läufer und deshalb muss sich Weiß nicht nur um ...D(oder T)xc1 matt, sondern auch um ...Se3+ kümmern.

21.d8Q+ Kxd8 22.Tc2 Se3+ 23.Dxe3 Dxe3 (Diagramm 19)

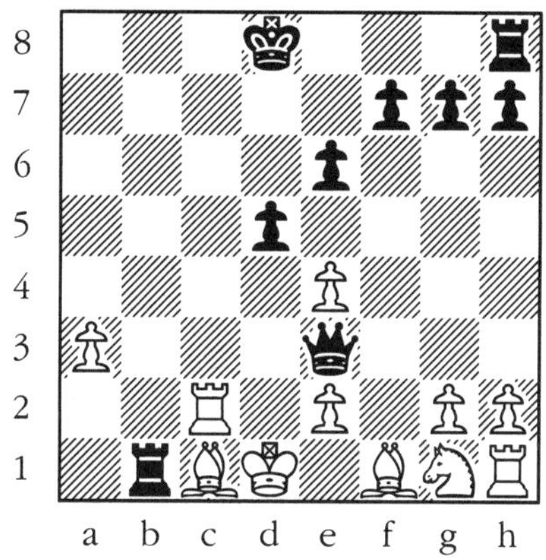

Diagramm 19

Zu spät, um sich zu entwickeln!

Weiß hat drei Figuren für die Dame, aber schauen Sie nur, wo sie stehen!

24.Sf3 dxe4 25.Sd2 Ta1 26.Tb2 Ke7 27.Tb7+ Kf6 Weiß gibt auf

Der Turm h8 wird im nächsten Zug nach c8 oder d8 gehen.

Kapitel Sieben

4.Sf3 b6

- Einleitung
- Weiß spielt 5.Db3
- Weiß spielt 5.Lg5
- Beispielpartien

Einleitung

1.d4 Sf6 2.c4 e6 3.Sc3 Lb4 4.Sf3 b6 (Diagramm 1)

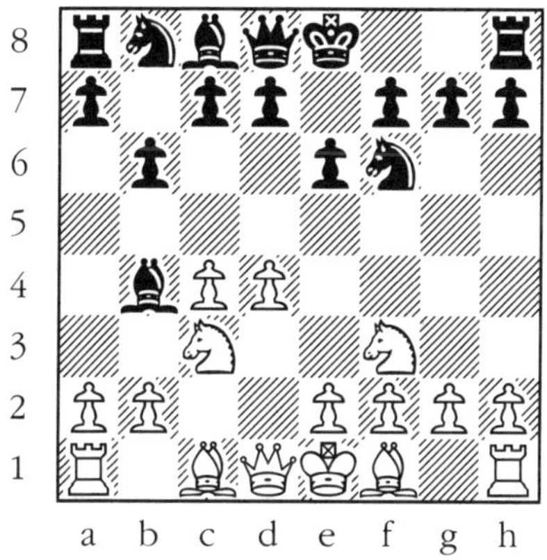

Diagramm 1

Entwickelt sich einfach

Obwohl ich im ganzen Buch wieder und wieder die Notwendigkeit betone, um das Feld e4 zu kämpfen, ist es sehr schwer, den Zug 4.Sf3 zu kritisieren. Es stimmt, dass frühes f2-f3 nicht mehr möglich ist, aber Weiß hält sich etliche andere Möglichkeiten offen. Ich glaube, wenn gewünscht, ist e2-e3 möglich, obwohl es beliebter ist, den Läufer zuerst mit Lg5 zu befreien. In eine völlig andere Richtung geht das Konzept des Fianchettos am Königsflügel. Das wird in Kapitel 9 abgehandelt.

Was die logische Antwort 4...b6 betrifft (dargestellt in Diagramm 1), so ist dies die erste von drei verbreiteten Antworten des Schwarzen, auf die ich einen Blick werfe. Die anderen zwei sind 4...0-0 (Kapitel 8) und 4...c5 (Kapitel 9).

WARNUNG: Obwohl Sie vielleicht eine bestimmte Eröffnung spielen, besteht immer die Möglichkeit, dass Sie (durch Zufall) mit Zugumstellung in einer anderen landen. Da Ihnen das eventuell nicht zusagt, lohnt es sich, am Ball zu bleiben.

Was dies betrifft, beachten Sie, dass die Alternative 4...d5 mit Zugumstellung zur 'Wiener Variante des Abgelehnten Damengambits' führen würde.

Wie auch immer, hier verzweigt das Kapitel:

Weiß spielt 5.Db3

1.d4 Sf6 2.c4 e6 3.Sc3 Lb4 4.Sf3 b6 5.Db3

Eine Fortsetzung, die in letzter Zeit populär geworden ist. Die weiße Dame wagt sich ein wenig weiter hinaus als in der Klassischen Variante, aber das mit Grund. Nicht nur ist der Springer c3 gedeckt, was die Verdoppelung der Bauern verhindert, sondern der fesselnde Läufer wird auch direkt angegriffen. Sollte Schwarz zu sorglos Leichtfiguren tauschen, dann kann Weiß darauf verweisen, dass er ein Tempo gespart hat, da er nicht a2-a3 spielen musste.

5...a5

Eine einfache Antwort, die die wilden Varianten mit 5...c5 vermeidet (deckt den Läufer, während zugleich das weiße Zentrum angegriffen wird), was in den Partien 32-34 behandelt wird.

6.a3

Wegen der cleveren schwarzen Entgegnung gibt es eine Reihe von weißen Spielern, die sich hier für 6.g3 entscheiden. Tatsächlich sehen das viele als eine Verbesserung des weniger beliebten 5.g3 an (z.B. direkt nach 4...b6), die zu einander gegenüber stehenden Fianchettoläufern führt, allerdings mit der schwächenden Einschaltung ...Lxc3+.

6...a4!

FRAGE 8: Lässt dies nicht einfach den Läufer hängen?

7.Dc2

Ich nehme an, dass Sie die Antwort zur obigen Frage entweder kennen oder gelesen haben und akzeptieren, dass dies die beste Möglichkeit des Weißen ist, wenn er Doppelbauern vermeiden möchte.

7...Lxc3+ 8.Dxc3 Lb7 (Diagramm 2)

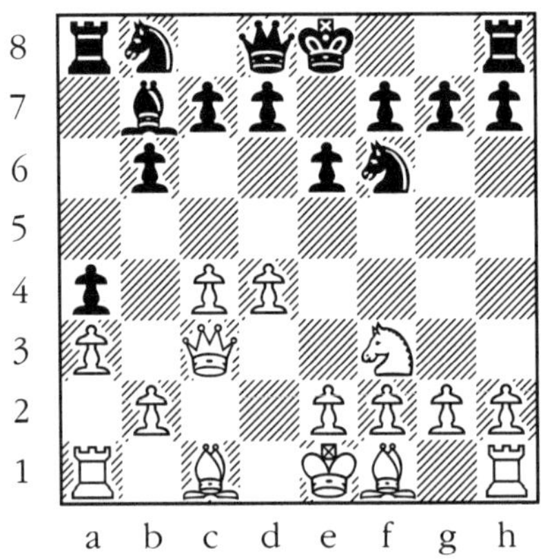

Diagramm 2

Der Bauern b2 ist 'festgelegt'

Pläne

Obwohl Weiß den von ihm angestrebten Springer-gegen-Läufer-Tausch verwirklicht hat, lautet das Urteil, dass der Vorstoß des a-Bauern Schwarz begünstigt. Wegen der guten alten 'en passant' Regel kann Weiß nicht b2-b4 spielen ohne einen isolierten a-Bauern zu erhalten. Zudem gibt es neben der Standardidee ...d7-d6 und ...Sbd7 die Möglichkeit eines Manövers mit ...Sc6-a5-b3. Weiß könnte versuchen, etwas aus c4-c5 zu machen, aber das gibt dem Springer f6 nur eine attraktive Alternative zu e4. Objektiv gesprochen bezweifle ich, dass Schwarz wirklich besser steht, aber er verfügt offensichtlich über mehr nahe liegende Züge, während sein Gegner eine harte Aufgabe vor sich hat, um den Vorteil des Läuferpaars zur Geltung zu bringen.

Weiß spielt 5.Lg5

1.d4 Sf6 2.c4 e6 3.Sc3 Lb4 4.Sf3 b6 5.Lg5 (Diagramm 3)

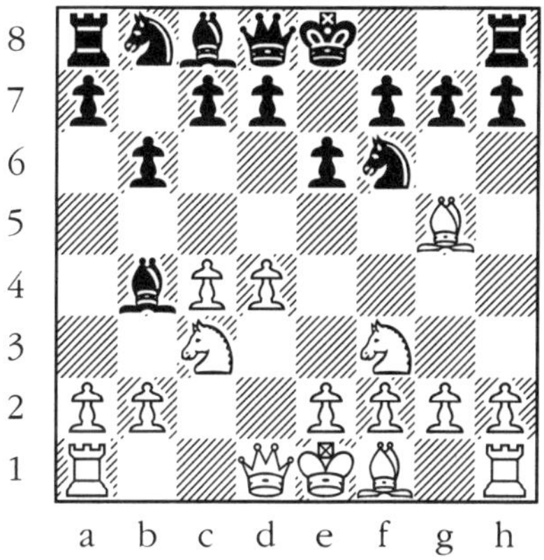

Diagramm 3

Der Kampf der Fesselungen

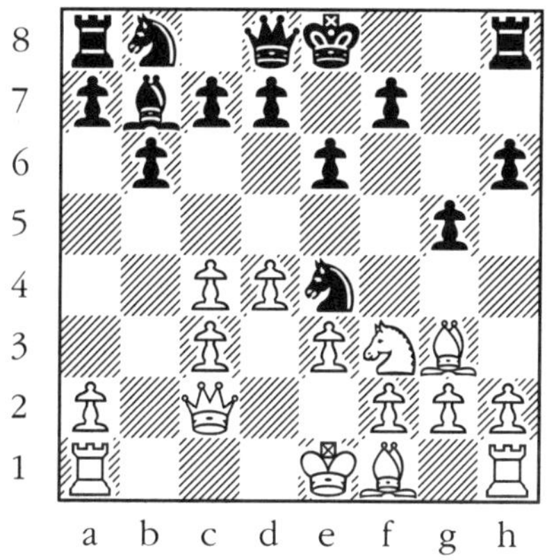

Diagramm 4

Besetzt e4

Dies ist der Zug, der mir im Gedächtnis geblieben ist, seit Garry Kasparov Mitte der 80er Jahre begann, ihn populär zu machen. Viele Jugendspieler scheinen den Zug Lg5 in einer Reihe von Eröffnungen gerne zu spielen und konsequenterweise war ich beim Spiel gegen den Nimzo-Inder keine Ausnahme. Fesselungen sind an der Tagesordnung; Schwarz erkennt jetzt, dass er seine Fesselung aufgeben muss, wenn er mit dem Rückzug ...Le7 'entfesseln' will.

5...Lb7

Im Moment setzt Schwarz erst einmal seine Entwicklung fort und wirft erneut ein achtsames Auge auf e4.

6.e3 h6

Schwarz befragt den weißen Läufer, aber der darf jetzt nicht die Nerven mit 7.Lxf6 verlieren, da dies den Gegner sehr glücklich machen würden.

7.Lh4 g5

WARNUNG: Obwohl oft verlockend, kann ein solch früher Vorstoß am Königsflügel oft Folgen haben.

Partie 33 bestätigt die obige Behauptung, aber das heißt nicht, dass der Text ein Fehler ist. Als Alternative verfügt Weiß über einen ruhigeren Aufbau und zwar mit 7...Lxc3+ 8.bxc3 d6, mit der Idee ...Sbd7 und möglichem ...De7. Das bietet gewisse Flexibilität und tatsächlich besteht für ihn keine Notwendigkeit, die Stellung seines Königs zu früh festzulegen. Doch obwohl riskant, ist 7...g5 vollkommen spielbar. Der Springer f6 ist befreit und kann wieder ziehen, doch wer errät, wohin er ziehen möchte, gewinnt keinen Preis!

8.Lg3 Se4

Erhöht den direkten Druck auf den Springer c3. Hier hatte Kasparow den Einfall, mit 9.Sd2!? einen Bauern zu opfern. Dann würde 9...Lxc3 10.bxc3 Sxc3?? den Springer nach 11.Dc2 natürlich stranden lassen, während 9...Sxc3 10.bxc3 Lxc3 11.Tc1 gewisse Kompensation gibt. Doch die unten stehende Variante ist die offensichtlichste Fortsetzung.

9.Dc2 Lxc3+ 10.bxc3 (Diagramm 4)

Pläne

Da sich der Springer e4 nicht in unmittelbarer Gefahr befindet, hat Schwarz Zeit, sich auf typische Weise mit ...d7-d6 und ...Sbd7 zu entwickeln. Ich hege den Verdacht, dass die kurze Rochade ein wenig anrüchig ist, aber neben der langen Rochade ist der Plan ...Kf8-g7 nicht ungewöhnlich, weil der Turm auf der h-Linie bleibt, falls es Probleme gibt. Alternativ zwingt das sofortige 10...Sxg3 Weiß dazu, sich zu entscheiden, wie er zurücknehmen möchte.

TIPP: Im Allgemeinen ist es ratsam, mit den Bauern zum Zentrum hin zu schlagen.

Ich habe gedacht, ich bringe diesen Tipp schnell noch unter, bevor ich Ihnen sage, dass, obwohl 11.hxg3 in diesem Fall eine attraktive halboffene Linie bietet, 11.fxg3 tatsächlich der Hauptzug ist! Plötzlich hat Weiß dann drei Bauerninseln, aber neben der halboffenen b-Linie noch die halboffene f-Linie.

In beiden Fällen wird Weiß danach trachten, die Möglichkeiten der Türme zu nutzen und die Schwächen auszunutzen, die durch den Vorstoß der schwarzen g- und h-Bauern entstanden sind. Sein a-Bauer könnte am Geschehen teilnehmen und sowohl c4-c5 und d4-d5 kommen zu unterschiedlichen Zeitpunkten in Betracht.

Auf eine andere Idee, nämlich frühes ...g5-g4 und ...Dg5 wird in Partie 35 verwiesen

Beispielpartien

Partie 32

□ C.Horvath ■ Weinzettl

Österreichische Mannschaftsmeisterschaft 1999

1.d4 Sf6 2.c4 e6 3.Sf3 b6

Was meine obige Erklärung über Zugumstellungen betrifft, so beginnt die Partie hier als 'Dameninder'.

4.Sc3 Lb4 5.Db3 c5 (Diagramm 5) 6.Lg5 h6 7.Lh4 Sc6

Schwarz unterlässt ...Lb7, um sofort Druck auf das Zentrum auszuüben.

8.d5 Sa5

Ein Zug, der einen der Nachteile beleuchtet, die Dame auf b3 stehen zu haben.

9.Dc2 g5

Dies ist ganz sicher der kritische Augenblick dieser Variante, und klar ist, dass 9...Sxc4 genauso riskant ist, z.B. 10.0-0-0 Lxc3 11.Dxc3 exd5 12.Txd5 Sa5 13.Td6 Dc7 14.Txf6 d5 15.De3+ Kf8 16.Lg3 und Schwarz gab auf, Miles-Kalesis, Chania 1997.

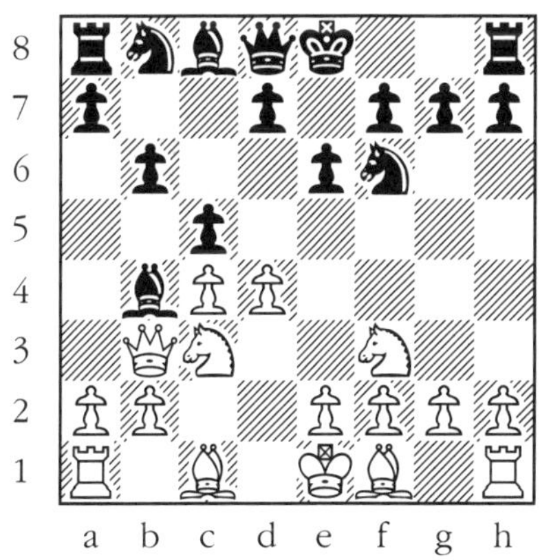

Diagramm 5

Ein aktiver c-Bauer

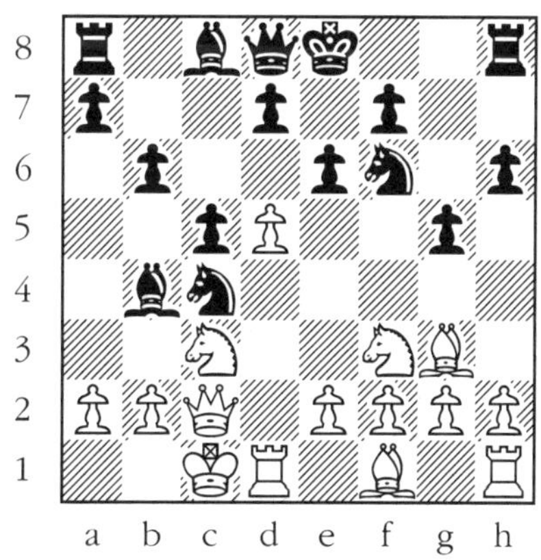

Diagramm 6

Verrücktes Zeug!

Der Zug 9...La6 wird in der nächsten Partie behandelt, wohingegen 9...d6 eine sichere Möglichkeit darstellt. Doch wenn Schwarz auf der anderen Seite des Spektrums provokant sein will, dann könnte 9...0-0 10.0-0-0 La6 11.Se4 Lxc4 versucht werden: 12.Sxf6+ gxf6 13.dxe6 Lxa2 14.Txd7 Lxe6 15.Td3 Dc7 16.Kb1 Lf5 17.e4 Lxe4 18.Lxf6 Dc6 19.Le7 Tfe8 20.Se5 Lxd3 21.Dxd3 De6 22.Ld6 Tad8 23.Dg3+ Kh8 24.Df4 Te7 25.Lc4 Dxd6 26.Sxf7+ Txf7 und Weiß gab auf, Karason-McMahon Reykjavik 1999.

10.Lg3 Sxc4 11.0-0-0 (Diagramm 6) 11...g4?

Da der schwarze schwarzfeldrige Läufer nirgendwo zu sehen ist, ist dies ein potenziell selbstmörderischer Zug. Aber ich bin sicher, die obigen Varianten haben Sie von den Gefahren überzeugt, die Schwarz drohen, was zu dem definitiven Schluss führt, dass Weiß bereits gute Kompensation für den Bauern hat.

12.Lh4!

Die Fesselung ist zurück und ...g5 nicht mehr länger möglich.

HINWEIS: Bauern können nicht rückwärts ziehen!

Okay, diese Aussage ist banal, aber sie verweist darauf, dass man absolut sicher sein sollte, bevor man Bauern vorzieht, da man die Uhr nicht zurück drehen kann.

12...gxf3 13.Se4 Schwarz gibt auf

Es ist alles fürchterlich schief gegangen und jeder Versuch von Schwarz weiter zu spielen, hätte bedeutet, dass er seine Dame aufgeben muss.

Partie 33

□ Wells ■ Koneru

Britische Meisterschaft, Millfield 2000

1.d4 Sf6 2.c4 e6 3.Sc3 Lb4 4.Sf3 b6 5.Db3 c5 6.Lg5 Sc6 7.d5 Sa5 8.Dc2 h6 9.Lh4 La6 (Diagramm 7)

Der einzige ernsthafte Zug in dieser Stellung, der nicht in der letzten Partie erörtert wurde. Schwarz lässt sich die Möglichkeiten offen, ob sie den angebotenen c-Bauern schlägt oder nicht oder auch mit welcher Figur sie nehmen könnte.

10.e4 g5 11.Lg3 exd5

Möglicherweise übersieht Schwarz mit diesem Zug die Stärke der dynamischen weißen Antwort. Angesichts dessen ist das sofortige 11...Lxc4 vielleicht sinnvoller. Allerdings gibt dann sowohl 12.0-0-0 als auch 12.Lxc4 Sxc4 13.0-0 Weiß sehr vernünftige Kompensation für den Bauern.

12.0-0-0!

Entfesselt den Springer c3 und beteiligt den Turm an den Zentrumsspielereien. Wenn das Zentrum gesprengt wird, könnte das eine Katastrophe für den schwarzen König bedeuten, der sich angesichts der Vorstöße ...h7-h6 und ...g7-g5 auch auf dem Königsflügel nicht allzu wohl fühlen wird.

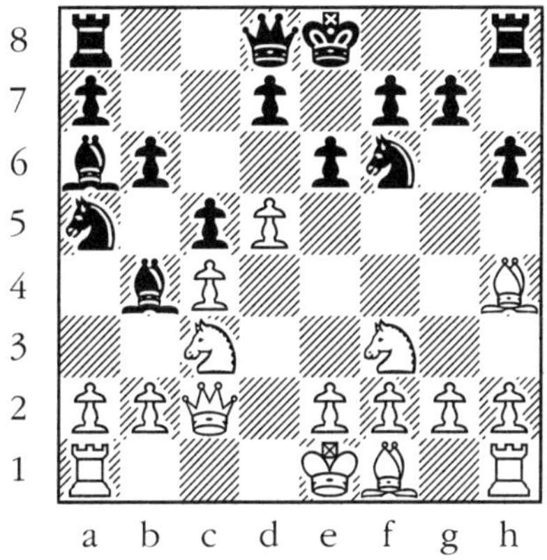

Diagramm 7

Nimmt c4 in den Blick

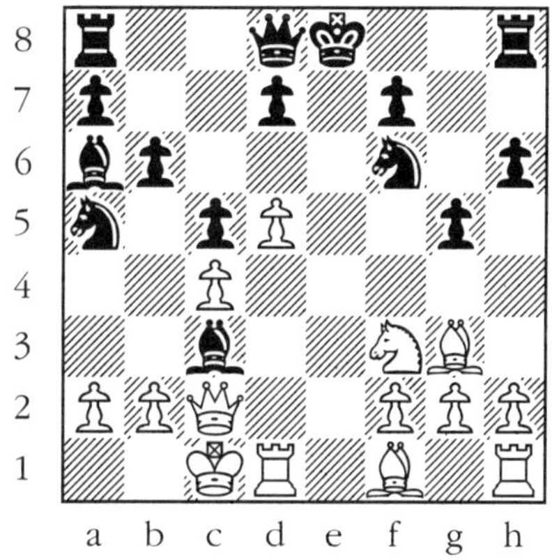

Diagramm 8

Weiß ignoriert den Läufer

12...Lxc3

Ein Schlüsselmotiv, das man festhalten sollte, ist, dass nach, sagen wir, 12...d4 13.Sd5 der Läufer b4 verlassen dastehen würde.

13.exd5! (Diagramm 8) 13...0-0

Schwarz kann den Läufer nicht behalten, da Weiß neben der gesamten Idee, ihn mit a2-a3 nach 13...Lb4 zu fangen, auch noch über den kraftvollen Zug 14.Ld6! verfügt. Dies droht 15.De4+ und erzwingt so praktisch den zeitweiligen Rettungszug 14...Sg8. Doch nach 15.Ld3 gelangt demnächst ohnehin ein Turm nach e1, wobei 15...f6 16.Lg6 matt nicht unbedingt das ist, was Schwarz will!

14.Dxc3 Se4 15.Dc2 Sxg3

Schwarz beseitigt einen der potenziell verheerenden weißen Läufer, obwohl er sich jetzt um die h-Linie kümmern muss.

16.hxg3 Df6 17.Sh2!

Weiß gönnt Schwarz einfach keine Ruhepause und plant eine Invasion der gegnerischen Königsstellung, während die schwarzen Figuren untätig am Damenflügel herum dümpeln.

HINWEIS: Stünde der g-Bauer wieder auf g7, dann hätte Schwarz in dieser Stellung keins der Probleme, die sie jetzt erfährt.

17...h5 (Diagramm 9)

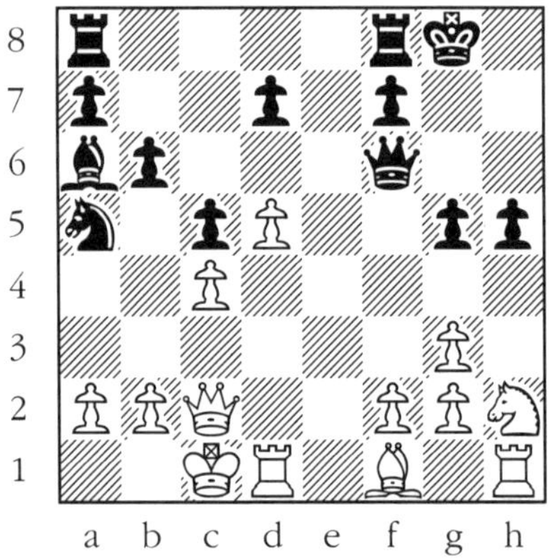

Diagram 9

Die h-Linie verspricht Einiges

Rettet den Bauern, aber stört wegen der kommenden Mattdrohung auf h7 die weißen Pläne nicht.

18.Sg4! Dg6 19.Ld3 f5 20.Lxf5! Schwarz gibt auf

Die Springergabel auf h6 würde alles zeitweilig geopferte Material zurück gewinnen. Eine schöne Partie von Weiß.

Partie 34

□ **Campos Moreno ■ Adams**

Spanische Mannschaftsmeisterschaft 2001

1.d4 Sf6 2.c4 e6 3.Sc3 Lb4 4.Sf3 b6 5.Db3 c5 6.a3 La5 7.Lg5 Lb7

Schwarz entwickelt seinen Läufer auf natürliche Weise, obwohl man beachten sollte, dass der Bauer b6 jetzt durch die Stellung des Läufers gefesselt ist.

8.dxc5

Eine ruhigere Alternative ist 8.e3, obwohl die Spieler die Partie auch hier (mit gegenseitigem Einverständnis) in wilderes Fahrwasser lenken können, z.B. 8...0-0 9.Td1 Lxc3+ 10.bxc3 De7 11.Le2 d6 12.0-0 Sbd7 13.Sd2 Tfc8 14.f3 h6 15.Lh4 De8 16.e4 Sh5 17.f4 f5 mit jeder Menge Spaß in der Mitte, Seirawan-Adams, Bermuda (1. Wettkampfpartie) 1999.

8...Sa6! (Diagramm 10)

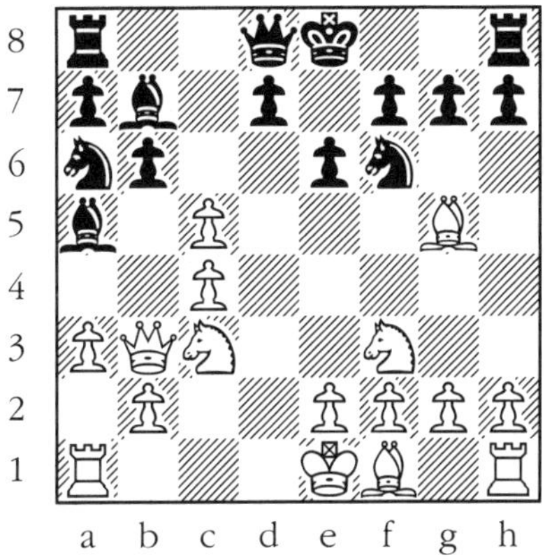

Diagramm 10

Nimm meinen Bauern!

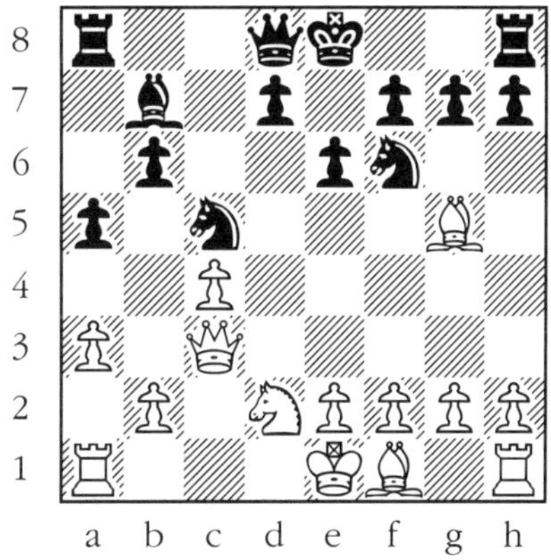

Diagramm 11

...a5-a4 droht

Der Punkt des schwarzen Spiels ist, dass er bereit ist, einen Bauern für die Initiative zu opfern. Zu passiv ist 8...Lxc3+?!, z.B. 9.Dxc3 bxc5 10.Sd2 0-0 11.0-0-0 h6 12.h4! (wenn der Läufer geschlagen wird, dann wird Schwarz auf der h-Linie schwer leiden) 12...d6 13.Lxf6 Dxf6 14.Dxf6 gxf6 15.Sb3 Td8 16.Sxc5 mit einem klaren Mehrbauern für Weiß, Wells-Eismont, Harkany 1993.

9.Dc2

Das Angebot anzunehmen ist sehr riskant, z.B. 9.cxb6?! Sc5 10.Dc2 Le4 11.Dd1 Lxc3+ 12.bxc3 Dxb6 13.g3 Sg4 14.Dd4 (auf 14.Lg2?? folgt 14...Sd3+! und große Dinge geschehen auf f2) 14...0-0 15.Le7 Db2! 16.Td1 Sb3 17.Dxe4 Dxc3+ 18.Sd2 Sxd2 19.Txd2 Da1+ 20.Td1 Dc3+ 21.Td2 Dc1+ 22.Td1 Dxd1+! 23.Kxd1 Sxf2+ 24.Kc2 Sxe4 25.Lxf8 Txf8 und Schwarz hatte Materialvorteil, Van Wely-Seirawan, Wijk aan Zee 1995.

9...Lxc3+

Natürlich nicht 9...Sxc5? 10.b4.

10.Dxc3 Sxc5

Weiß hat das Läuferpaar, aber in einer Stellung, die der Klassischen Variante ähnelt, ist er in der Entwicklung zurückgefallen und muss sich um die Möglichkeit kümmern, dass ein Springer nach e4 kommen kann.

11.Sd2

Das Endspiel nach 11.Lxf6 Dxf6 12.Dxf6 gxf6 13.e3 Tg8!? ist wegen seines aktiven Figurenspiels günstig für Schwarz.

11...a5 (Diagramm 11) 12.b4?!

Weiß wollte verhindern, dass der Läufer mit 12...a4 festgelegt wird, aber der

Textzug öffnet die Stellung bevor Weiß wirklich bereit ist. Ratsamer ist 12.b3.

12...axb4 13.axb4 Txa1+ 14.Dxa1 Sa6 15.Db2 De7 16.c5 bxc5 17.e4

Zumindest bringt die Drohung 18.e5 Weiß etwas Zeit ein.

17...h6 18.Lh4 e5 19.Lxa6 Lxa6

Weiß versucht seinen Bauern zurück zu gewinnen, aber jetzt ist dieser Läufer ein Monster. Nicht rochieren zu können ist letztendlich der Untergang des Weißen.

20.Da3 De6 21.Lxf6 cxb4!

Ein gut kalkuliertes Intermezzo.

22.Dxb4 gxf6 (Diagramm 12)

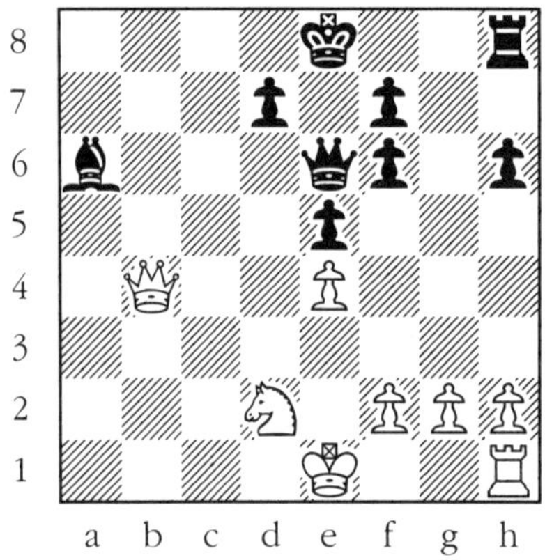

Diagramm 12

Keine Rochade!

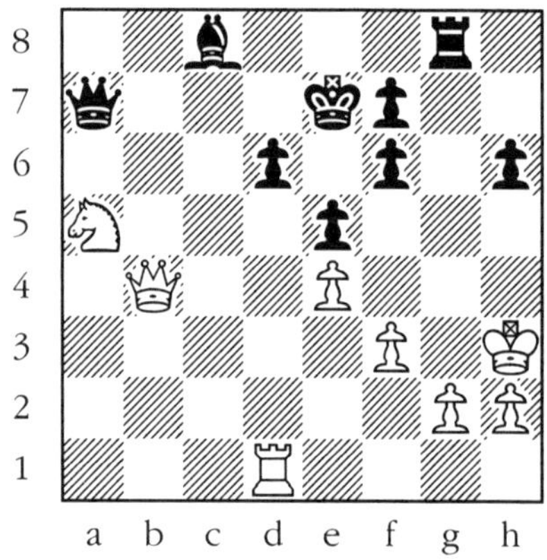

Diagramm 13

Ein König in den Seilen!

23.f3

Nach 23.Db8+ Ke7 24.Dxh8 Dg4 ist die Drohung auf e2 matt zu setzen und auf g2 zu nehmen zu stark.

23...Dc6 24.Kf2 d6 25.Td1 Ke7 26.Sb3 Dc7! 27.Sa5? Da7+!

Ich habe gesagt 'achten Sie immer auf Schachs' und der weiße König zahlt jetzt den Höchstpreis, weil er das nicht getan hat.

28.Kg3 Tg8+ 29.Kh3 Lc8+ Weiß gibt auf (Diagramm 13)

Der weiße König ist in einem tödlichen Kreuzfeuer gefangen. Nach 30.g4 (oder 30.Kh4 Df2+ 31.Kh5 Tg5+ 32.Kxh6 Dh4 matt) sollte die Partie mit 30...Lxg4+! 31.fxg4 De3+ 32.Kh4 (oder 32.Kg2 Txg4+ 33.Kh1 Df3 matt) 32...Df2+ 33.Kh3 Df3+ 34.Kh4 Dxg4 matt zu Ende gehen.

Partie 35

□ **Parker ■ Ward**

Britische Meisterschaft, Nottingham 1996

1.d4 Sf6 2.c4 e6 3.Sc3 Lb4 4.Sf3 b6 5.Lg5 h6 6.Lh4 g5 7.Lg3 Se4 (Diagramm 14)

8.Tc1

Jahre später saß ich dem gleichen Gegner gegenüber und die Partie verlief in üblicheren Bahnen mit 8.Dc2 Lb7 9.e3 Lxc3+ 10.bxc3 Sxg3 11.fxg3 g4 12.Se5 Dg5 13.Df2 f5. Die Diagonale b7-g2 zu kontrollieren, ist ein angenehmes Gefühl, aber Weiß organisierte gewisses Spiel mit 14.c5 Sc6 15.Sxc6 Lxc6 16.Ld3 bxc5 17.0-0. Ich weiß wirklich nicht, warum ich hier so gierig wurde, wie ich es war (bevor ich meine Meinung radikal änderte!), aber ehrlich gesagt hatte ich all das, was kam, verdient: 17...cxd4?! (Nach 17...0-0 steht Schwarz besser) 18.exd4 0-0 19.De2 Tf6 20.Tae1 h5 21.Lb5 Le4 22.Lxd7 h4 23.Dc4 hxg3 24.hxg3 c6 25.Dc5 Ld5 26.c4 Lxg2 27.Kxg2 Dd2+ 28.Kg1 Kg7 29.Lxe6 Te8 30.d5 f4 31.Df2 Dd3 32.Lf5 Dxf5 33.Txe8 f3 34.Dxa7+ Tf7 35.Dd4+ und Schwarz gab auf, Parker-Ward, London League 2002.

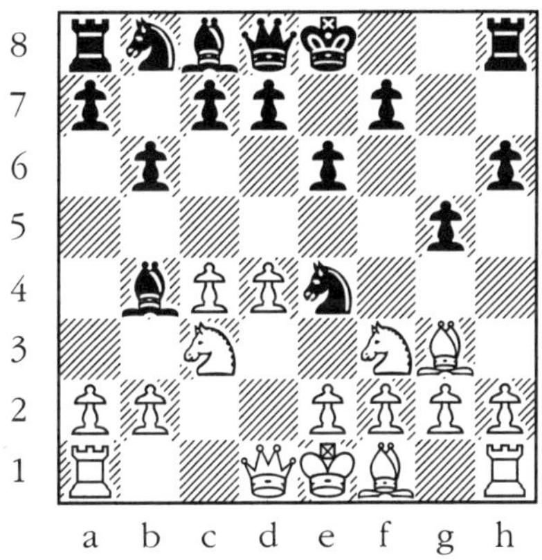

Diagramm 14

Schwarz hält die Fesselung aufrecht

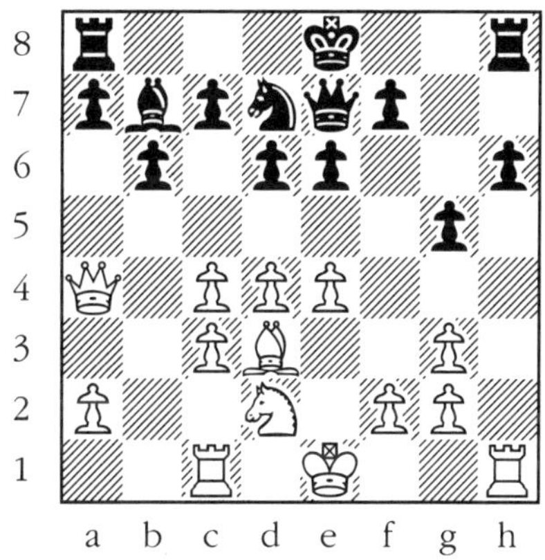

Diagramm 15

Weiß spielt auf beiden Flügeln

Die von Schwarz gewählte Zugfolge hat das (oben erwähnte) Kasparowsche Bauernopfer vermieden, da 8.Sd2? Sxc3 9.bxc3 Lxc3 10.Tc1 Lxd4 nicht gerechtfertigt werden kann.

8...Lxc3+ 9.bxc3

Obwohl Weiß nicht gezwungen war Dc2 zu spielen, wäre das offen gesagt nützlicher gewesen, als den Turm auf das passive Feld c1 zu stellen.

9...d6 10.Sd2

Weiß plant, auf e2-e3 zu verzichten, und strebt danach, e2-e4 in einem Zug zu spielen.

10...Sxg3 11.hxg3 Sd7 12.e4 Lb7 13.Ld3 De7 14.Da4 (Diagramm 15) 14...e5?!

Ich wollte meine Bauern auf schwarze Felder stellen, aber 14...c5 15.0-0 e5 wäre dabei genauer gewesen.

15.c5!?

Weiß ergreift zu Recht seine Chance, die Dinge zu verkomplizieren.

15...dxc5 16.0-0 a6 17.f4

Da der schwarze König sich nicht mehr einfach irgendwo verstecken kann, versucht Weiß, das Zentrum zu sprengen.

17...gxf4 18.gxf4 exf4 19.Txf4 Tg8 20.Sf3 Tg7 21.Tb1 cxd4?

Man sollte meinen, ich hätte meine Lektion gelernt. Sowohl 21...Dd6 als auch 21...a5 wären vorsichtiger gewesen, da die Öffnung der c-Linie nicht zur Verteidigung beiträgt!

22.cxd4 Dd6 23.e5 Dc6 24.Da3 0-0-0 25.Tc1 De6 26.Lf5 Dd5 27.Dd6! (Diagramm 16)

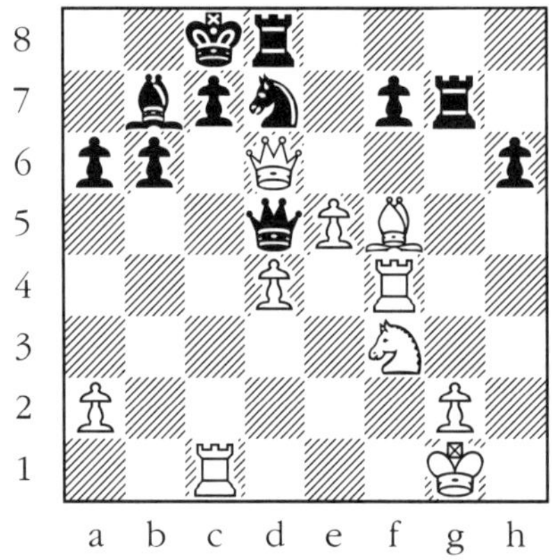

Diagramm 16

Äußerst ansehnlich!

Nutzt den Vorteil des gefesselten c-Bauern aus und droht Matt.

27...Dxd6 28.exd6 c5 29.dxc5 bxc5 30.Se5 Txg2+

Leider ist dies nichts als eine vorübergehende Belästigung.

31.Kf1 Tdg8 32.Txc5+ Kd8 33.Sxf7+ Ke8 34.Lxd7+ Kxd7 35.Tc7+ Ke6 36.Te7+ Kd5 37.d7

Dieser Freibauer kann nicht gestoppt werden.

37...Tg1+ 38.Ke2 T1g2+ 39.Tf2 T2g7 40.Te8 Schwarz gibt auf

Partie 36

□ Barsow ■ Zhang Zhong

Hastings 2001/02

1.d4 Sf6 2.c4 e6 3.Sc3 Lb4 4.Sf3 b6 5.Lg5 Lb7 6.Sd2

Dieser spezifische Zug ist selten, aber das Motiv ist es nicht. Der Springer räumt das Feld, das den Schlüssel beim Vorgehen f2-f3 und e2-e4 bildet, was den Läufer auf Granit beißen lässt. Der Nachteil besteht darin, dass d4 ungedeckt bleibt, ein Umstand, den Schwarz ausnutzen möchte.

6...h6 7.Lh4 c5 8.a3 Lxc3 9.bxc3 d6 10.f3 Sbd7 11.e4 e5 12.d5 (Diagramm 17)

HINWEIS: Denken Sie daran, dass man vorsichtig mit dem Pauschalurteil sein muss, dass Schwarz in einer blockierten Stellung besser steht.

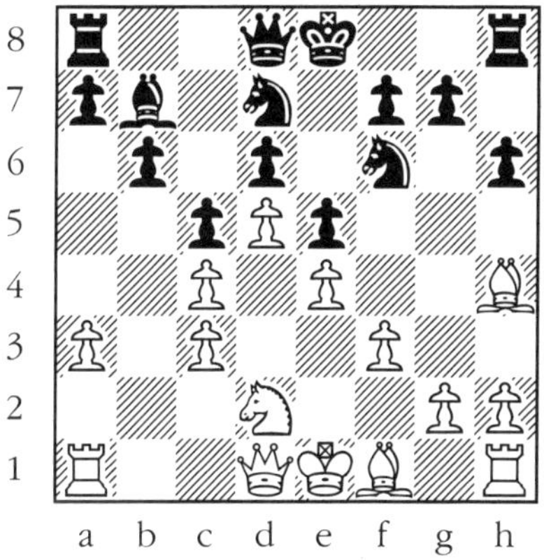

Diagramm 17

Möglichkeiten zum Manövrieren

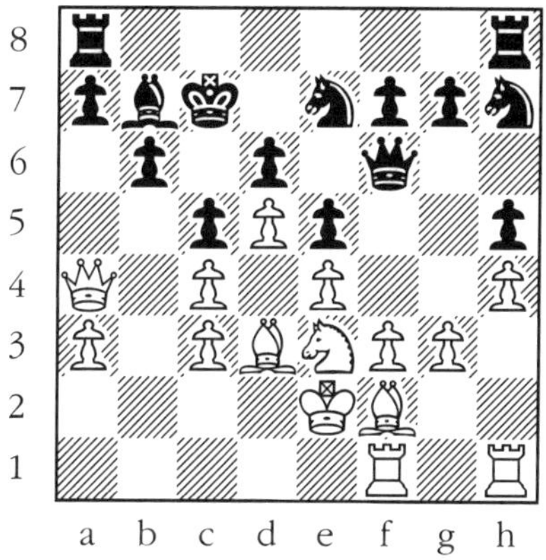

Diagramm 18

Ein langsamer Aufbau

In Bezug auf die obige Stellung kann man akzeptieren, dass der weißfeldrige Läufer am Ende leicht fürchterlich schlecht sein könnte, aber er könnte auf a4 doch verhältnismäßig aktiv werden. Davon abgesehen ist der schwarze Läufer im Moment kaum der Inbegriff der Dynamik, und wenn es der weiße Springer je nach f5 schafft, dann könnte er besser stehen, als die schwarzen Springer es sich je erträumen können.

12...De7 13.Ld3 Sf8 14.Da4+ Kd8

TIPP: Wenn das Zentrum blockiert ist, dann besteht oft keine Notwendigkeit, zu rochieren. Tatsächlich bringt Schwarz seinen

König in solchen Stellungen oft nach c7, wo er nicht nur ziemlich sicher steht, sondern auch hilft, den Damenflügel im sehr gut möglichen Fall eines Vormarsches des weißen a-Bauern zu verteidigen.

15.Lf2 Sg6

Der Vorstoß 15...g5 hätte die weißen Möglichkeiten am Königsflügel einschränken können, aber andererseits schwächt er das Feld f5 ernsthaft.

TIPP: Springer lieben oft das fünfte Feld der Läuferlinien, d.h. f5 und c5 für Weiß und f4 und c4 für Schwarz.

Da 15...g5 einen Vorposten auf f5 schafft, würde Weiß dadurch mit dem offensichtlichen Plan beschenkt werden, den Springer dorthin zu manövrieren (über f1 und e3).

16.g3 Sh7 17.h4 Kc7 18.Sf1 Df6 19.Ke2 Se7 20.Se3 h5 21.Taf1 (Diagramm 18)

Um ernsthafte Fortschritte zu machen, erachtet es Weiß für nötig, den Bauernvorstoß f3- f4 vorzubereiten.

21...g5

Ich habe diese Partie live kommentiert, und trotz meiner gerade gemachten Anmerkung scheint dieser Zug dem Weißen immer noch in die Hände zu spielen. Dennoch, wenn Schwarz gewinnen will, dann muss er irgendetwas versuchen und der Textzug reflektiert womöglich den Ehrgeiz des in diesem Turnier an Nummer Eins Gesetzten.

22.hxg5

Jetzt ist der schwarze h-Bauer isoliert und kann leicht zum Angriffsobjekt werden.

22...Sxg5 23.Le1 Dg6 24.f4! Sxe4 25.fxe5 Sxg3+?!

Angesichts der komplexen Stellung kann man Schwarz verzeihen, dass er fehl greift. Im Nachhinein betrachtet bot 25...dxe5!? 26.Lxe4 Dxe4 27.Txf7 The8 angesichts von 28.Txh5 Lxd5! bessere Verteidigungschancen.

26.Kd2!

'Automatisches' 26.Lxg3? hätte den Vorteil aus der Hand gegeben: 26...Dxg3 27.exd6+ Dxd6 28.Txf7 Taf8 und Schwarz ist vollkommen okay.

26...Sxf1+ 27.Txf1 Dg5 28.exd6+ Kxd6 (Diagramm 19) 29.Tf6+!!

Äußerst hübsch anzuschauen und beachten Sie, dass 29.Lg3+?! Dxg3 30.Tf6+ Kc7 31.d6+ Dxd6! eindeutig nicht die gleiche Wirkung hätte.

29...Ke5

Der Turm war unantastbar, z.B. 29...Dxf6 30.Lg3+ De5 31.Lxe5+ Kxe5 32.Dd7.

30.Tf3

Bringt die Möglichkeit Lg3+ ins Spiel.

30...f5 31.Lxf5 Thd8 32.Lg3+ Kf6 33.Lc8+

33.Le6+ Kg7 34.Tf7+ Kh8 35.Lf4, mit der Absicht 36.Le5+, wäre ein klareres Finale gewesen, aber ab jetzt ist klar, dass es nur einen Sieger geben wird.

33...Kg7 34.Lxb7 Tf8 35.Lf4!

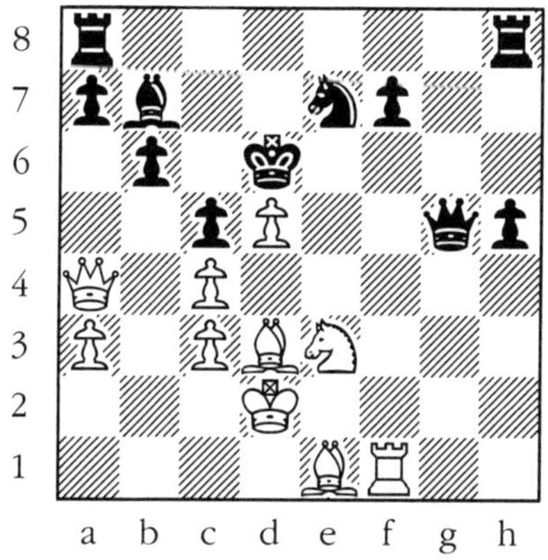

Diagramm 19

Rüsten Sie sich!

Sichert sich eine Mehrfigur.

35...Txf4 36.Txf4 Td8 37.Tf2 Sg6 38.Tg2 Df4 39.Dc2 Td6 40.Df5 Schwarz gibt auf

Kapitel Acht

4.Sf3 0-0

- Einleitung
- Beispielpartien

Einleitung

1.d4 Sf6 2.c4 e6 3.Sc3 Lb4 4.Sf3 0-0

Obwohl es schwer ist, einen solch nahe liegenden Zug wie die Rochade zu kritisieren (vor allem angesichts meines vorher erteilten Ratschlags 'bevor Sie einen Zug machen, bei dem Sie nicht sicher sind, ob Sie ihn spielen wollen, machen Sie immer einen Zug, von dem Sie wissen, dass Sie ihn spielen wollen'), hege ich persönlich den Verdacht, dass die Rochade schlechter ist als die Alternativen im vierten Zug. Meine Begründung dafür lautet, dass Schwarz seinen König ein bisschen zu früh festlegt, wonach es ihm schwerer fällt, sich aus der folgenden Fesselung zu befreien.

5.Lg5! (Diagramm 1)

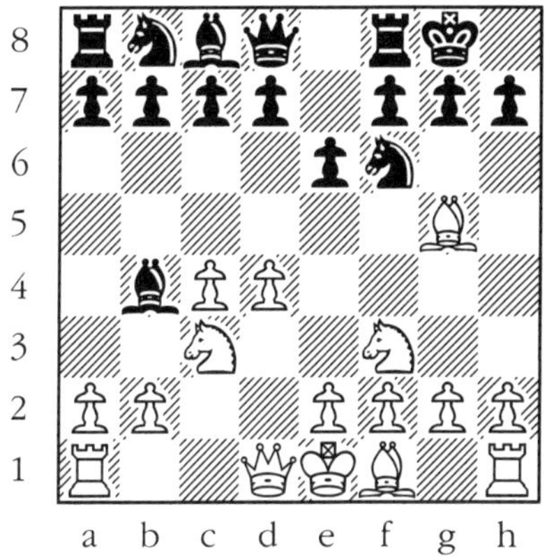

Diagramm 1

Keine passende 'Entfesselung' verfügbar

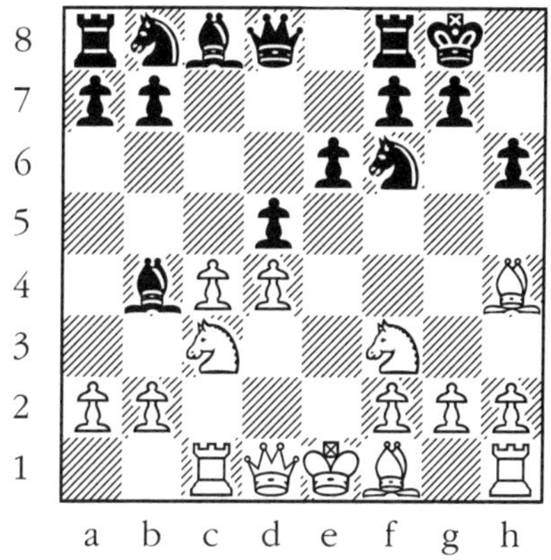

Diagramm 2

Weiß erwartet ...dxc4

5...h6

In den Partien 39-41 verzichtet Schwarz auf diesen Zug, aber die Stellungen, die sich mit oder ohne diesen Zug ergeben, können sich sehr ähnlich sein.

6.Lh4 c5

Ich wiederhole meinen Kommentar zur Eröffnung, und weise darauf hin, dass das Konzept mit ...g7-g5 sehr unattraktiv sein wird – der schwarze König wird wahrscheinlich leiden müssen.

7.e3 cxd4

Ich kann gewiss verstehen, warum 7...Da5 verlockend ist, denn Schwarz übt Druck auf c3 aus, während er zugleich den Springer entfesselt. Doch wenn Sie sich die Partien 39 und 40 anschauen, dann werden Sie überrascht sein, wie schnell der Zug seine Anziehungskraft verliert!

8.exd4 d5

Schwarz scheint jetzt eine Stellung im Stile des isoliertem Damenbauern anzustreben, aber die Einschaltung von ...h7-h6 ist kontraproduktiv (siehe Partie 38).

Erneut steht die Idee 8...Da5 auf der Tagesordnung, aber da Schwarz bereits Bauern auf d4 getauscht hat, wäre die Antwort 9.Lxf6 nicht wirklich überzeugend (überprüfen Sie Partie 40, um zu sehen weshalb).

Stattdessen sieht 9.Ld3!? für Weiß nach 9...Lxc3+ 10.bxc3 Dxc3+ 11.Kf1 recht viel versprechend aus. Er hat Entwicklungsvorsprung und während er mit Lxf6 den Bauernschild des Schwarzen aufreissen kann, steht dem Springer f6 kein Fluchtfeld zur Verfügung.

HINWEIS: Um gegen Ideen mit ...Da5 auf Vorteil zu spielen, muss Weiß bereit sein, einen Bauern zu opfern.

9.Tc1 (Diagramm 2)

Pläne

9.Tc1 ist ein nützlicher Entwicklungszug, der abgesehen davon, dass er einen Turm auf die potenziell offene Linie bringt, sich auch im Falle des Vorstoßes c4-c5 als hilfreich erweisen könnte. Obwohl 9.Ld3 nahe liegend aussah, hofft Schwarz auf Tempogewinn mit ...dxc4 Lxc4, was zu einem typischen Mittelspiel mit isoliertem Damenbauern führt. Aber in der augenblicklichen Situation muss sich Schwarz entscheiden, ob er dem weißfeldrigen Läufer des Weißen erlaubt, direkt von f1 aus auf c4 zurückzuschlagen oder ob er seinen Damenspringer bereits jetzt festlegt (d.h. ihn entweder nach c6 oder d7 stellt). Partie 38 ist eine berühmte Begegnung, die von Diagramm 2 aus startete.

Beispielpartien

Partie 37

□ **Ward** ■ **Varley**

Britische Meisterschaft, Southampton 1986

1.d4 Sf6 2.c4 e6 3.Sc3 Lb4 4.Sf3 0-0 5.Lg5 h6 6.Lh4 c5 7.e3 g5?! (Diagramm 3)

Bei allem gebotenen Respekt vor meinem Gegner, dies wäre wahrscheinlich die erste Wahl eines Anfängers. Denn obwohl diese Entfesselung im letzten Kapitel sehr annehmbar war, sollte die Anwesenheit des schwarzen Königs auf dem Königsflügel abschreckend wirken.

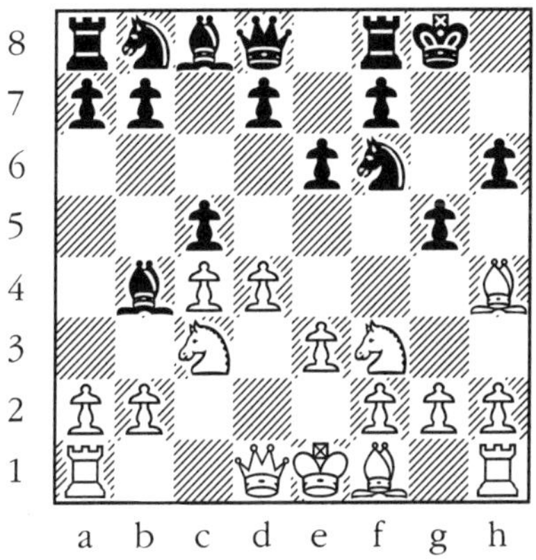

Diagramm 3

Der Patzer-Vorstoß!

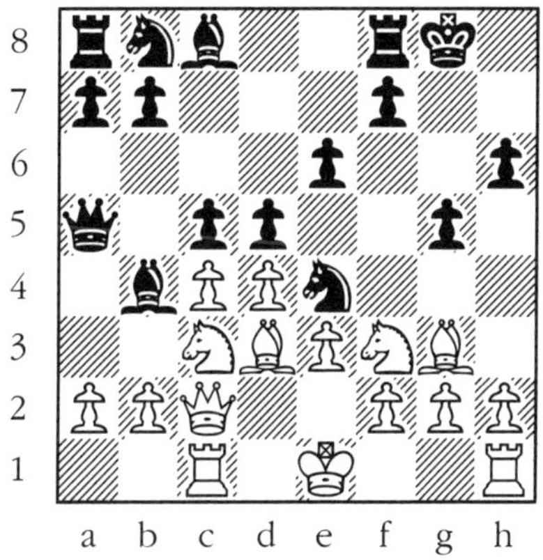

Diagramm 4

Der a-Bauer ist im Angebot!

WARNUNG: Hüten Sie sich vor Bauernzügen vor dem rochierten König.

Obwohl die obige Warnung besonders relevant ist, wenn sich die Könige auf entgegen gesetzten Seiten des Bretts aufhalten, können Löcher oft auch ausgenutzt werden, nachdem beide Seiten in die gleiche Richtung rochiert haben.

8.Lg3

FRAGE 9: Hätte Weiß in Betracht ziehen können. ob er hier eine Figur mit 8.Sxg5 opfert?

8...Se4

Dem Springer steht es jetzt frei, sich zu bewegen, und deshalb hüpft er auf sein Lieblingsfeld. Schwarz wird seinen Spaß haben, aber wenn der vorbei ist, wird er einen hohen Preis zahlen müssen.

9.Dc2 Da5 10.Tc1

Selbstverständlich ist 10.Dxe4? Lxc3+ (und besonders 11.bxc3?? Dxc3+) nicht der Weg, den man einschlagen sollte!

10...d5 11.Ld3 (Diagramm 4) 11...Dxa2

HINWEIS: Es ist die Mühe wert, sich daran zu erinnern, dass der Bauer a2 in einer solchen Stellung effektiv *en prise* ist. Ebenso könnte nachfolgendes ...Lxc3, bxc3 zu Damentausch und einem Endspiel führen, in dem Schwarz einen Bauern mehr hat.

In dieser Stellung hat Weiß allerdings kein Endspiel im Sinn.

12.Lxe4 dxe4 13.Se5!?

Weiß hat Entwicklungsvorsprung und möchte die Schwächen um den gegnerischen König ausnutzen.

13...Sd7 14.0-0 Lxc3 15.Dxc3

Mit einer Erinnerung daran, dass 'ungleichfarbige Läufer den Angreifer begünstigen', ist Schwarz dazu bestimmt, auf den schwarzen Feldern zu leiden. Außerdem leidet seine Dame unter einem ernsthaften Mangel an Möglichkeiten und das ist es, was sein Schicksal besiegelt.

15...Da4 16.dxc5 (Diagramm 5)

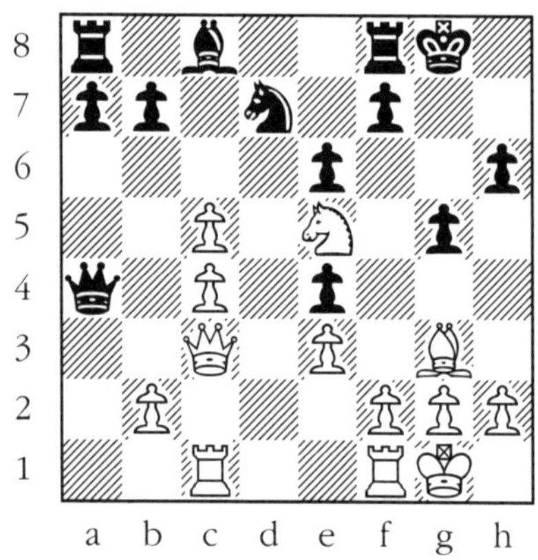

Diagramm 5

Achten Sie auf diese Dame!

16...f5?

Übersieht den nächsten Zug des Weißen, aber fairer Weise muss man sagen, dass es wenig anderes gab. Die weiße Dame und der weiße Läufer brannten nur darauf nach g7 zu kommen.

17.Ta1 Schwarz gibt auf

Partie 38

□ Kasparow ■ Karpow

Weltmeisterschaft (Partie 11), Moskau 1985

1.d4 Sf6 2.c4 e6 3.Sc3 Lb4 4.Sf3 0-0 5.Lg5 c5 6.e3 cxd4 7.exd4 h6 8.Lh4 d5 9.Tc1 dxc4

Da dies dem Weißen gestattet, auf c4 in einem Zug zurückzuschlagen, sprach definitiv etwas für 9...Sc6. Allerdings legt das den Springer fest (manch einer würde es vorziehen, ihn auf d7 seinen Kollegen unterstützen zu lassen) und gibt Weiß die Möglichkeit zu 10.c5 (oder vielleicht zuerst 10.a3).

10.Lxc4 Sc6 11.0-0 Le7

Mit dem Springer auf c6 ist dies der einzig zufrieden stellende Weg, um der Fesselung zu entkommen.

12.Te1 b6 13.a3 (Diagramm 6)

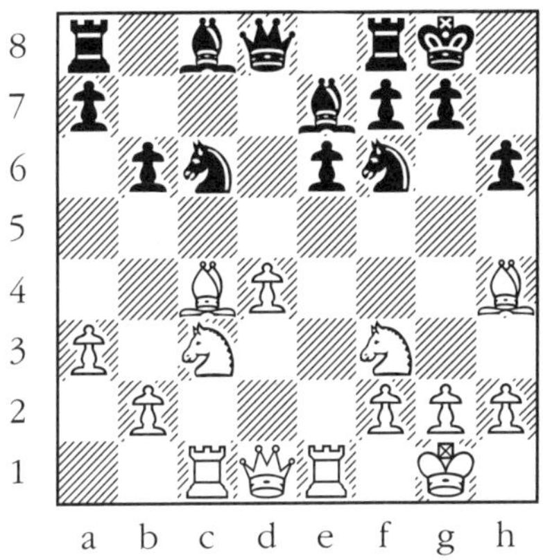

Diagramm 6

Ein Standardstellung mit isoliertem Damenbauern

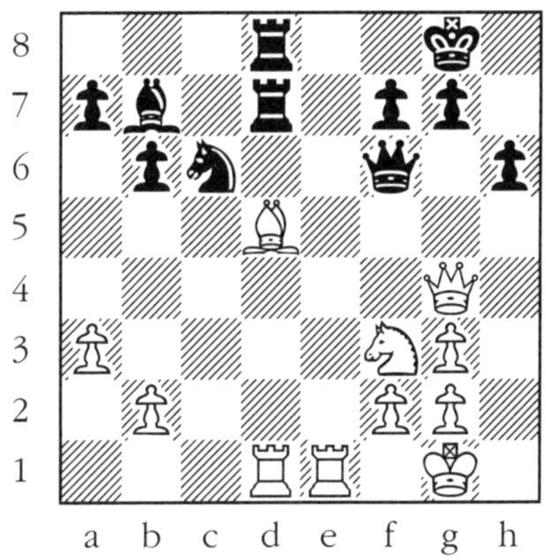

Diagramm 7

Weiß zieht und gewinnt

Ein nützlicher Zug, der die Möglichkeit ...Sb4 beseitigt. Das würde Schwarz helfen, den isolierten Bauern auf d5 zu blockieren, und würde auch den einfachen weißen Plan erschweren, Dame und Läufer entlang der Diagonale b1-h7 in Stellung zu bringen. Angesichts dessen ist dies ein gutes Beispiel, warum die Einschaltung von ...h7-h6 nachteilig sein kann. Die Diagonale mit ...g7-g6 zu blockieren ist ohne einen Bauern auf h7 viel weniger stabil; Opfer auf e6, f7 und g6 werden sehr viel wahrscheinlicher.

13...Lb7 14.Lg3 Tc8 15.La2

Aus den Augen, aber gewiss nicht aus dem Sinn!

15...Ld6 16.d5

Dies ist nicht einfach nur ein Fall, in dem Weiß seine einzige Schwäche beseitigt; hier nimmt der wohl größte Spieler aller Zeiten f7 aufs Korn.

Dennoch, und obwohl es mir widerstrebt, den großen Mann zu kritisieren, könnte man argumentieren, dass es sinnvoll ist, mehr Figuren auf dem Brett zu lassen. Und in der Tat, wenn Schwarz nach 16.Lh4!? (16.Le5!? lässt den Fuchs ebenfalls in den Hühnerstall) mit 16...Le7 Zugwiederholung anstrebt, dann sieht 17.Dd3 mit der Idee Lb1 und Mattdrohungen auf h7 sehr hübsch aus.

16...Sxd5 17.Sxd5 Lxg3 18.hxg3 exd5 19.Lxd5

Der Läufer ist hier ein Monster, der drohend in jede Richtung schaut. Schwarz ist alles andere als verloren, aber offensichtlich wird der Druck größer.

HINWEIS: Denken Sie daran, dass Doppelbauern nicht unbedingt schlecht sein müssen.

Weiter oben habe ich davon gesprochen, dass ein Paar Doppelbauern zumindest eine halboffene Linie garantiert. Außerdem könnte die neue Struktur an sich eine Verbesserung sein. Beachten Sie, wie die Bauerngruppe um den weißen König einen ausgezeichneten Schutzschild darstellt. Die Kontrolle über das Feld f4 ist ein zusätzlicher Bonus.

19...Df6 20.Da4 Tfd8 21.Tcd1 Td7 22.Dg4 Tcd8?? (Diagramm 7)

Einer der berühmtesten Patzer in der Geschichte der Weltmeisterschaften. Anatoli Karpow übersieht einen einfachen taktischen Trick, wobei sowohl 22...Tdd8, 22...Tdc7 oder 22...Td6 ihn gut im Spiel gelassen hätten.

23.Dxd7!! Txd7 24.Te8+ Kh7 25.Le4+ Schwarz gibt auf

Nach 25...g6 26.Txd7 gewinnt Weiß weiteres Material.

Partie 39

□ Sorri ■ Johansson

Helsinki Open 1991

1.d4 Sf6 2.c4 e6 3.Sc3 Lb4 4.Sf3 0-0 5.Lg5 c5 6.e3 Da5 (Diagramm 8)

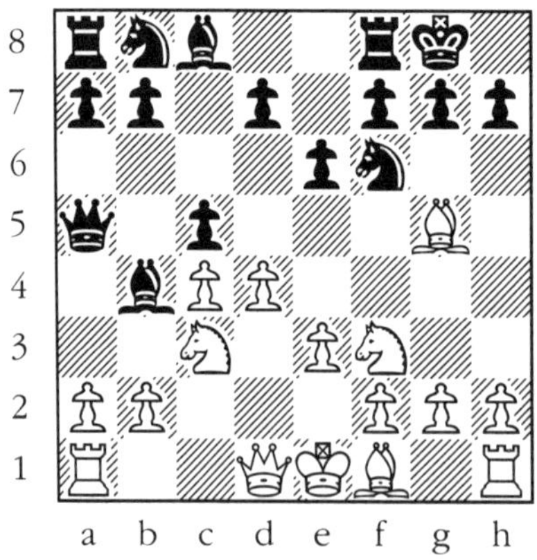

Diagramm 8

Bereit zu ...Se4

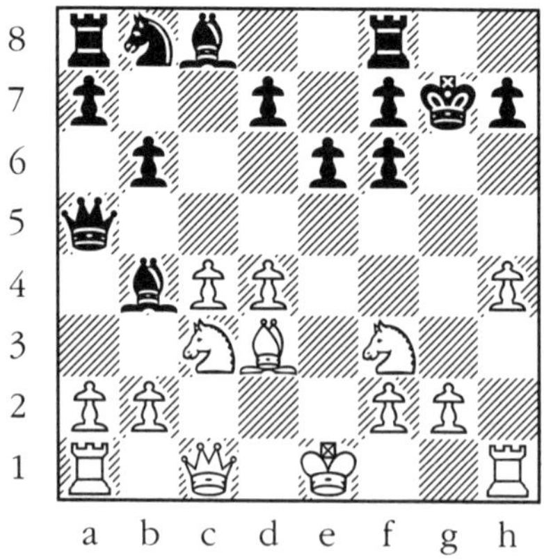

Diagramm 9

Bereitet einen Turmschwenk vor

Offensichtlich greift Schwarz c3 bereits oft genug an, aber es ist wichtig, dass er daran gehindert wird, seinen Springer nach e4 zu bringen. Hier sieht es so aus, als ob das gambitartige 7.Ld3 (was das Feld f1 für den König räumt) spielbar sein sollte, aber die Partiefortsetzung bringt die Dinge direkt auf den Punkt.

7.Lxf6 gxf6

Das materialistische 7...Lxc3+ wird in der nächsten Partie vorgestellt.

8.Dc1 cxd4

Obwohl Schwarz den Ehrgeiz haben könnte, sich mit vereinten Kräften auf den weißen Bauern c4 zu stürzen, wirkt es auf mich nur so, als würde Schwarz den letzten Zug seines Gegners rechtfertigen. Denn außer c3 zu schützen, verfolgt die weiße Dame eindeutig Absichten auf der Diagonale c1-h6.

9.exd4 b6 10.Ld3 Kg7 11.h4!? (Diagramm 9)

TIPP: In einem Szenario wie diesem, in dem Weiß oft über c-Doppelbauern und Schwarz über f-Doppelbauern verfügt, liegt es im Interesse des Weißen, die Damen auf dem Brett zu lassen. Stehen sie noch auf dem Brett, hat er Angriffschancen, aber sollten sie getauscht werden, richtet sich die Aufmerksamkeit auf die schwache Struktur am Damenflügel.

Der Textzug bereitet ein schnelles Eingreifen des Königsturms vor, aber tatsächlich hätte Weiß auch nach 11.0-0 gute Angriffschancen.

11...Lb7 12.Th3 Lxc3+ 13.bxc3 Th8

Weiß drohte bereits mit dem verheerenden Tg3+ und Dh6, und man sieht, dass Schwarz nicht unbedingt mit einer Übermacht an Verteidigern gesegnet ist!

14.Kf1

Ein lohnender Vorbereitungszug, der es der weißen Dame gestattet, sich fortzuwagen, ohne Angst vor dem lästigen ...Dxc3+ haben zu müssen.

14...Kf8 15.d5!?

Dies ist ein gebräuchlicher Plan für Weiß beim Spiel gegen den fianchettierten schwarzen Läufer. Weiß verhindert nicht nur ...Sc6 und schließt die Diagonale, sondern gibt seinem eigenen Springer auch ein schönes Feld.

15...Sa6 16.Sd4

Schwarz wagt nicht daran zu denken, das Feld f5 mit ...exd5 aufzugeben.

16...Dc5 17.Dh6+ Ke7 18.Tf3 Taf8

Sobald man 18...f5 19.Txf5! (tatsächlich gibt es hier auch noch andere gute Züge) 19...exf5 20.d6+ Ke8 21.Te1+ Kd8 22.Df6+ Kc8 23.Dxh8 matt sieht, erkennt man, dass es unmöglich war, den weiter vorgerückten der verdoppelten f-Bauern zu decken.

19.Dxf6+ Ke8 20.Sf5 (Diagramm 10)

Die einzige weiße Figur, die im Moment nicht bei der Party dabei ist, ist der Damenturm, und der hätte nach 20...exf5 21.Te1+ einen traumhaften Einstand.

20...Thg8

TIPP: Die Dame und der Springer sind die tödlichsten Angreifer.

Diese beiden Figuren decken alle Möglichkeiten ab und der letzte schwarze Zug verhinderte 21.Sg7 matt.

21.d6 Schwarz gibt auf

Es gibt keine Möglichkeit, das Matt auf e7 zu verhindern.

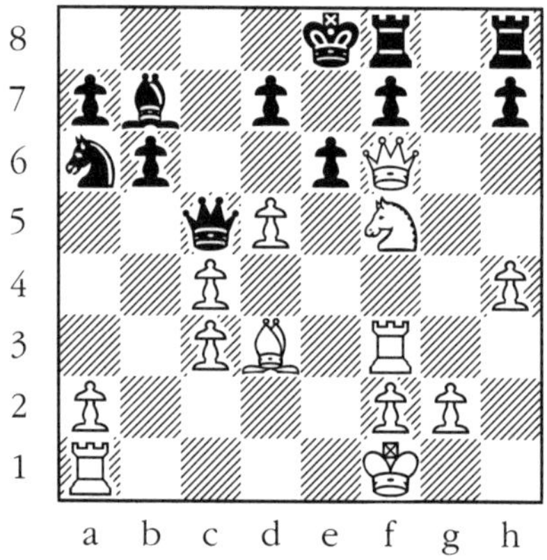

Diagramm 10

Es droht Matt

Partie 40

☐ **Taimanow** ■ **Estevez Morales**

Leningrad 1973

1.d4 Sf6 2.c4 e6 3.Sc3 Lb4 4.Sf3 0-0 5.Lg5 c5 6.e3 Da5 7.Lxf6 Lxc3+ 8.bxc3 Dxc3+ 9.Sd2

Pariert das Schach, aber räumt auch den Weg für die Dame, die jetzt am Königsflügel über die Diagonale d1-h5 ins Geschehen eingreifen kann.

9...gxf6 10.Tc1 (Diagramm 11)

Mit Bezug auf vorhergehende Anmerkungen hätte die Dame auf d4 nehmen können, wenn Schwarz vorher ...cxd4 exd4 eingeschaltet hätte. Natürlich hätte Weiß dann den Bauern nicht so geopfert.

10...Da5 11.Dg4+ Kh8 12.Dh4

Der noch nicht entwickelte schwarze Damenflügel hilft dem schwarzen König nicht.

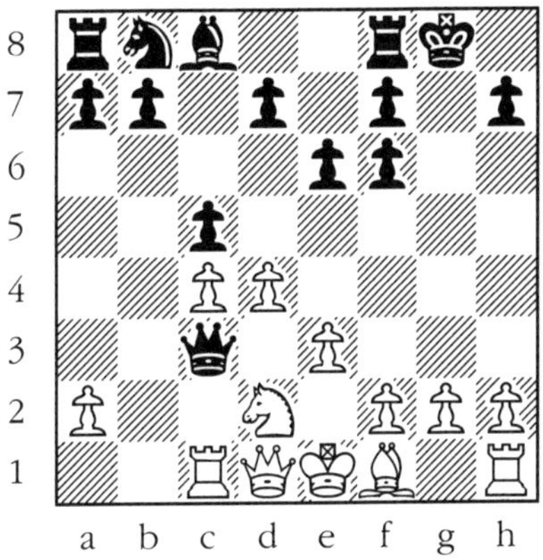

Diagramm 11

Die schwarze Dame steht im Abseits

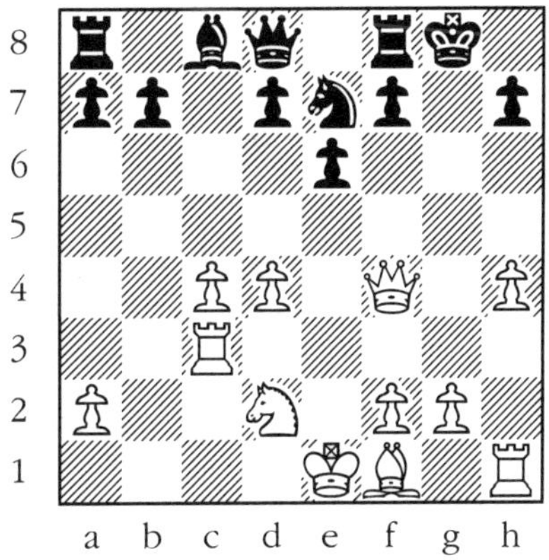

Diagramm 12

Der angreifende h-Bauer

12...cxd4 13.Dxf6+ Kg8 14.exd4 Dd8

Die schwarze Stellung wäre nach einem Damentausch okay, da Weiß genauso viele Bauerninseln hat wie er. Doch da der schwarze König so exponiert steht, spielt Weiß nicht mit.

15.Df4 Sc6 16.Tc3

Weiß beginnt einen gefährlich wirkenden Turmschwenk, was Schwarz dazu veranlasst, nach einer Figur Ausschau zu halten, die die g-Linie blockieren kann.

16...Se7 17.h4 (Diagramm 12)

Alles logisch. Der weiße h-Bauer hilft nicht nur dem anderen Turm, sich am Spiel zu beteiligen, sondern kann auch einen Springer auf g6 vertreiben und vielleicht sogar der Dame helfen, auf g7 Matt zu setzen.

17...f6 18.Tg3+ Kh8 19.Ld3 Tf7

Eine mehr oder weniger erzwungene Antwort, da 20.Dh6 Tf7 21.Lxh7! eine starke Drohung war.

20.h5 Sf5 21.Lxf5 exf5

Jetzt steckt Schwarz auch positionell in Schwierigkeiten, da der isolierte f-

Doppelbauer alles andere als wünschenswert ist!

22.0-0 d6 23.Te1 Ld7 24.Dxd6 Da5 25.Te7 Dxd2 (Diagramm 13)

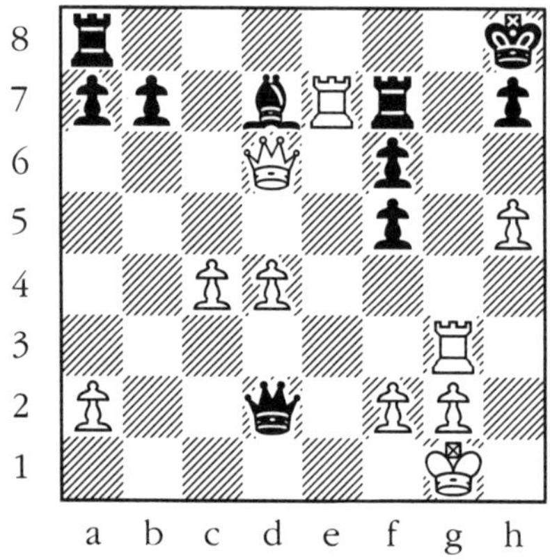

Diagramm 13

Vorsicht!

26.Dxd7

Und nicht 26.Txf7?? Dd1+ 27.Kh2 Dxh5+, was den Turm einsammelt. Das einzig Unordentliche an dieser Partie ist, dass sie ins Endspiel übergeht. Doch offen gesagt stand Weiß immer auf Gewinn.

26...De1+ 27.Txe1 Txd7 28.d5 b5 29.cxb5 Txd5 30.a4 f4 31.Tg4 Txh5 32.Txf4 Kg7 33.Te7+ Kg6 34.Tg4+ Kf5 35.Tgg7 Th4 36.Txa7 Txa4 37.Txa8 Txa8 38.Txh7 Ta2 39.b6 Tb2 40.b7 Kf4 41.Te7 f5 42.Kf1 Kg5 43.Ke1 Kf6 44.Th7 Ke5 45.Kd1 Kd4 46.Td7+ Kc3 47.g3 Schwarz gibt auf

---

Partie 41

□ Ward ■ McLeod

Monarch Assurance Open, Port Erin 1999

1.d4 Sf6 2.c4 e6 3.Sc3 Lb4 4.Sf3 0-0 5.Lg5 c5 6.e3 d6 (Diagramm 14)

Verfolgt ein gänzlich anderes Vorgehen. In dieser Partie versucht Schwarz die Stellung zu blockieren; eine Strategie, die manchmal funktioniert und manchmal nicht!

7.Ld3 Sbd7 8.0-0 Lxc3

WARNUNG: Denken Sie daran, dass der Springer wegziehen kann, wenn er nicht mehr länger gefesselt ist.

Da Sb5 einmal lästig sein könnte und der schwarzfeldrige Läufer des Schwarzen leicht in Verlegenheit geraten könnte, wenn der Springer c3 wegzieht.

9.bxc3 Dc7?!

Das '?!' gilt nicht so sehr diesem Zug, sondern eher der Tatsache, dass Schwarz Zeit damit verschwendet, sich zu entscheiden, wo er seine Dame wirklich haben möchte.

10.e4 e5 11.d5 h6 12.Ld2

Der Läufer d3 ist 'schlecht', aber sein Kollege auf d2 hat Potenzial. Wie bereits erwähnt bekommt man mit dem Läuferpaar selten zwei 'schlechte' Läufer.

12...Dd8 13.Se1 (Diagramm 15)

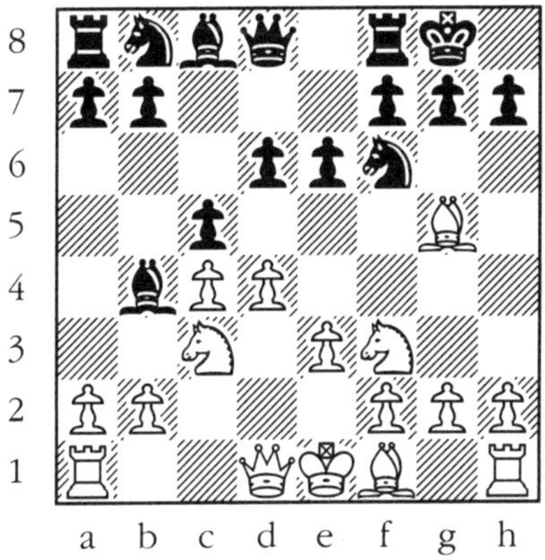

Diagramm 14

Schwarz 'lässt es locker angehen'

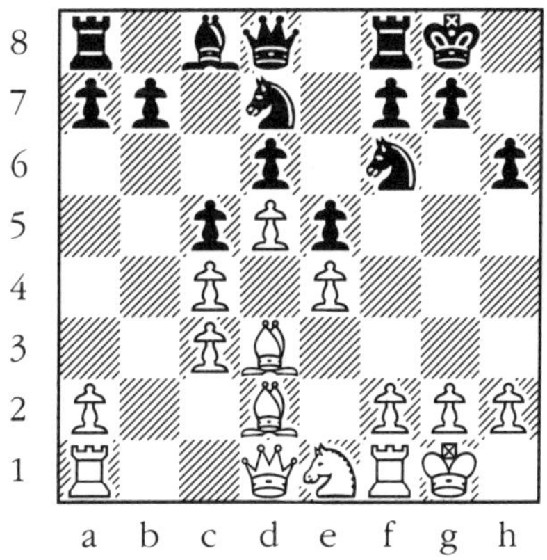

Diagramm 15

Die f-Linie hat Potenzial

Ein Mehrzweckzug. Der mögliche schwarze Plan ...Sh5-f4 wird schon im Ansatz verhindert, während ein Manöver, das diesen Springer nach f5 bringt, sehr gut möglich aussieht. Außerdem beginnt Weiß Vorbereitungen für den Bauernvorstoß f4 zu treffen.

13...De7 14.Sc2 Te8 15.Se3 g6

Man kann erkennen, warum Schwarz nicht wollte, dass der wei0e Springer nach f5 kommt, aber jetzt wurde das eine oder andere schwarzfeldrige Loch geschaffen, während der Bauer h6 zu einem offensichtlichen Angriffsziel wird.

16.g3

WARNUNG: Dies ist notwendig, wenn Weiß, wie es typisch ist, ...exf4 mit gxf4 beantworten möchte. Was ich sagen möchte ist, dass Weiß sich seiner Sache sehr sicher sein muss, bevor er das Feld e5 einer gegnerischen Figur überlässt.

16...Kh7 17.De2 b6

Es fällt schwer, einen Plan für Schwarz vorzuschlagen. Der Bauer c4, der so oft zum Angriffsziel wird, ist hier drei Mal verteidigt, kann aber nur einmal angegriffen werden!

18.Tae1 Sf8 19.f4 exf4 20.Txf4 (Diagramm 16)

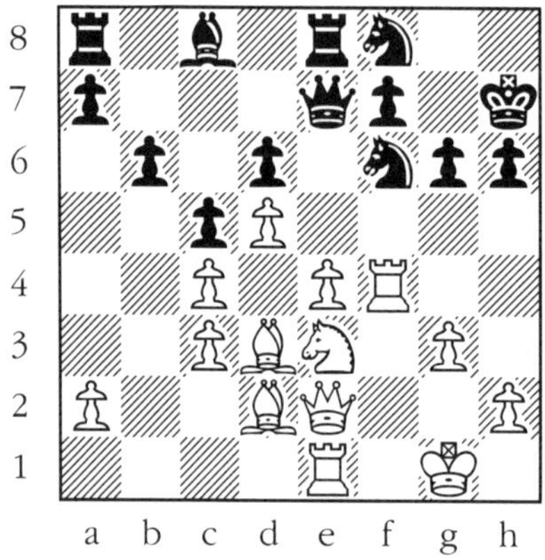

Diagramm 16

Die weißen Türme erwachen zum Leben

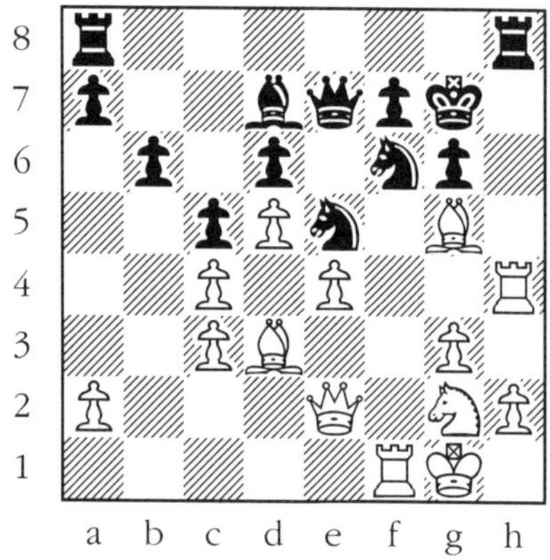

Diagramm 17

Diesmal kein ...h7-h6!

Ich habe gemeint, was ich über die Kontrolle des Feldes e5 gesagt habe, aber da sich ...g7-g6 als so nachteilig erweist, bestand immer die Versuchung, die halboffene f-Linie auszunutzen.

20...S8d7 21.Tef1

Übt Druck auf f6 und dadurch auch f7 aus.

21...Tf8 22.Th4 Se5 23.Txh6+! Kg7

Der Bauer h6 zog die Aufmerksamkeit auf sich und die Pointe war offensichtlich 23...Kxh6 24.Sf5+.

24.Th4 Ld7 25.Sg2

Bringt den Läufer d2 ins Spiel.

25...Th8 26.Lg5 (Diagramm 17)

Die Fesselung ist wieder da und diesmal für immer!

26...Lg4 27.Lxf6+ Dxf6 28.Txg4 Schwarz gibt auf

Kapitel Neun

4.Sf3 c5

- Einleitung
- Das Königsflügel-Fianchetto
- 5.g3 Sc6
- 5.g3 cxd4
- Beispielpartien

Einleitung

1.d4 Sf6 2.c4 e6 3.Sc3 Lb4 4.Sf3 c5

Nach 4...c5 könnte Weiß mit 5.e3 in eine der weniger ehrgeizigen Varianten mit 4.e3 überleiten, aber dieses Kapitel widmet sich ausschließlich einem gänzlich anderen System.

FRAGE 10: Wenn sich in der Eröffnung alles darum dreht, Raum zu gewinnen, warum spielt Weiß dann nach 4...c5 nicht einfach 5.d5?

Das Königsflügel-Fianchetto

1.d4 Sf6 2.c4 e6 3.Sc3 Lb4 4.Sf3 c5 5.g3 (Diagramm 1)

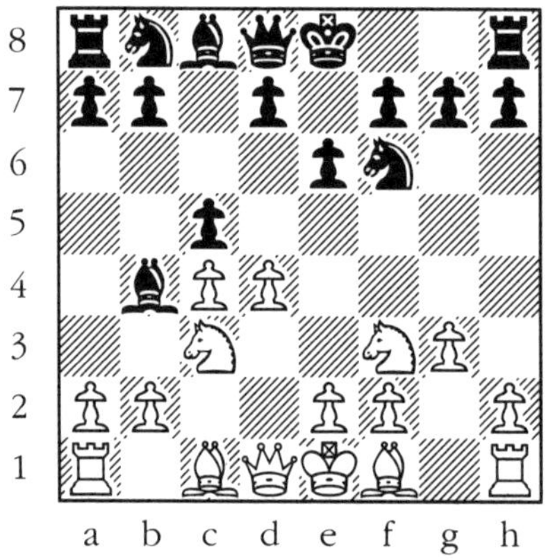

Diagramm 1

Weiß spielt 5.g3

WARNUNG: Eröffnungen, bei denen Weiß seinen Läufer fianchettiert, stehen oft in dem Ruf, 'öde' und 'langweilig' zu sein. Die Schwarzen sollten jedoch aufpassen, da diese Variante so scharf sein kann wie jede der anderen Varianten.

5.g3, wie in Diagramm 1 gezeigt, führt eine gänzlich neue Dimension in den Nimzo-Inder ein. Der weiße Läufer möchte nach g2 gehen, von wo aus er Druck auf den schwarzen Damenflügel ausüben wird. Eingedenk dessen besteht für ihn kein Grund, d4 mit einem Bauern zu decken, da Weiß ein zentralisierter Springer auch ganz genehm ist.

Schwarz stehen viele Möglichkeiten zur Verfügung, um zu versuchen das weiße System zu kontern, und natürlich spielt die Fesselung in manchen eine Rolle. Zum Beispiel ist hier sogar 5...Se4 möglich, obwohl ich glaube, die Einschätzung der modernen Theorie ist fair, dass 6.Dd3 Da5 7.Dxe4 Lxc3+ 8.Ld2 (ja, es verdient festgehalten zu werden, dass bxc3 nicht immer erzwungen ist) 8...Lxd2+ 9.Sxd2 ein bisschen besser für Weiß ist und zwar wegen der zentralisierten weißen Dame und dem potenziell ausgezeichneten Läufer auf der Diagonale g2-b7.

HINWEIS: Wenn der weißfeldrige Läufer nach g2 möchte, dann behindert ihn die weiße Dame auf d3 nicht und dort steht er im Allgemeinen auch aktiver als auf c2.

Schwarz kann den Kampf auf der Diagonale h1-a8 mit 5...b6 aufnehmen, aber nach 6.Lg2 Lb7 7.0-0 muss er vorsichtig sein, seinen Läufer b4 nicht zu vergessen (er fesselt überhaupt nichts mehr und Sb5 könnte ihn in Verlegenheit bringen) oder d4-d5 zuzulassen, was den Läufer b7 aussperrt. Deshalb ist 7...cxd4 8.Dxd4 normal, wobei Schwarz oft einen 'Igelaufbau' einnimmt.

Frühes ...d6 und ...d5 (beide ohne ...cxd4) wird in den Partien 42 bzw. 43 gezeigt, und mir verbleibt nur noch, den theoretischen Abschnitt in zwei Teile zu teilen: 5.g3 Sc6 und 5.g3 cxd4.

5.g3 Sc6

1.d4 Sf6 2.c4 e6 3.Sc3 Lb4 4.Sf3 c5 5.g3 Sc6 6.Lg2 Se4 (Diagramm 2)

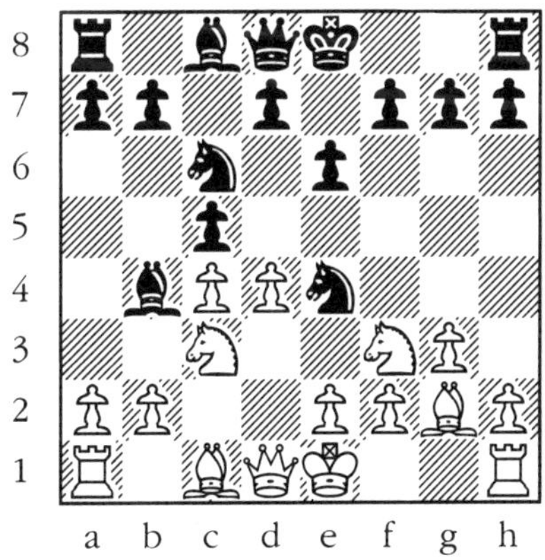

Diagramm 2

Die Springer üben Druck aus

Das war die letzte Chance des Schwarzen diesen Zug zu spielen, bevor Weiß rochiert, und jetzt muss Weiß eine Entscheidung fällen, wie er c3 decken möchte.

7.Ld2

Einfacher als das komplizierte 7.Dd3 Da5 8.d5, aber nicht unbedingt besser.

7...Sxd2 8.Dxd2 cxd4 9.Sxd4 0-0

Pläne

Ungewöhnlicherweise verfügt Schwarz diesmal über das Läuferpaar, aber während es ratsam für ihn ist, seinen Schwarzfelder zu behalten, wird es nicht so einfach sein, den anderen Läufer zu aktivieren. Wenn Weiß den Schwarzen nicht mit der Chance beschenkt, ...d7-d5 zu spielen, indem er früh auf c6 tauscht, dann wird sich der Nachziehende wahrscheinlich einfach damit begnügen müssen, den Gegner mit Zügen wie ...a7-a6 (was Sb5-d6 verhindert) und ...f7-f5 aus seiner Stellung fernzuhalten. Unterdessen wird Weiß höchstwahrscheinlich kurz rochieren und seine Türme zentralisieren, um den schwarzen d-Bauern aufs Korn zu nehmen. Selbst ein kleiner Fehler könnte dazu führen, dass Schwarz unter die Räder gerät.

5.g3 cxd4

1.d4 Sf6 2.c4 e6 3.Sc3 Lb4 4.Sf3 c5 5.g3 cxd4 6.Sxd4 0-0

Die letzte Gelegenheit zu ...Se4 könnte nach 6...Se4 7.Dd3 Lxc3+ 8.bxc3 Sc5 zu einer sehr unausgeglichenen Stellung führen. In diesem Fall wären beide Läufer des Weißen sehr gut, aber wenn Schwarz dem Druck standhält, der unausweichlich auf ihn zukommen wird, dann sollte er in der Lage sein, etwas aus seinem strukturellen Vorteil zu machen. Einfach gesagt, es sollte definitiv Potenzial vorhanden sein, um diese verdoppelten und isolierten c-Bauern anzugreifen.

7.Lg2 d5 8.cxd5

Partie 45 wirft einen Blick auf das sofortige 8.Db3, was offensichtlich einige Ähnlichkeit zum Textzug aufweist.

8...Sxd5 9.Db3 (Diagramm 3)

Pläne

Viele halten diesen Zug für energischer als das automatische 9.Ld2, da die Dame nicht nur c3 deckt, sondern auch die beiden schwarzen Leichtfiguren unter Beschuss nimmt. Der Nachteil besteht darin, dass der Springer auf d4 ungedeckt bleibt, obwohl Schwarz diesen Umstand nicht sofort ausnutzen kann. Typischerweise verbleibt Weiß am Ende mit isolierten Bauern, wenn irgendeine Figur schließlich auf c3 nimmt, und stets anhalten wird der Druck, den Weiß auf den schwarzen Damenflügel ausübt. Partie 46 erforscht diese Stellung tiefer.

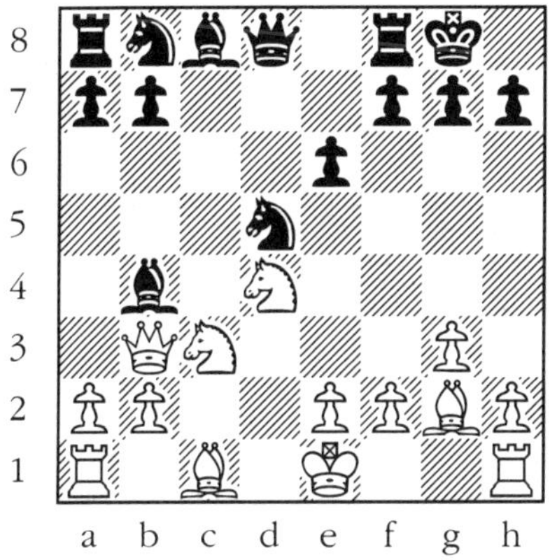

Diagramm 3

Kämpfende Springer

Beispielpartien

Partie 42

☐ **Ward** ■ **Fenn**

Monarch Assurance Open, Port Erin 1994

1.d4 Sf6 2.c4 e6 3.Sc3 Lb4 4.g3 c5

Mit diesem Zug erlaubt es Schwarz dem Weißen praktisch in das System 4.Sf3 c5 5.g3 überzugehen. Doch Kapitel 12 zeigt, dass Schwarz andere Möglichkeiten zur Verfügung hat.

5.Sf3 d6

Nicht die kritische Antwort und Schwarz entdeckt bald, dass es gar nicht so einfach ist, sich natürlich zu entwickeln.

6.Lg2 Sbd7 7.0-0 Lxc3 8.bxc3 Se4?! (Diagramm 4)

Natürlich ein typisches gutes Feld, aber mit dem weißen Läufer auf g2 kann Schwarz dem Springer einfach nicht die Unterstützung geben, die er braucht, um sich dort zu halten.

HINWEIS: Der Springer droht nicht wirklich auf c3 zu nehmen, da Dc2 mit Sicherheit dazu führen, dass er gefangen wird.

9.Dd3

Was die letzte Feststellung angeht, so macht sich Weiß keine Sorgen um den c-Bauern, aber ist gewiss daran interessiert, den Springer zu vertreiben.

9...f5 10.Sd2

Das weiße Spiel ist so geradlinig. Der schwarze Springer ist jetzt drei Mal angegriffen, aber nur einmal verteidigt.

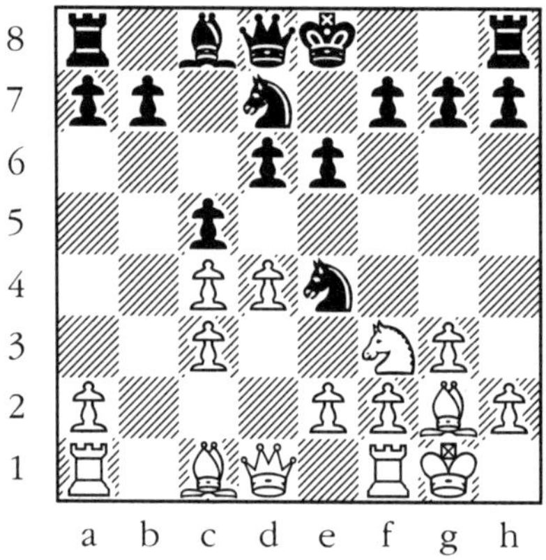

Diagramm 4

Freuen Sie sich, so lange es noch geht!

10...Sxd2 11.Lxd2 Sf6 12.Lf4

Weiß möchte mit Zügen wie 12.d5 e5 gewiss nicht zulassen, dass sich die Stellung schließt.

12...Sh5

12...0-0 13.dxc5 dxc5 14.Ld6 würde dazu führen, dass Weiß den Bauern c5 einsammelt und das Brett mit seinen beiden Läufern beherrscht.

13.Le3 Dc7 (Diagramm 5) 14.dxc5

Die Stellung würde immer so geöffnet werden. Nach dem Textzug verbleibt Weiß mit verdoppelten, isolierten c-Bauern, aber dieses Merkmal verblasst zur Bedeutungslosigkeit, wenn man es mit der offenen d-Linie und den leckeren Diagonalen, die Weiß zur Verfügung stehen, vergleicht.

14...dxc5 15.Tfd1 Ke7

Schwarz macht einen mutigen Versuch Weiß daran zu hindern, auf dem Feld d6 einzudringen, aber Weiß fährt damit fort, den Druck zu erhöhen.

16.Tab1 Tb8 17.Lf3

Eine starke und sehr amüsante Alternative wäre 17.Lg5+ Kf7 18.Ld8! De5 19.f4 gewesen.

17...Sf6 18.Lf4 e5 19.De3 Sd7 (Diagramm 6)

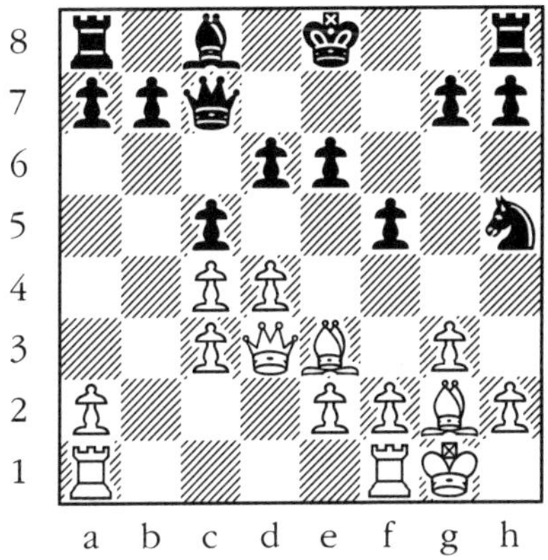

Diagramm 5

Die d-Linie hat Zukunft!

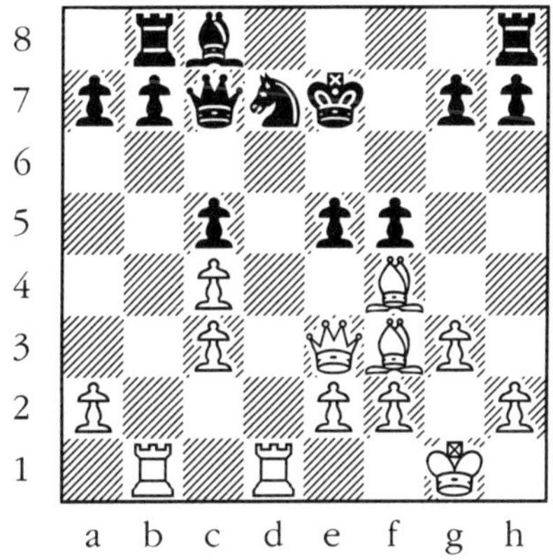

Diagramm 6

Zeit, den Springer zu entfernen!

20.Txd7+!

Weiß beseitigt den zarten Verteidiger von e5, aber man kann das kaum ein Opfer nennen!

20...Lxd7 21.Lxe5 Dc8 22.Lxb8+ Schwarz gibt auf

Plötzlich hat Weiß eine Figur und einen Bauern mehr und am Horizont warten noch weitere Köstlichkeiten auf ihn.

Partie 43

□ Ward ■ Jaton

Mont St. Michel 1994

1.d4 Sf6 2.c4 e6 3.Sc3 Lb4 4.g3 c5 5.Sf3 0-0 6.Lg2 d5 (Diagramm 7)

In einem der frühen Versuche gegen dieses weiße System hält Schwarz die Spannung im Zentrum aufrecht. Obwohl ich nicht glaube, dass ich es rechtfertigen kann, diesen Zug mit einem '?!' auszuzeichnen, so lautet meine persönliche Meinung in dieser Sache, dass dies Weiß ermuntert in ein sehr bequemes Mittelspiel zu vereinfachen.

7.cxd5 Sxd5

Nach 7...exd5 könnten wir leicht ein Szenario mit isoliertem Damenbauern erreichen, in dem der weiße Läufer auf g2 günstig steht, um den d-Bauern anzugreifen.

8.Ld2 Sc6 9.Sxd5 Dxd5 10.Lxb4 Sxb4 11.0-0

Jetzt muss Schwarz auf Springerzüge mit Abzugsangriff auf die Dame aufpassen.

11...cxd4 12.Sxd4 Dd7 (Diagramm 8)

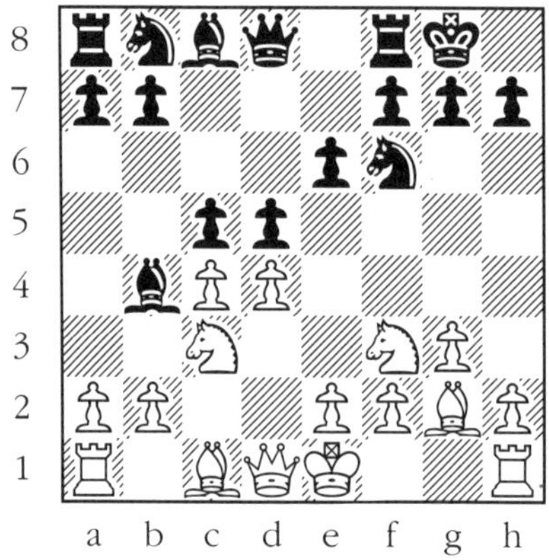

Diagramm 7

Bauern auf Konfrontationskurs

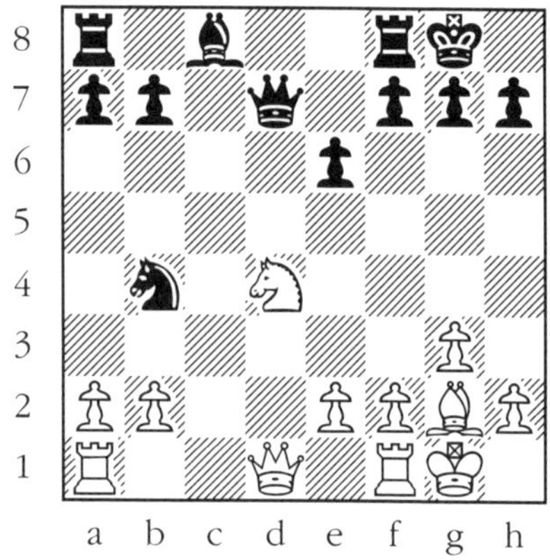

Diagramm 8

Schwarz hat sich verknäuelt

Ein Vergleich der relativen Aktivität der beiden Läufer bringt die Lage auf den Punkt. Während der weiße Läufer stolz dasteht und den schwarzen Damenflügel im Visier hat, steht der schwarze zuhause herum und behindert die Türme.

13.Sb3

Bereitet vor, den Springer entweder nach c5 oder a5 zu ziehen. Wenn Schwarz jetzt die Damen tauscht, dann würde es nicht mehr lange dauern, bis die weißen Türme auf der siebten Reihe eindringen.

13...Tb8 14.a3 Sa6

Ja, Springer am Rand bringt Kummer und Schand, aber dies war notwendig, um 15.Sc5 zu verhindern.

15.Sa5 Dc7 16.b4 (Diagramm 9)

Es ist so leicht, die weiße Stellung zu spielen. Seine (nun gut, 'meine') Leichtfiguren nehmen den Bauern b7 und das Feld c6 ins Visier, während die Schwerfiguren bald ebenfalls in Erscheinung treten werden.

16...Td8 17.Db3 Ld7 18.Tac1 Db6 19.Tfd1 Lb5

Schwarz ist beinahe paralysiert, und obwohl Df3, um b7 anzugreifen, ebenfalls möglich ist, bieten sich auch andere Ideen an, z.B. bringt 19...e5 20.Db2 f6 21.Sc4 die gegnerische Dame in Verlegenheit und bereitet ein Eindringen auf d6 vor.

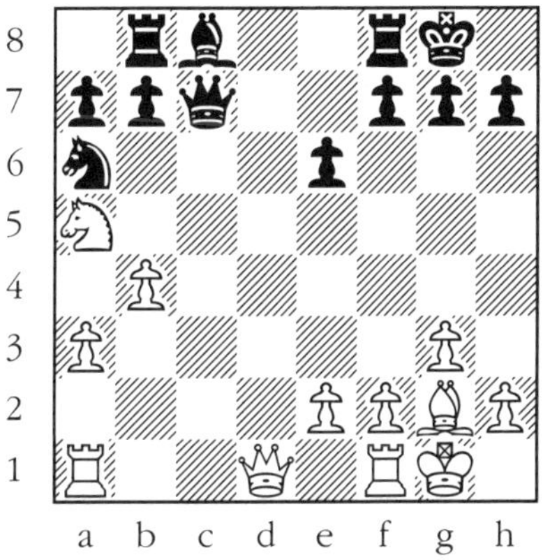

Diagramm 9

Das weiße Spiel läuft glatt

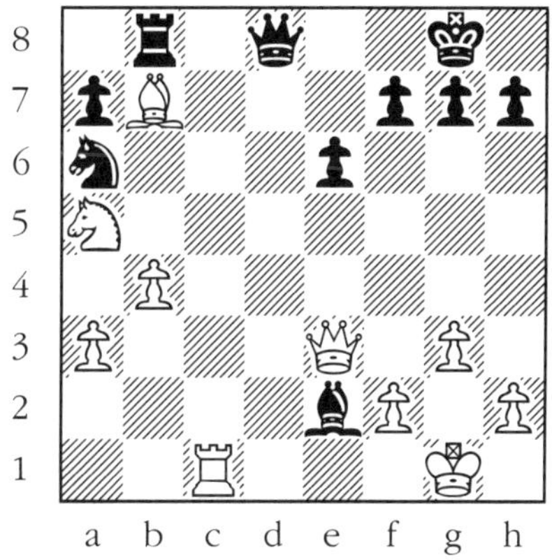

Diagramm 10

Die weiße Dame orchestriert

20.Txd8+ Dxd8 21.Lxb7 Lxe2 22.De3! (Diagramm 10)

Das sofortige 22.Lxa6 Lxa6 23.Sc6 würde Schwarz gestatten, mit 23...Dc7 auszunutzen, dass der Turm c1 ungedeckt ist. Deshalb leistet der Textzug mehr als nur einfach den schwarzen Läufer und den Bauern a7 anzugreifen.

22...Lb5 23.Lxa6 Lxa6 24.Sc6 Schwarz gibt auf

Zweifellos zum großen Leidwesen des Schwarzen gewann Weiß diese Partie mit sehr einfachem Schach.

WARNUNG: Beachten Sie meine Anmerkungen zu diesem System; es ist nicht sehr schön, eine Partie zu verlieren, in der man nur wenig Aktivität hat und die einzige Chance darin besteht, irgendwie zu versuchen ein Remis abzuklammern!

Partie 44

□ **Ward** ■ **Eriksson**

Politiken Cup, Kopenhagen 1997

1.d4 Sf6 2.c4 e6 3.Sc3 Lb4 4.g3 c5 5.Sf3 cxd4 6.Sxd4 Se4 7.Dd3 Da5 (Diagramm 11)

Weiter oben habe ich 7...Lxc3+ 8.bxc3 Sc5 als sehr zweischneidig bezeichnet. Das schwarze Spiel hier richtet sich sicherlich mit voller Kraft gegen den

Punkt c3, aber...

WARNUNG: Man muss sich davor hüten, sich nur auf ein paar Figuren auf Kosten der anderen zu konzentrieren.

8.Sb3 Df5

Nach 8...Lxc3+ 9.bxc3 Dxc3+ 10.Dxc3 Sxc3 11.Lb2 würde Weiß seinen Bauern mit Zinsen zurück gewinnen (d.h. sein Läuferpaar wäre phantastisch), wobei auch 8...Sxc3 9.Ld2!? günstig für Weiß zu sein scheint, z.B. 9...Se4 10.Dxe4 Lxd2+ 11.Sxd2 und der weiße Läufer auf g2 wird die Geschehnisse auf dem Damenflügel erneut sehr beeinflussen.

9.De3

Das Feld f2 musste gedeckt werden!

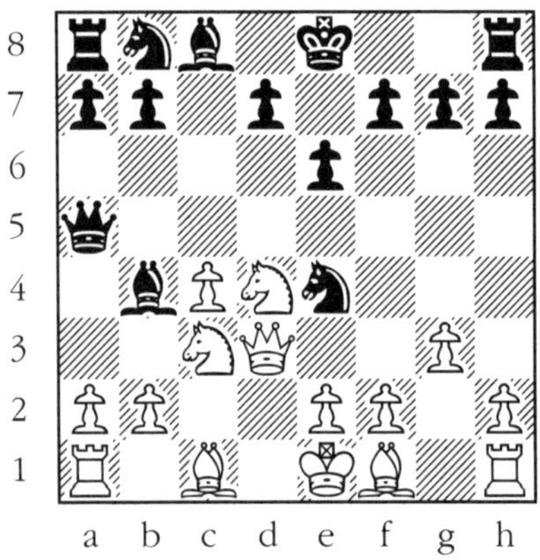

Diagramm 11

Ein beschwerliches Trio

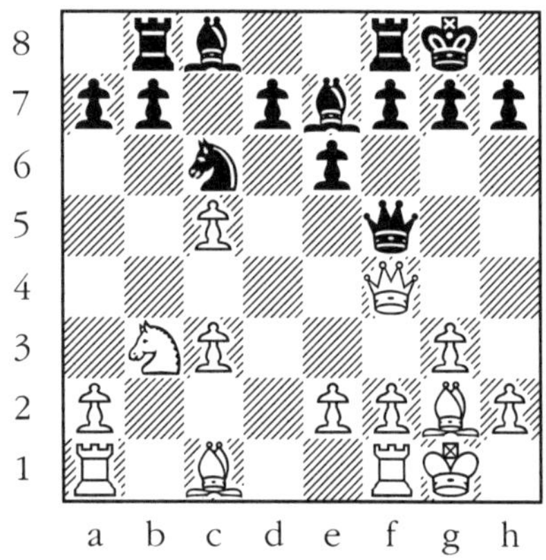

Diagramm 12

Ärgert den Damenturm

9...Sxc3 10.bxc3 Le7 11.Lg2

Was eine frühere Warnung angeht, so ist es Schwarz zwar gelungen, Schaden in der weißen Bauernstruktur am Damenflügel anzurichten, aber seine eigenen Figuren am Damenflügel stehen immer noch zuhause. Dies behindert natürlich den einfachen Plan, die Türme auf der c-Linie zu verdoppeln und den c-Bauern anzugreifen.

11...Sc6 12.0-0 0-0 13.c5

Das erste Anzeichen dafür, dass Weiß seine c-Bauern nicht nur als Angriffsziele für den Gegner begreift. Tatsache ist, dass Schwarz seinen Läufer nicht entwickeln kann, wenn er nicht entweder den b- oder den d-Bauern vorrückt!

13...Tb8 14.Df4 (Diagramm 12)

Bietet einen Damentausch an, aber droht auch Materialgewinn mit 15.Lxc6.

14...Dxf4 15.Lxf4 e5

Schwarz gefiel 15...Ta8 16.Ld6 nicht, aber der Text lässt ein gähnendes Loch auf d5 entstehen.

16.Le3 b6

Man könnte meinen, Weiß hätte einen psychologischen Sieg errungen, aber selbst nach dem Tausch des b- gegen den c-Bauern hat Schwarz weniger Bauerninseln. Tatsächlich ist es die Aktivität der Figuren, die die entscheidende Rolle spielt.

17.Tfd1 Td8 18.Td2

Der weiße Plan bestand bislang darin, den Gegner einzuengen. Der Auftakt zur Verdopplung auf der d-Linie bringt einfach eine momentan untätige Figur ins Spiel.

18...Kf8 19.Tad1 Ke8 20.cxb6 axb6 21.f4 f6

Schwarz kann es nicht zulassen, dass ein Läufer nach c7 kommt, aber jetzt ist Weiß unerbittlich.

22.Le4 g6 23.f5 g5 24.h4! (Diagramm 13)

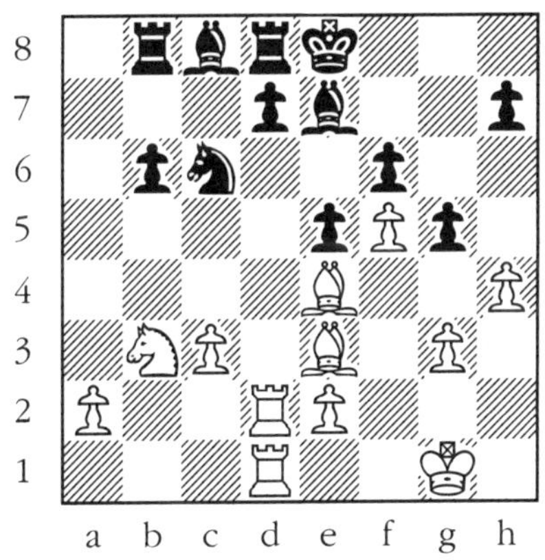

Diagramm 13

Schaltet einen Gang höher

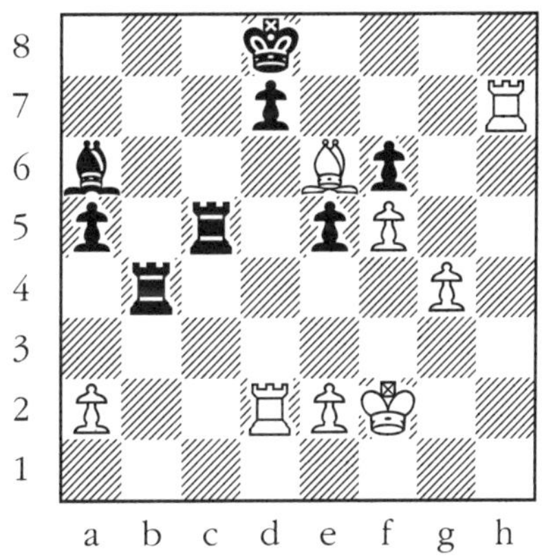

Diagramm 14

Vereinte Anstrengungen

24...gxh4 25.g4

Die Absicht war immer noch, die h-Linie auszunutzen.

25...Sa5 26.Sxa5 bxa5 27.Ld5 La6 28.Kf2 Tdc8 29.Th1 Txc3

Schließlich sehen die schwarzen Figuren doch noch bessere Tage, aber ironischerweise ist es jetzt die Stellung seines Königs, die nicht allzu schön aussieht!

30.Txh4 Lc5

Die beste praktische Chance war 30...Lb4!?, obwohl 31.Txh7 Txe3 32.Kxe3 Lxd2+ 33.Kxd2 Tb2+ 34.Kc3 Txe2 35.g5 (mit der Absicht 35...fxg5? 36.f6) ohne Zweifel Sorgen macht. **31.Lxc5 Txc5 32.Txh7 Tb4 33.Lf7+ Kd8 34.Le6! (Diagramm 14)**

Der d-Bauer ist jetzt dem Tode geweiht und das entstehende Endspiel ist nicht sehr verlockend.

34...Lb5 35.Lxd7 Td4 36.Txd4 exd4 37.Lxb5 Txb5 38.Tf7 Tb6 39.Ta7 Tb5 40.Tf7 Tb6 41.Kf3 Ke8 42.Ta7 Tb5 43.Ke4 Te5+ 44.Kxd4 Txe2 45.Txa5 Tg2 46.Kd5 Te2 47.Ta7 Te5+ 48.Kd6 Te4 49.a4 Schwarz gibt auf

---

Partie 45

□ Ward ■ Brynell

Politiken Cup, Kopenhagen 1996

1.d4 e6 2.c4 Sf6 3.Sc3 Lb4 4.g3 c5 5.Sf3 cxd4 6.Sxd4 0-0 7.Lg2 d5 8.Db3 (Diagramm 15)

Im Gegensatz zu unserer Hauptvariante entscheidet sich Weiß hier, die Dame ins Spiel zu bringen, bevor er die Bauern auf d5 tauscht. Allerdings gibt diese Entscheidung dem Schwarzen die Möglichkeit, ein sehr aggressives Bauernzentrum zu errichten.

8...Lxc3+ 9.Dxc3 e5 10.Sb3 Sc6

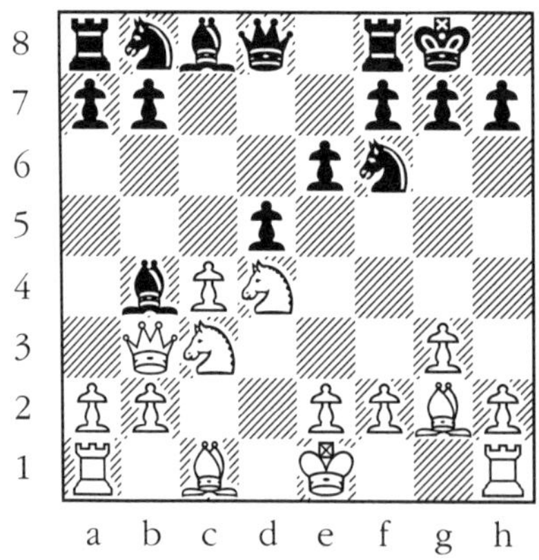

Diagramm 15

Schwarz hat mehr Zentrumsbauern

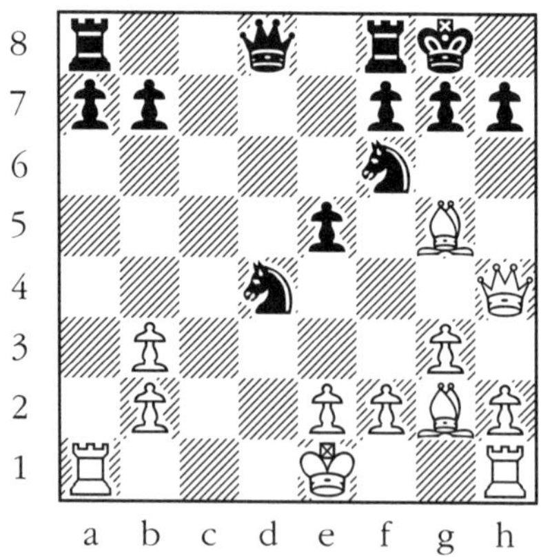

Diagramm 16

Freude für den Springer!

Schwarz könnte jetzt oder im nächsten Zug ...d5-d4 spielen, aber in dieser Partie entscheidet er sich, dies nicht zu tun. Sicherlich führt 10...d4 11.Da5 zu einer unausgeglichenen Stellung. Weiß hat das Läuferpaar und einen Bauern mehr am Damenflügel, während Schwarz über die attraktiven e- und d-Bauern verfügt. Sowohl 11...De7 als auch 11...De8 haben zu einigen interessanten Begegnungen geführt.

11.Lg5 dxc4!?

Als Alternative möchte Schwarz auf Kosten der weißen Dame Figuren entwicklen.

12.Dxc4 Le6 13.Dh4 Lxb3

Diesen zweiten Läufer aufzugeben ist angesichts der offenen Stellung offensichtlich ein größeres Zugeständnis. Dennoch, die Anziehungskraft des Feldes d4 ist ebenfalls groß.

14.axb3 Sd4 (Diagramm 16) 15.0-0!?

Weiß löst die Probleme der drohenden Springergabeln, aber natürlich ist dies ein Bauernopfer.

15...Sxe2+ 16.Kh1 Sd4 17.Lxb7 Tb8 18.Le4

Weiß greift h7 an, aber leider verschwinden die Damen bald vom Brett.

18...h6 19.Lxf6 Dxf6 20.Dxf6 gxf6 21.Txa7 Txb3 22.f4

Verlagert das Geschehen auf die f-Linie. Doch leider gehen allmählich die Figuren aus, die noch auf dem Brett stehen!

22...exf4 23.Txf4 Txb2 24.Txf6 Te8! 25.Taxf7 Txe4 (Diagramm 17) 26.Tf8+

Schwarz hat nicht nur eine Figur mehr, sondern stellt seinerseits eine Drohung auf. Jetzt ist definitiv Zeit Dauerschach zu geben!

26...Kg7 Remis

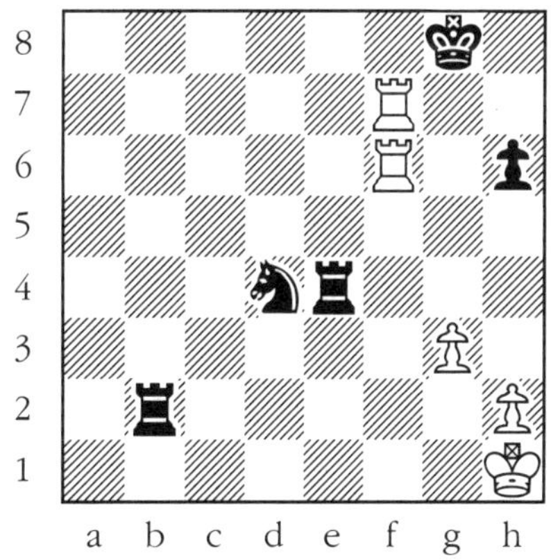

Diagramm 17

Zeit, die Notbremse zu ziehen!

Partie 46

☐ **Bacrot** ■ **Anand**

Korsika Masters, Bastia 2001

1.d4 Sf6 2.c4 e6 3.Sc3 Lb4 4.Sf3 c5 5.g3 cxd4 6.Sxd4 0-0 7.Lg2 d5 8.cxd5 Sxd5 9.Db3 Sc6 10.Sxc6 bxc6

Weiß hat in dem Spiel 'die gegnerischen Bauern isolieren' als Erster zugeschlagen, aber aus schwarzer Sicht ist sein Springer jetzt sehr gut gestützt.

11.0-0 Da5 12.Ld2

Weiß widerstrebt es zu Recht auf d5 zu tauschen, da dies zu einem starken schwarzen Bauernzentrum führen würde. Stattdessen möchte er den Springer auf andere Weise vertreiben.

12...Lxc3 13.bxc3

Der einzige Weg für Weiß, auf Vorteil zu spielen, da dieses Wiedernehmen das Läuferpaar bewahrt.

13...La6 14.Tfd1

Weiß ignoriert die Bedrohung seines e-Bauern, da ihm 14...Lxe2 15.c4 Lxd1 16.Txd1 Db6 17.cxd5 cxd5 18.Df3 die besseren praktischen Chancen überlässt. Die schwarze Bauernstruktur wäre in dieser Nebenvariante sehr fest, aber das Läuferpaar in einer offenen Stellung wie dieser wird immer herrlich sein.

HINWEIS: Obwohl ein Turm und zwei Bauern insgesamt mehr 'Punkte' zählen als zwei Leichtfiguren (sieben gegen sechs), so wird diese materialistische Sicht oft nur spät im Endspiel relevant.

14...Dc5 15.e4 (Diagramm 18)

TIPP: Geduld ist eine Tugend!

Ich weiß, Sie haben solche Tipps nicht erwartet, aber genau wie im Leben, ist dies sehr wichtig. Schließlich ist es Weiß gelungen einen befriedigenden Weg zu finden, um den Springer von d5 zu entfernen.

15...Sb6

Die Alternative 15...Lc4 16.Da4 Sb6 17.Db4 Dxb4 18.cxb4 ist etwas besser für Weiß, obwohl Schwarz vernünftige Chancen hat, Remis zu halten.

16.Le3 Dh5 17.Td6?!

Vor allem in Anbetracht der Partie könnte es Weiß vorziehen, sich auf das faszinierende 17.Lxb6!? Tfb8 (oder 17...Tab8 18.Da3 Txb6 19.Td7 mit ein bisschen Bewegung auf der siebten Reihe) 18.Le3!? Txb3 19.axb3 Le2 20.Txa7! einzulassen. Taktische Motive auf der Grundreihe erweisen sich als Rettung und es sieht aus, als seien Turm, Läufer und Bauer der schwarzen Dame vorzuziehen.

17...Sc4 18.Txc6 Sxe3!? 19.Txa6?

Unterschätzt die Gefahr völlig. Wahrscheinlich war 19.fxe3 De2 20.c4 Tad8 21.Lf1 Df3 22.Lg2 (und nicht 22.Txa6?? Td2) 22...De2 23.Lf1 Df3 24.Lg2 mit einem Remis durch Zugwiederholung ein vernünftiges Ergebnis.

19...Tab8! 20.Da4

20.Da3 hätte nach 20...Sc2 die Qualität verloren, während 20.fxe3 Txb3 21.axb3 De2 ein sehr viel schlechteres Damenopfer ist als das in der obigen Variante angegebene.

20...Tb2! 21.Te1? (Diagramm 19)

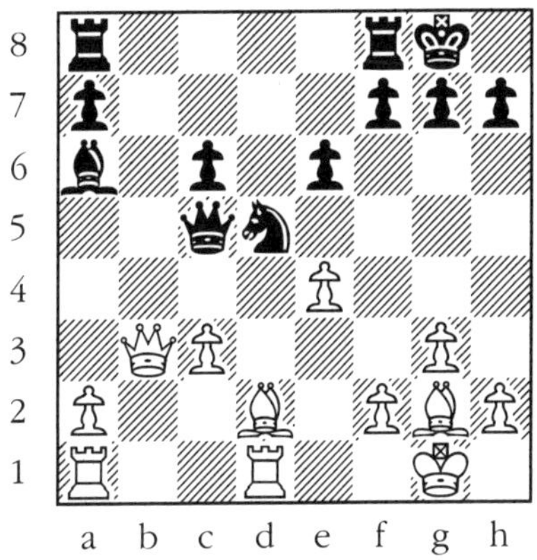

Diagramm 18

Zeit, weiter zu ziehen

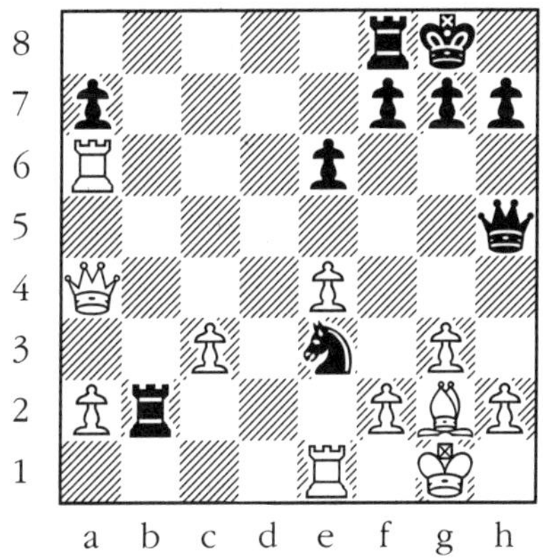

Diagramm 19

Rüsten Sie sich!

Offensichtlich war 21.fxe3? De2 auch keine Lösung, aber Weiß hätte mit 21.Dd4 weiter klammern können. Allerdings erlaubt uns der Textzug, Zeuge eines wirklich wunderschönen Finales zu werden.

21...De2!! Weiß gibt auf

Angesichts von 22.Txe2 Tb1+ 23.Lf1 Txf1 matt gibt es keine ausreichende Verteidigung gegen die weißen Probleme auf der zweiten Reihe.

Kapitel Zehn

Die Sämisch-Variante

- Einleitung
- Weiß spielt 4.a3
- Weiß spielt 4.f3
- Beispielpartien

Einleitung

1.d4 Sf6 2.c4 e6 3.Sc3 Lb4 4.a3 (4.f3)

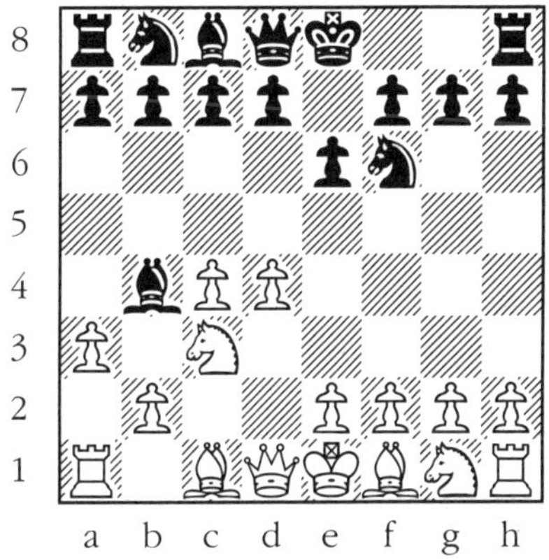

Diagramm 1

Hinnehmen oder schweigen!

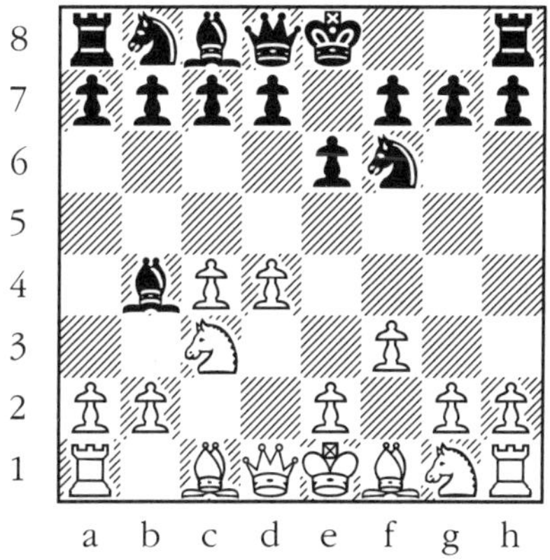

Diagramm 2

Raten Sie mal, was Weiß will?

Dieses Kapitel behandelt die Züge 4.a3 und 4.f3, die man heutzutage beide Sämisch-Variante zu nennen scheint. Bei 4.a3 (was ich mit Weiß als Jugendlicher gespielt habe) ist das sicherlich der Fall, aber da das in letzter Zeit beliebtere 4.f3 dazu neigt, zu Zugumstellungen zu führen, scheint dieser Zug das gleiche Etikett zu tragen.

Der Zug 4.a3 wirkt vielleicht ein wenig seltsam, da Schwarz in vielen Varianten, die wir bereits angeschaut haben, ...Lxc3 ohne diese Provokation spielt. Die Idee des Weißen besteht allerdings darin, dass er die Situation klärt, ohne eine seiner Figuren am Königsflügel festgelegt zu haben. Insbesondere möchte er mit schnellem f2-f3 fortfahren (d.h. ohne den Springer hierhin zu entwickeln) und, falls möglich, e2-e4.

Dass 4.f3 nicht einfach besser ist, liegt daran, dass Schwarz mit den so entstandenen Löchern auf e3 und f2 noch einmal ernsthaft über das Konzept des Abtauschs des schwarzfeldrigen Läufers nachdenken könnte (vor allem nach 4...d5).

Obwohl wahrscheinlich durch Zugumstellung dieselbe Stellung erreicht wird, haben beide Systeme ihre Vor- und Nachteile, weshalb ich sie nacheinander behandeln werde.

Weiß spielt 4.a3

1.d4 Sf6 2.c4 e6 3.Sc3 Lb4 4.a3 Lxc3+ 5.bxc3 c5

Das raffinierte 5...Se4 ist das Thema von Partie 47, aber der Textzug wird öfter gespielt. Da er weiß, dass Weiß keinen isolierten Tripelbauern haben möchte, erklärt Schwarz praktisch, dass er nicht vorhat, den gegnerischen Plänen im Zentrum einfach zuzustimmen.

6.f3 d5

Obwohl dieser Zug Weiß die Gelegenheit gibt, seinen c-Doppelbauern aufzulösen, ist es richtig von Schwarz, das sofortige 7.e4 zu unterbinden.

7.cxd5 Sxd5

Sicherlich sollte 7...exd5 als Möglichkeit nicht ausgeschlossen werden, aber die Logik des Textzuges ist die, dass Weiß sowieso das Läuferpaar bei offenem Brett haben wird, weshalb Schwarz zumindest versuchen könnte, Weiß für seinen Entwicklungsrückstand zu bestrafen. Hier muss sich Weiß Zeit nehmen, um c3 zu verteidigen.

8.Dd3

FRAGE 11: Warum verteidigt Weiß den Bauern nicht einfach mit 8.Ld2?

8...b6

Jetzt versucht Schwarz die anfällige Stellung der weißen Dame auszunutzen.

9.e4 La6 10.Dd2 Lxf1 11.Kxf1

HINWEIS: Die Rochade ist das Standardverfahren, das laut allgemeiner Empfehlung früh in der Partie abgeschlossen werden sollte. Doch wenn es eine alternative Lösung gibt, den König in Sicherheit zu bringen und den entsprechenden Turm zu entwickeln, dann könnte das ebenfalls akzeptabel sein.

11...Se7 (Diagramm 3)

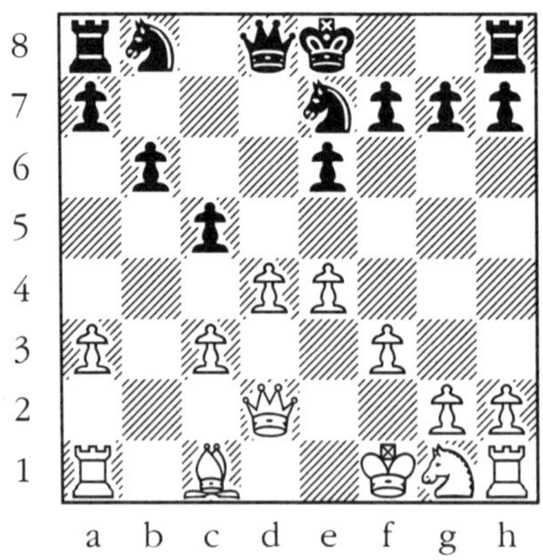

Diagramm 3

Weiß kann nicht rochieren!

Pläne

Weiß hat es geschafft, das geliebte e2-e4 durchzusetzen; diesen Vorstoß ohne den Zwischenstopp auf e3 zu erreichen ist ein psychologischer Pluspunkt. Doch obwohl sein Bauernzentrum eindrucksvoll aussieht, verfügt er nicht länger über das Läuferpaar und obwohl die Partie bereits elf Züge alt ist, scheinen von seinen Figuren nur sein König und seine Dame gezogen zu haben! In der Tat muss Weiß seine Entwicklung in den Griff kriegen und Partie 48 zeigt eine unkonventionelle Methode, den weißen Turm h1 ins Spiel zu bringen. Wenn die Möglichkeit dazu besteht, dann bietet sich a3-a4-a5 von alleine an, aber ganz gewiss scheint auch h2-h4 eine Überlegung wert zu sein.

Für Schwarz könnte das Feld c4 einen attraktiven Platz für einen Springer darstellen. Wenn er schließlich auf d4 tauscht, dann kann er damit fortfahren, das Zentrum des Weißen anzugreifen, und schauen, ob er später etwas aus seiner Mehrheit am Damenflügel machen kann.

Weiß spielt 4.f3

1.d4 Sf6 2.c4 e6 3.Sc3 Lb4 4.f3 d5

Partie 49 behandelt 4...c5 5.d5. Dann ist 5...Lxc3+?! anstelle von 5...Sh5 interessant, was die Dame und den Bauern f7 befreit. Die Theorie empfiehlt 6.Sh3 Dh4+ 7.Sf2 Dxc4 8.e4 mit guter weißer Kompensation für die zwei Bauern, die geopfert wurden, und bezeichnet 6.g3 f5 als unklar.

TIPP: Denken Sie immer an die Möglichkeit ...Dh4+, wenn ein Bauer auf f3 steht.

5.a3 Le7

Schwarz könnte mit 5...Lxc3+ 6.bxc3 c5 in die vorherige Variante überleiten, aber 5...Le7 hilft, ein neues Konzept einzuführen.

6.e4 dxe4 7.fxe4 e5!

Ein wichtiger Zug. Weiß drohte Amok im Zentrum zu laufen und ohne diesen Zentrumsvorstoß wäre das Leben sehr ungemütlich für Schwarz. Weiß wird kein Interesse daran haben, auf e5 zu nehmen, da dies seine Bauernstruktur ruinieren und er den Bauern nicht lange halten würde. Deshalb ist seine Antwort erzwungen.

8.d5 Lc5

Um seine Entscheidung zu rechtfertigen, den schwarzfeldrigen Läufer zu bewahren, verlagert Schwarz ihn jetzt auf eine sehr verlockende Diagonale.

9.Sf3 Sg4 (Diagramm 4)

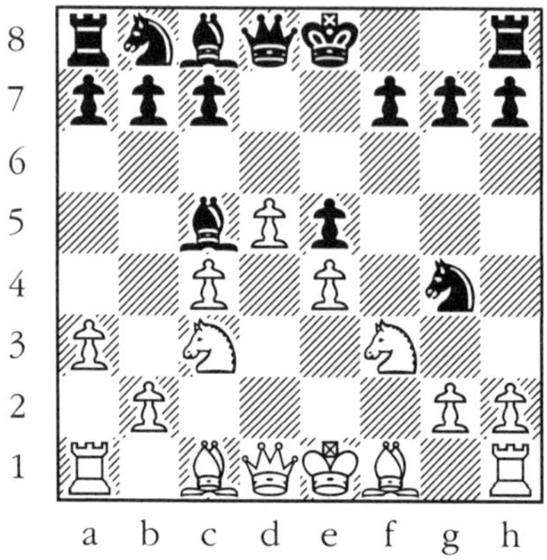

Diagramm 4

Achtung, die Gabel!

Pläne

Die obige Stellung ist nicht sehr Nimzo-artig, aber sie ist sehr faszinierend. Weiß hat eine stark aussehende Bauernstruktur und die Möglichkeit von b2-b4 und c4-c5 macht sie noch drohender. Die halboffene f-Linie könnte sich später ebenfalls als nützlich erweisen, aber in genau diesem Moment ist das ein Problem. Es gibt gähnende Löcher auf f2 und e3, und der schwarze Springer und der schwarze Läufer bilden ein gutes Team, um das auszunutzen. Es handelt sich um ein sehr taktisches Mittelspiel, und Weiß muss damit beginnen, entweder den Läufer auf c5 zu beseitigen oder ihn zumindest von der Diagonale zu vertreiben.

WARNUNG: Hüten Sie sich davor, die Qualität zu gewinnen, wenn das bedeutet, dass der Springer in der Ecke stecken bleibt. Einen Rettungstrupp auf die Beine zu stellen ist unweigerlich schwer.

Eingedenk der obigen Warnung scheint 10.Sa4 vernünftig zu sein, wonach sich das gierige 10...Sf2 11.De2 Sxh1 12.Sxc5 schließlich als Bumerang erweisen könnte. Weiß könnte zum Beispiel g2-g3 und Lg2 spielen, um den Springer zu fangen.

Beispielpartien

Partie 47

□ **House** ■ **Ward**

Jersey Open, St Helier 2002

1.d4 Sf6 2.c4 e6 3.Sc3 Lb4 4.a3 Lxc3+ 5.bxc3 Se4 (Diagramm 5)

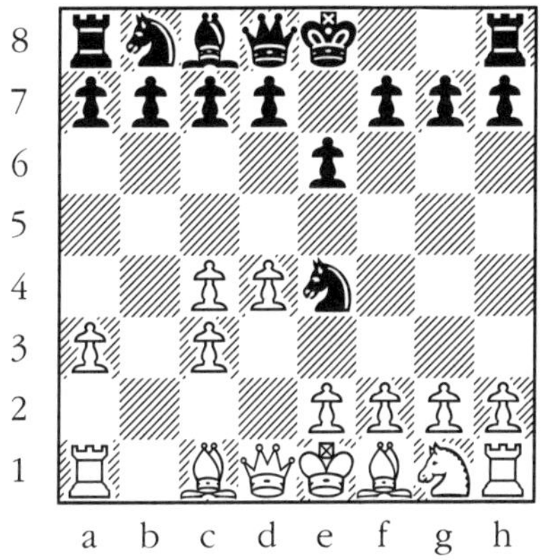

Diagramm 5

Eine Ein-Mann-Kapelle

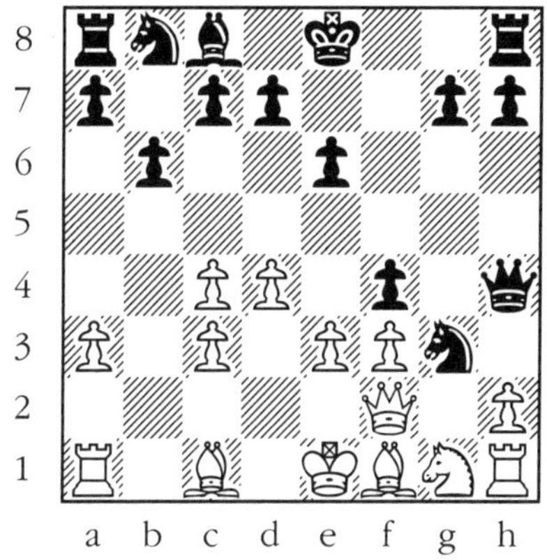

Diagramm 6

Der f-Bauer kommt zu Hilfe

Eine ziemlich obskure Variante mit einer amüsanten Vorgeschichte. Dieser Springer droht nicht wirklich, den Bauern c3 zu nehmen, da dann Dc2 folgt, aber andererseits kann Weiß ihn noch nicht mit 6.f3? vertreiben und zwar wegen 6...Dh4+. Schwarz nimmt hin, dass der Springer vertrieben wird, aber er möchte vorher ...f7-f5 spielen. Außerdem steht nach möglichen ...c7-c5 der Zug ...Da5 ebenfalls zur Verfügung und die Idee ...Sxc3 könnte Wirklichkeit werden.

6.Dc2 f5 7.e3

Mit einem Motiv, das Ihnen mittlerweile vertraut sein sollte, könnte Weiß sicherlich 7.Sh3 versuchen, um schnelles f2-f3 zu erleichtern.

7...b6

Gibt dem Läufer die Wahl zwischen b7 oder a6.

8.f3 Dh4+! 9.g3 Sxg3 10.Df2 f4 (Diagramm 6) 11.Sh3

Auf 11.exf4 kann der Springer über f5 entkommen, wonach die weiße Bauernstruktur in Trümmern liegt. Ich denke, dass Weiß nach 11.hxg3 Dxh1 oder 11.e4 g5 12.hxg3 Dxh1 über nur wenig Kompensation verfügt, aber es gibt keine realistische Chance, dass die schwarze Dame gefangen wird.

11...Sf5 12.Sxf4 Dxf2+ 13.Kxf2

Nach einer mehr oder weniger erzwungenen Sequenz hat sich der Pulverrauch verzogen, und damals hatte ich das Gefühl, dass Schwarz (das war ich!) wegen seiner besseren Bauernstruktur mit einem kleinen Plus verblieben ist.

13...0-0

Ich hatte vor, schließlich den weißen Bauern f4 aufs Korn zu nehmen, obwohl c4 auch ein typisches Angriffsziel ist.

14.Ld3 Sc6 15.Tg1 La6 16.c5

Wie bereits erwähnt ist c4-c5 und cxb6 zu spielen weit davon entfernt, die weißen Probleme seiner Bauernschwächen zu lösen, aber das ist natürlich besser, als einfach einen Bauern zu verlieren.

16...Lxd3 17.Sxd3 d6 18.cxd6 cxd6

Jetzt steht der verbleibende weiße c-Bauer auf einer halboffenen Linie. Beachten Sie jedoch, dass Weiß trotz zweier isolierter Bauern auf der a-und h-Linie tatsächlich nicht mehr Bauerninseln hat als sein Gegner.

19.e4 Sh4 20.Tg3 e5 (Diagramm 7)

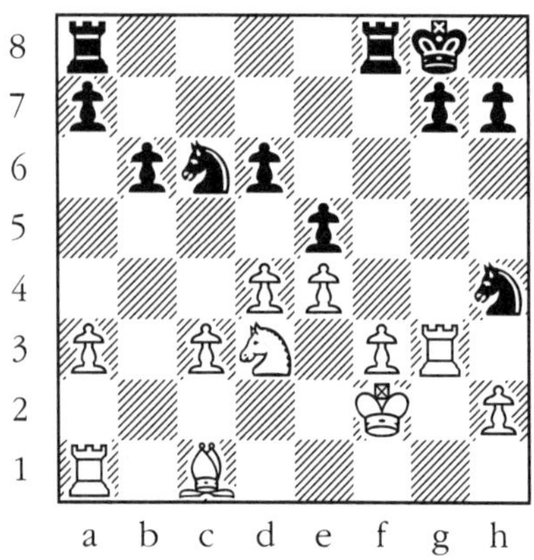

Diagramm 7

Jede Seite hat drei Bauerninseln

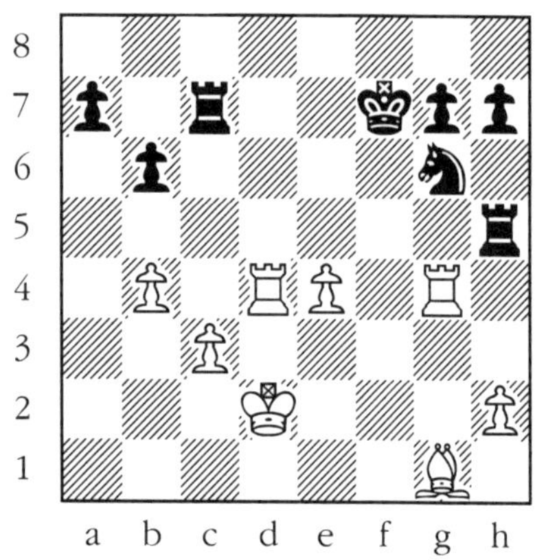

Diagramm 8

Könige gehören ins Zentrum

Idealerweise sollte Schwarz versuchen, die gegnerischen Bauern auf den schwarzen Feldern festzulegen, aber mit einem gut unterstützten Zentrum gibt es für Weiß keinen Grund da mitzuspielen.

21.Le3 Tf7 22.Ke2 Te8 23.Sb4 Sxb4

Ich wollte dem Weißen nicht wirklich dabei helfen, seine Bauernschwächen auf diese Weise auszubügeln, aber andererseits wollte ich nicht, dass der weiße Springer auf d5 sein Lager aufschlägt.

24.axb4 d5!?

Typischerweise ist ein zentralisierter König eine Stärke. Mit diesem Zug, der die Dinge in Bewegung bringt, hatte ich geplant, den weißen König stattdessen als Schwäche zu entlarven.

25.dxe5 dxe4 26.fxe4

Hiernach bleiben die e-Bauern isoliert, aber nach 26.f4 Sf5 würden der schwarze Springer und der Bauer gut zusammen arbeiten, um dem Weißen Felder zu nehmen.

26...Txe5 27.Tg4 Sg6 28.Td1 Tfe7 29.Td4 Th5 30.Lg1 Tc7 31.Kd2 Kf7 (Diagramm 8)

Ursprünglich war ich in diesem Endspiel etwas besorgt gewesen, dass Weiß anstatt seinen König und seine Türme so aufzustellen, dass sie nicht in Springergabeln laufen, irgendwie in der Lage sein könnte, sie aktiv zu stellen, um etwas aus seinem Freibauern zu machen oder vielleicht meinen Damenflügel anzugreifen. Ich wusste allerdings, dass ein Großteil der Gefahr abgewehrt sein würde, sobald mein König einmal zentralisiert war.

32.Tg3 Se5 33.Td5?!

Zeitverschwendung und angesichts des weiteren Partieverlaufs sieht es so aus, als müsste Weiß nach einer aktiveren Verteidigung Ausschau halten.

33...Ke6 34.Td4 Th4 35.Kc2 Tf4 36.Kb3 g6 37.Le3 Tf1 38.Td8 Tb1+ 39.Kc2 Th1 40.Te8+ Te7 41.Txe7+ Kxe7 42.Lg1 b5! (Diagramm 9)

Diagramm 9

Kein Houdini-Entfesselung nötig!

Der Zug, den Weiß so liebend gerne selbst gespielt hätte. Obwohl der schwarze Turm in der Ecke komisch aussieht, braucht Weiß viele Ressourcen, um ihn gefangen zu halten und ich hatte zu meinem Verdienst ausgerechnet, dass Weiß nicht in der Lage sein würde, ihn zu gewinnen.

43.h3

Um die Bedeutung des letzten schwarzen Zugs zu verstehen, beachten Sie, dass Weiß nach 43.Lxa7 Txh2+ 44.Kb3?? Sc4 in ein Mattnetz laufen würde.

43...a6 44.Kd1 h5 45.Ke2 h4 46.Lc5+ Ke6 47.Tg2 Txh3 48.Ld4 Tg3 49.Txg3 hxg3 50.Kf1 Sc4 51.Kg2 Sd2

Der e-Bauer ist dazu bestimmt genommen zu werden, was zu einem für Schwarz völlig gewonnenen Endspiel führt.

52.Kxg3 Sxe4+ 53.Kf4 Kd5 Weiß gibt auf

Partie 48

□ **Shirov** ■ **Canchess**

Internet Simultan 2000

1.d4 Sf6 2.c4 e6 3.Sc3 Lb4 4.f3 d5 5.a3 Lxc3+ 6.bxc3 c5 7.cxd5 Sxd5 8.Dd3 b6 9.e4 La6 10.Dd2 Lxf1 11.Kxf1 Se7 12.Se2 Sbc6

12...0-0 13.a4 Sbc6 14.Kf2 Sa5 15.Da2 wurde zuvor von Alexei Shirov, der in letzter Zeit einer der führenden Vertreter dieser Variante gewesen ist, als ausgeglichen eingeschätzt.

13.h4!? (Diagramm 10)

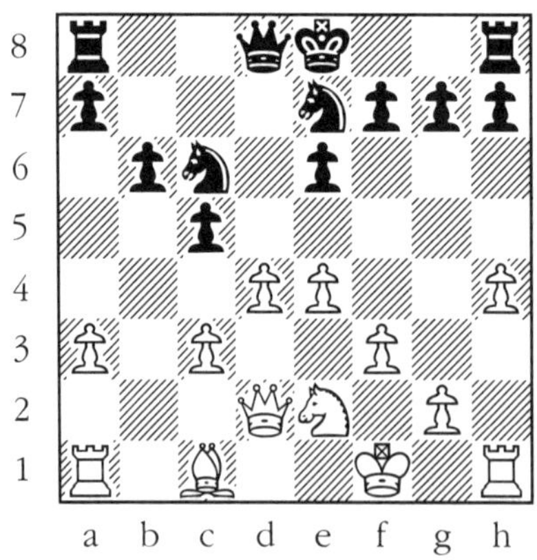

Diagramm 10

Ein weiterer Bauernzug

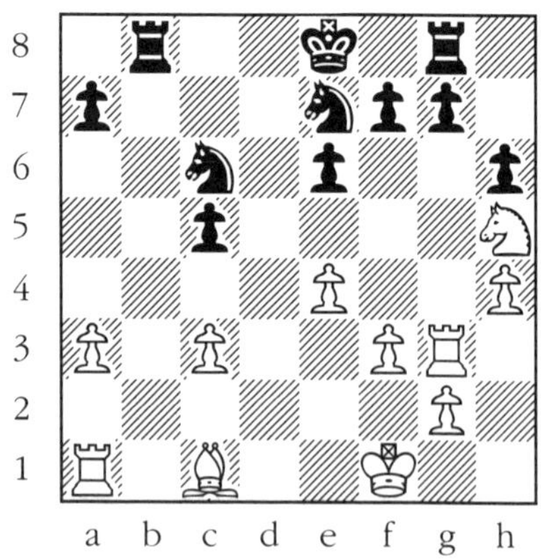

Diagramm 11

Taktische Verwicklungen kommen näher

Nach 13.dxc5 ist ein typisches Motiv für Schwarz, mit 13...Dc7!? ein Bauernopfer anzubieten. Da der weiße König etwas unbeholfen steht und Weiß in der Entwicklung zurückliegt, empfiehlt sich dessen Annahme nicht. Deshalb ist 14.Dd6 klug: 14...Dxd6 15.cxd6 Sc8 16.Sd4 Sxd4 17.cxd4 Sxd6 mit ausgeglichenem Endspiel.

13...h6?!

Ich nehme an, die Begründung für diesen Zug lautet, dass Schwarz keinerlei schwarzfeldrige Schwächen in seinem Lager haben wollte. Die wären natürlich entstanden, wenn Weiß zu h5-h6 gekommen wäre. Trotzdem wäre es mehr im Geist der Stellung gewesen, die Herausforderung mit 13...0-0 anzunehmen. Schließlich verfügt Schwarz über den Vorstoß ...f7-f5, um so zu versuchen, den gegnerischen König auf der f-Linie bloßzustellen.

14.Th3 Dc7

Wenn es um die Verteidigung des g-Bauern geht, wirkt das schwarze Spiel ziemlich bizarr. Allerdings ist 14...0-0 15.Tg3 überraschend gefährlich, wie durch 15...Kh8 16.Txg7!! Kxg7 17.Dxh6+ Kg8 18.Sf4 gezeigt wird, wonach es keine gute Verteidigung gegen 19.Sh5 gibt.

15.Tg3 Tg8 16.dxc5 bxc5

Das positionelle Bauernopfer würde jetzt nicht mehr so gut sein; die Stellung des schwarzen Königs ist selbst alles andere als sicher und sein Königsturm steht recht passiv.

17.Df4 Dxf4

Gibt Weiß allermindestens den einfachen Vorteil eines Läufers gegen einen Springer im Endspiel. Da der weiße Springer auf f4 einige schöne Möglichkeiten hat, wäre 17...Se5 möglicherweise klüger gewesen.

18.Sxf4 Tb8 19.Sh5! (Diagramm 11)

Nahe liegend, aber auch sehr stark.

19...Sg6

Aus beinahe heiterem Himmel heraus steckt Schwarz in großen Schwierigkeiten, zum Beispiel scheitert 19...Kf8 an 20.Txg7! Txg7 21.Lxh6.

20.Lxh6! gxh6 21.Sf6+

Der Schlüssel zu diesem hübschen taktischen Schlag ist der, dass der schwarze König nirgendwohin ziehen kann, wo h4-h5, was Material gewinnt, verhindert ist.

21...Ke7 22.Sxg8+ Txg8 23.h5

Die Pointe besteht natürlich darin, dass die Fesselung den Gewinn des Springers garantiert.

23...Kf6 24.hxg6 fxg6 25.Tb1 Tb8 26.Txb8 Sxb8 27.Ke2 Sd7 28.f4 e5 29.Td3 Schwarz gibt auf

Partie 49
□ Golod ■ Martinovic
Bad Wiessee 2000

1.d4 Sf6 2.c4 e6 3.Sc3 Lb4 4.f3 c5 5.d5 Lxc3+?!

Spielt dem Weißen direkt in die Hände und gibt dem Gegner praktisch ein Tempo umsonst.

6.bxc3 d6 7.e4 De7 8.Se2 Sbd7 9.Sg3

Jetzt befindet sich der Springer außerhalb der Reichweite des Springers und dies ist für ihn ein bequemes Feld, um sich dort niederzulassen. Er fasst die Felder f5 und h5 für spätere Behausung ins Auge und gibt dem Bauern e4 Unterstützung (wichtig, wenn der f-Bauer vorrückt).

9...Sf8 10.Ld3 e5

HINWEIS: Vielleicht hören Sie eines Tages den Ausdruck 'zum Remis blockieren'. Seien Sie vorsichtig damit, wie Sie diese Behauptung interpretieren, denn selbst in den geschlossensten Stellungen gibt es oft viel Spiel.

11.0-0 h6 12.Tb1! (Diagramm 12)

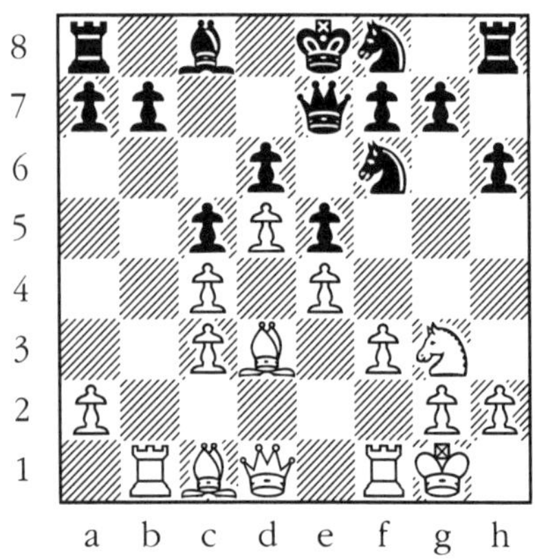

Diagramm 12
Spiel auf beiden Flügeln

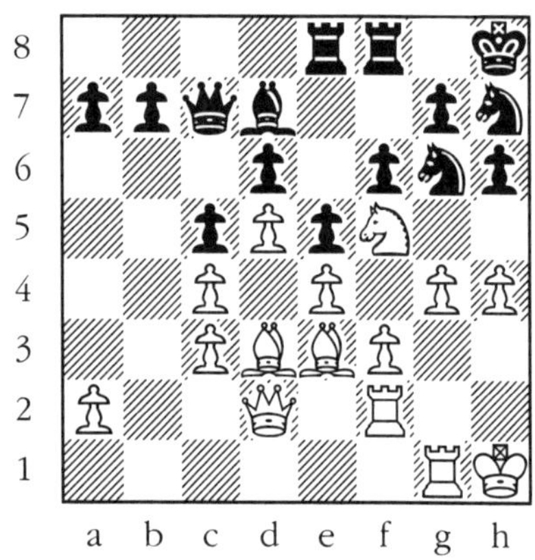

Diagramm 13
Warten auf das Unvermeidliche

Das weiße Spiel in dieser Partie ist beispielhaft. Dieser Zug setzt den Bauern b7 unter Druck, verhindert so ...Ld7 und bringt den Schwarzen letztendlich von der langen Rochade ab. Natürlich möchte Schwarz nicht ...b7-b6 spielen, da dies dem weißen a-Bauern lediglich ein Angriffsziel bietet.

12...Dc7 13.Tf2

Ein weiterer flexibler Zug. Später kann Weiß die Türme auf der b- oder f-Linie verdoppeln.

13...Sg6 14.Sf5

Ein phantastisches Feld für den Springer. Schwarz würde ihn dort nur ungern schlagen und damit verbleibt ihm die schwere Aufgabe, seine Drohungen zu parieren.

14...0-0 15.Le3 Kh8 16.Dd2

Jetzt gibt es große Probleme auf h6 und g7 und das ist nur der Anfang!

16...Sh7 17.Kh1 Ld7 18.g4

Ja, im Einklang mit dem letzten weißen Zug ist es jetzt an der Zeit, die Kavallerie zu rufen!

18...Tae8 19.Tg1 f6 20.h4 (Diagramm 13)

Jetzt können wir sehen, warum das Manöver ...Kd8-c7 in diesen Stellungen, in denen das Zentrum abgeriegelt ist, so populär ist. Jetzt kann Schwarz nichts anderes tun als abzuwarten, bis Weiß das Schlimmste macht!

20...Se7 21.Th2 Tf7 22.g5 fxg5 23.hxg5 hxg5 24.Txg5 Tef8 (Diagramm 14) 25.Txh7+! Schwarz gibt auf

Ja, es folgt ein Matt in sieben Zügen; 25...Kxh7 26.Dh2+ Kg8 27.Sh6+ Kh7 28.Sxf7+ ist kein schlechter Anfang!

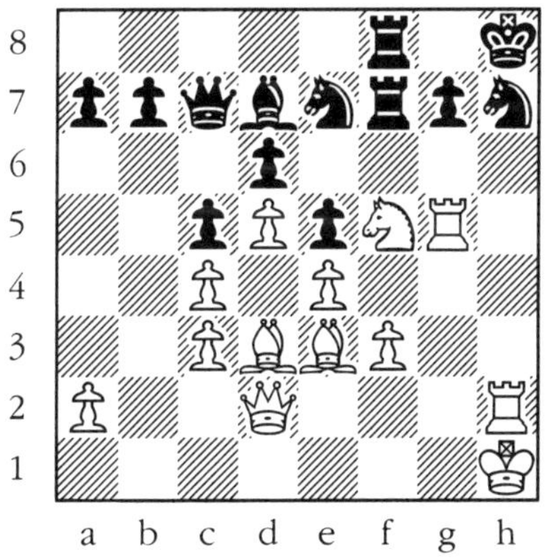

Diagramm 14

Matt in sieben Zügen!

Partie 50

□ **Saric** ■ **Nikolac**

Pula 2001

1.d4 Sf6 2.c4 e6 3.Sc3 Lb4 4.f3 c5 5.a3 Lxc3+ 6.bxc3 Sc6 7.e3?!

Es ist einfach nicht sinnvoll, 7.e4 nicht zu spielen, da dies schließlich der Zug ist, um den sich im Sämisch-System alles dreht.

7...b6

Ein typischer Plan. Schwarz möchte seinen Läufer nicht fianchettieren, sondern lieber nach a6 stellen, wo er zusammen mit ...Sa5 Druck auf den schwächeren der verdoppelten weißen c-Bauern ausüben kann.

8.Ld3 0-0 9.Se2 La6 10.e4 (Diagramm 15)

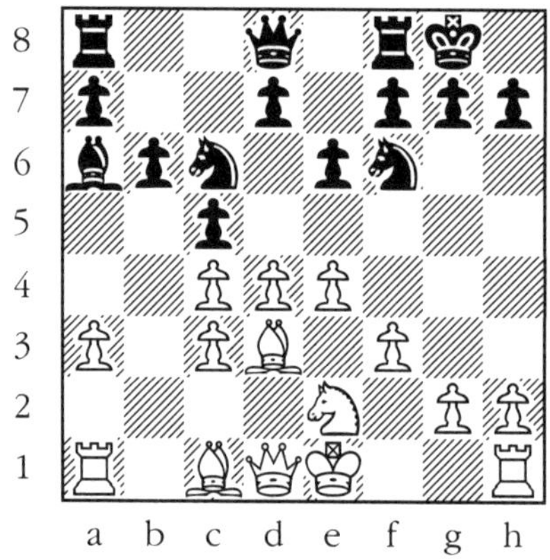

Diagramm 15

Der Bauer c4 wird ins Visier genommen

Mir scheint, als hätte Weiß mit seiner Eröffnungsbehandlung praktisch ein Tempo verloren, wobei der einzig mögliche Gewinn den er daraus erzielt hat, der ist, dass Schwarz seinen König zumindest auf den Königsflügel festgelegt hat.

10...Se8!

Ein flexibler Zug, der den Bauernvorstoß e4-e5 vorhersieht und es dem eigenen f-Bauern gestattet, als Angriffswaffe gegen das Zentrum eingesetzt zu werden. Schwarz vermeidet außerdem eine mögliche Fesselung mit Lg5.

TIPP: Es lohnt zu überlegen, einen Schritt zurück zu gehen, um nach vorne zu kommen.

11.f4 f5 12.Sg3

12.e5 Sa5 drängt Weiß in die Defensive, wobei er über einen unerwünschten Haufen von unbeweglichen Bauern am Königsflügel verfügt.

12...Sd6 13.0-0 (Diagramm 16)

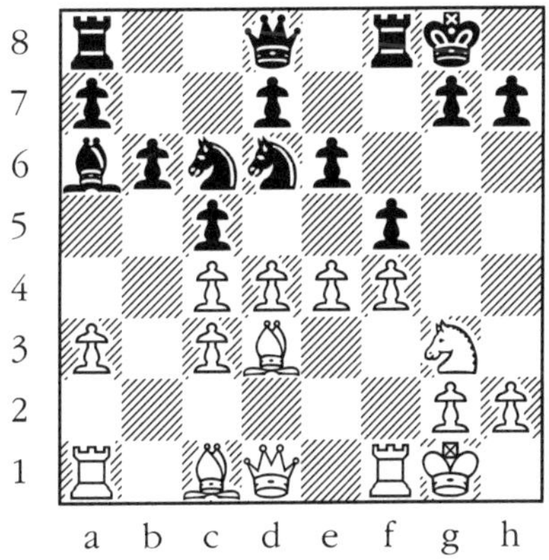

Diagramm 16

Lässt die Läufer außen vor

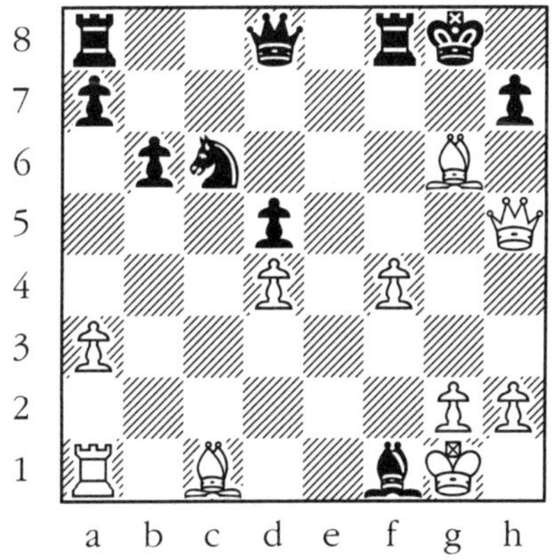

Diagramm 17

Dem schwarzen König fehlen im Moment die Verteidiger

Weiß zählt darauf, einen Bauern zu opfern, aber Schwarz behandelt die Stellung jetzt sehr geschickt.

13...cxd4 14.cxd4 fxe4 15.Sxe4 Sxe4 16.Lxe4 d5!

Stattdessen ist 16...Lxc4 17.Lxh7+ Kxh7 18.Dc2+ ziemlich unklar.

17.cxd5 exd5

17...Lxf1 18.dxc6 wäre ein unsinniger Abtausch, selbst angesichts des billigen taktischen Tricks 18...Le2.

18.Lb1

Offensichtlich ist 18.Ld3 Lxd3 19.Dxd3 Df6 20.Lb2 Sa5 positionell düster, aber die nachfolgenden Anstrengungen des Weißen wirken wie Verzweiflung.

18...Lxf1 19.Dh5 g6 20.Lxg6 (Diagramm 17) 20...Dd7!

Schwarz hat zu Recht nicht die Absicht, das Dauerschach mit 20...hxg6 zuzulassen.

21.Kxf1 hxg6 22.Dxg6+ Kh8 23.a4

23.Dh6+ Dh7 24.Dxc6 Dd3+ 25.Kf2 Dxd4+ gestattet es Schwarz, den Turm in der Ecke einzusammeln und dennoch rechtzeitig zurückzukehren, um seine Pflicht beim Parieren der Schachgebote zu erfüllen.

23...Dh7 24.Dxc6 Tac8

Ein anderes Vorgehen als das oben erwähnte ...Dd3+.

25.Db5 Dxh2 26.Dxd5 Txc1+! 27.Txc1 Dxf4+ Weiß gibt auf

Partie 51

□ Wolkow ■ Romanischin

Europäische Mannschaftsmeisterschaft, Batumi 1999

1.d4 Sf6 2.c4 e6 3.Sc3 Lb4 4.f3 d5 5.a3 Lxc3+ 6.bxc3 Sbd7

Ich glaube, diese Partie zeigt gut, warum das sofortige 6...c5 ein sehr viel beliebterer Versuch ist.

7.cxd5 exd5 8.e3

Grundsätzlich hat Weiß den Vorteil des Läuferpaars und einen Bauern mehr im Zentrum. Wenn er Letzteren in Gang setzen kann, dann stehen Schwarz ein paar unangenehme Minuten bevor.

8...0-0 9.Ld3 Sb6 10.Se2 Ld7 11.a4! (Diagramm 18)

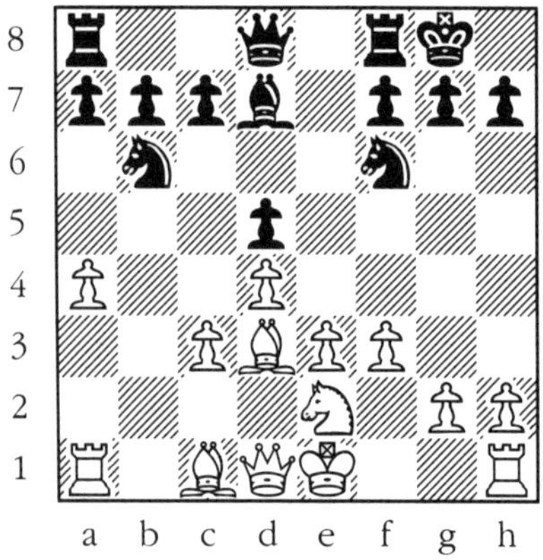

Diagramm 18

Schwarz leidet an mangelnder Aktivität

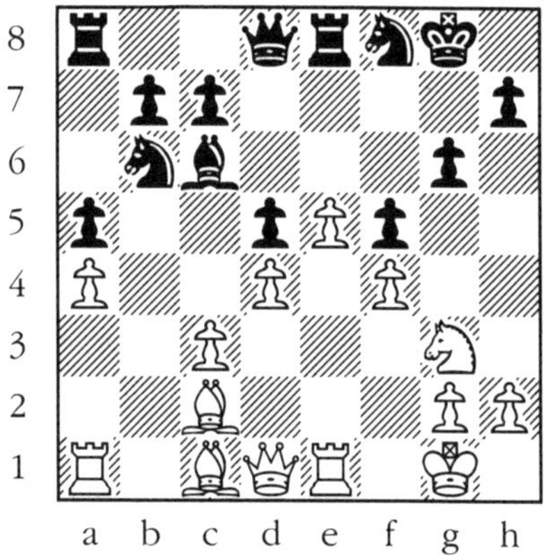

Diagramm 19

Zeit, den Königsflügel zu öffnen

Hindert Schwarz daran, seinen Läufer auf dieses Feld zu stellen, und droht, den Springer mit 12.a5 zu vertreiben.

11...a5 12.0-0 Lc6

Vorerst stoppt Schwarz das weiße Fortkommen im Zentrum. Da dies jedoch nur eine zeitweilige Maßnahme ist, kann ich mich des Gefühls nicht erwehren, als sei der ganze schwarze Aufbau zu passiv.

13.Sg3

Das Fehlen des schwarzen Läufers auf der Diagonale c8-h3 gibt Weiß die freie

Verfügung über das Feld f5.

13...Te8 14.Te1 Dd7?!

In Anbetracht des nächsten schwarzen Zugs scheint dieser Damenausflug ein wenig seltsam zu sein. Angesichts von La3 war es jedoch das Schicksal Ihrer Majestät verfolgt zu werden.

15.Lf5 Dd8 16.Lc2 Sfd7 17.e4 Sf8 18.e5

Jetzt, da Weiß sein Ziel erreicht hat, seinen Bauern nach e5 zu bekommen, (wo er keinem der beiden Läufer im Weg steht), wird das Leben für Schwarz extrem schwer.

18...g6

Flickt das Feld f5, aber schafft einige schwarzfeldrige Löchern, die angesichts des fehlenden Läufers um so schwächer sein werden.

19.f4 f5 (Diagramm 19)

Natürlich will Schwarz die Stellung abriegeln, aber mein lieber Freund, auf ihn wartet ein Schock!

20.Sxf5!! gxf5 21.Lxf5

Weiß hat tatsächlich nur zwei Bauern für die Figur erhalten, aber verfügt jetzt über eine eindrucksvolle Bauernmehrheit, die von seinen phantastischen Läufern unterstützt wird. Unterdessen bleiben die schwarzen Figuren außen vor, während sein König sehr exponiert steht.

21...Sc4 22.Lc2 Ld7 23.f5 Ta6 24.Df3 Lc8 25.Dg3+ Kh8 26.Lg5 Dd7 27.e6 Schwarz gibt auf (Diagramm 20)

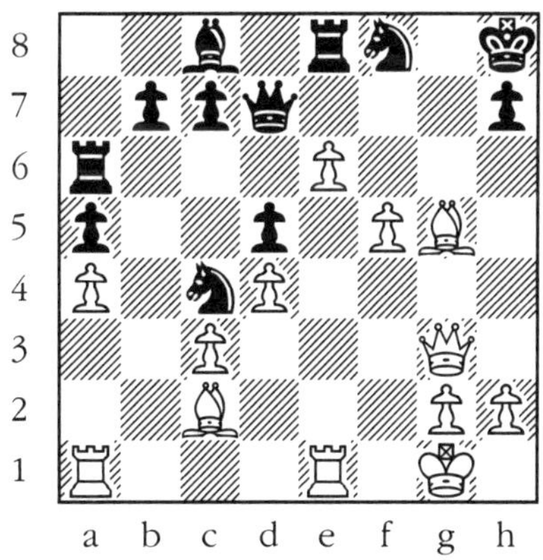

Diagramm 20

Der Turm a6 ist abgeschnitten

Plötzlich ist das Spiel aus. Auf 27...Dg7 folgt 28.f6 und wahrscheinlich 29.f7, während 27...Dd6 an 28.Lf6 matt scheitert.

Kapitel Elf

Die Leningrader-Variante 4.Lg5

- Einleitung
- Beispielpartien

Einleitung

1.d4 Sf6 2.c4 e6 3.Sc3 Lb4 4.Lg5 (Diagramm 1)

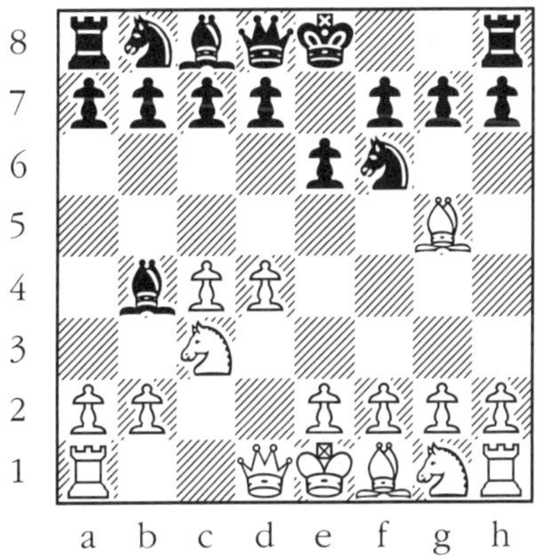

Diagramm 1

Die Gegenfesselung

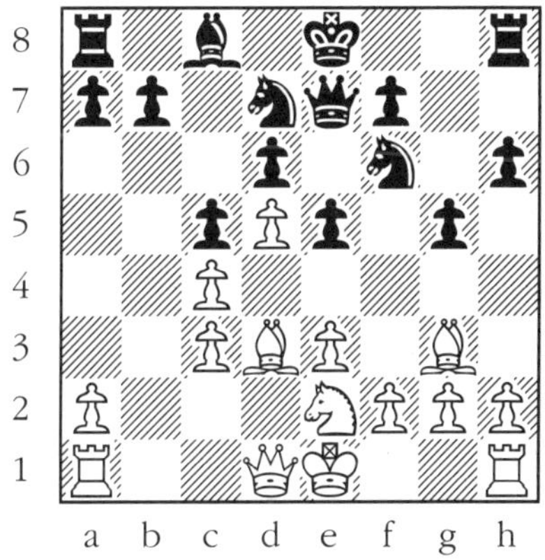

Diagramm 2

Faszinierend!

Viele halten die Leningrader-Variante für das aggressivste Vorgehen gegen den Nimzo-Inder. Weiß scheint von der Fesselung seines Springers ungerührt zu sein, und reagiert, indem er eine genauso unangenehme Fesselung des Springers f6 errichtet. Eine offensichtliche Feststellung, die man machen kann, ist, dass, sollte Schwarz seinen schwarzfeldrigen Läufer aufgeben, dies häufig dazu führt, die weißen Bauern zu verdoppeln. Auf der anderen Seite würde frühes Lxf6 nur die schwarze Dame ins Spiel bringen. Die Pointe ist natürlich, dass Weiß keine Absicht hat, einen solchen Tausch herbei zu führen und seinen Gegner förmlich ermutigt, seinen Königsflügel zu schwächen, um der Fesselung zu entgehen.

4...h6

Obwohl dies recht harmlos aussieht, ziehen es manche Spieler vor, diesen Zug ein wenig später zu spielen, obwohl Zugumstellung nicht unwahrscheinlich ist. Dennoch, aus Gründen, die im Partienabschnitt dargelegt werden, ziehen es manche vor, ganz darauf zu verzichten.

TIPP: Weiß sollte den Schwarzen hart arbeiten lassen, um den Tausch des schwarzfeldrigen Läufers für den Königsspringer zu erreichen.

5.Lh4 c5

Schwarz muss etwas im Zentrum unternehmen, und 5...d5 würde lediglich zu einem schlechteren Abgelehnten Damengambit führen. Das Fehlen eines Läufers auf c1 macht es außerdem attraktiver, den Druck auf den Springer c3 zu erhöhen.

6.d5

Hier spielbar, da Weiß realistische Hoffnungen hat, den Bauern mit f2-f3 und e2-e4 unterstützen zu können. Es lohnt festzuhalten, dass hier der taktische Trick 6...Sxd5?! 7.Lxd8 Sxc3 8.Db3 Se4+ 9.Kd1 Sxf2+ 10.Kc1 Kxd8 wegen 11.Dg3! Sxh1 12.Dxg7 nichts einbringt. 6...Da5?! scheitert ebenfalls, da der Läufer nach 7.Lxf6 den Springer c3 deckt und ...Se4 danach offensichtlich nicht mehr möglich ist!

6...d6

Typischerweise gibt Weiß in dieser Variante den Ton an, aber das Bauernopfer 6...b5 (was in Partie 52 erörtert wird) versucht diesen Trend radikal umzukehren.

7.e3

Das direktere 7.f3 mit der Absicht, e2-e4 in einem Zug zu spielen, sieht vielleicht präziser aus (siehe Partie 53), aber es ist alles andere als klar, ob Weiß seine Möglichkeiten entlang der Diagonale d3-h7 tatsächlich so früh aufgeben will.

7...Lxc3+

Eingeschaltet, bevor Weiß die Gelegenheit hat, diesen Springer mit einer Figur zu verteidigen. Partie 54 betrachtet die Folgen, die es hat, wenn dieser Abtausch nicht erfolgt.

8.bxc3 e5

Es ist sicherlich nicht sinnvoll für Schwarz, jetzt Bauern auf d5 zu tauschen und der Textzug drückt den Wunsch des Schwarzen aus, die Stellung geschlossen zu halten.

9.Ld3 De7

Legt die Dame früh fest, aber dieser Zug ist eher ein leichter Stoß und bringt die Dame nicht in eine exponierte Stellung, wo die gegnerischen Kräfte sie erreichen können. Den Zug hier einzuschalten ist durch die Vorbereitung eines potenziellen ...e5-e4 und eines möglichen Königsmarsches nach c7 über d8 gerechtfertigt.

Die Alternative 9...Sbd7 ist das Thema von Partie 55.

10.Se2

Von hier aus kann der weiße Springer davon träumen, später einmal über g3 nach f5 zu gelangen. Hier ist es noch nicht spielbar, aber unter anderen Umständen ist ein Manöver Sf3-d2 akzeptabel. Auf e2 deckt der Springer den Bauern c3, während er auf d2 den Bauern c4 schützen würde.

10...g5

Obwohl dies zweifellos die eine oder andere Schwäche erzeugt, glaube ich aus Gründen, die Sie Partie 56 entnehmen können, dass diese aggressive Fortsetzung stärker ist als 10...Sbd7.

11.Lg3 Sbd7 (Diagramm 2)

Pläne

Dieses Mittelspiel ist von ganz anderer Art. Weiß hat das Läuferpaar, aber obwohl der schwarzfeldrige Läufer 'gut' sein soll, scheint ihn Schwarz im Moment unter Kontrolle zu haben. Weiß muss versuchen das zu ändern, und während f2-f3 ein Rückzugsfeld schafft, so könnte ein Angriff mit h2-h4 auch versuchen, das frühe Vorrücken der schwarzen Königsflügelbauern auszunutzen. Schwarz sollte dann nicht allzu eifrig versuchen, seinen Bauern nach g4 zu stoßen, da eine erneute Besetzung der Diagonale h4-e7 durch den weißen Läufer sich als verheerend erweisen könnte. Deshalb könnte ...Tg8 geschehen, um den schwarzen Königsflügel zusammen zu halten, während sich der König mittels ...Kd8-c7 zum Damenflügel begibt.

Während Weiß schließlich versuchen kann, seinen Springer auf den sehr attraktiven Vorposten f5 zu bringen, würde ein schwarzer Springer gut auf e5 aussehen. Obwohl dieses Feld im Moment von einem Bauern besetzt ist, sollte der Vorstoß ...e5-e4 in Betracht kommen, selbst wenn das bedeutet, einen Bauern zu opfern. Wie gewöhnlich sollte der Bauer c4 ein langfristiges Angriffsziel darstellen.

Beispielpartien

Partie 52

□ Ward ■ Hinks-Edwards

Britische Liga 2000

1.d4 Sf6 2.c4 e6 3.Sc3 Lb4 4.Lg5 h6 5.Lh4 c5 6.d5 b5 (Diagramm 3)

Schwarz opfert einen Flügelbauern, um mehr Einfluss im Zentrum zu haben.

7.dxe6

Alternativ kann Weiß das Gambit mit 7.e3 zumindest zeitweilig ablehnen oder mit 7.e4 g5 8.Lg3 Sxe4 sogar selbst einen seiner Bauern anbieten.

7...fxe6 8.cxb5 d5 9.e3 0-0

FRAGE 12: Dies ist vernünftig, aber warum nicht versuchen, hier mit 9...d4 eine Figur zu gewinnen?

10.Ld3

10.Sf3 ist ebenfalls möglich, aber auf diese Weise behält Weiß die Möglichkeit, Sge2 zu spielen, was c3 unterstützt.

10...Lb7

10...d4 sieht angesichts von 11.exd4 cxd4 12.a3 La5 13.b4 erneut verfrüht aus, aber 10...a6!? beharrt auf einem interessanten Gambitstil.

11.Sge2 Sbd7 12.0-0 De8

Befreit sich aus der Fesselung und verfolgt die Absicht, die weißen Pläne mit Sf4-g6 zu behindern.

13.Lg3 e5 14.a3 La5 15.Db1 (Diagramm 4)

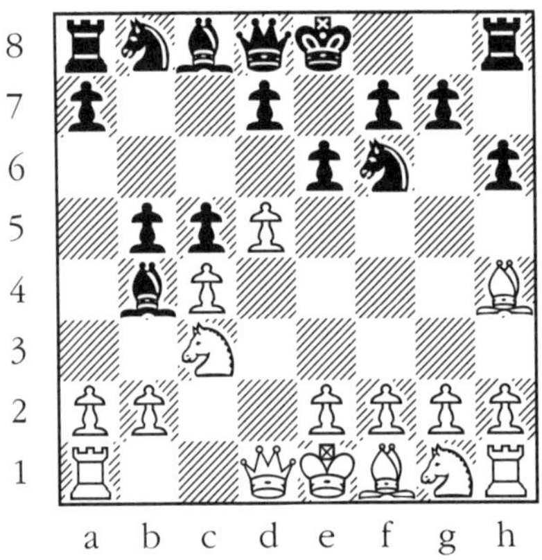

Diagramm 3

Ein interessantes Gambit

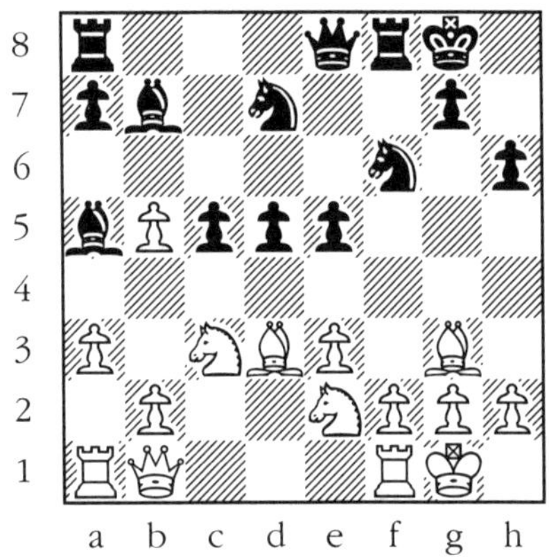

Diagramm 4

Zentrumsbauern sind klasse!

Fasst das Feld g6 ins Auge und bereitet 16.b4 vor. Wenn der schwarze c-Bauer abgetauscht wird, dann reduziert sich die Kraft seines Zentrums deutlich, da Schwarz nie wirklich zulassen kann, das Feld d4 einem weißen Springer zu überlassen.

15...Lb6 16.b4 c4 17.Lg6

Dieses Tempo ist notwendig, um Schwarz daran zu hindern, ...d5-d4 durchzusetzen. Der Plan des Weißen wird es sein, die Kontrolle des Schwarzen über diesen Schlüsselbereich des Zentrums weiter zu reduzieren, indem er den schwarzfeldrigen Läufer vertreibt.

17...De7 18.Td1 Tfd8 19.a4 Sf8 20.a5 Lc7 21.Lf5 Tab8 22.Db2 Sh5? (Diagramm 5)

Der erste wirkliche Fehler in dieser interessanten Rauferei. Die Partiefortsetzung deutet an, dass Schwarz es sich nicht wirklich leisten kann, einen Verteidiger von d5 zu entfernen.

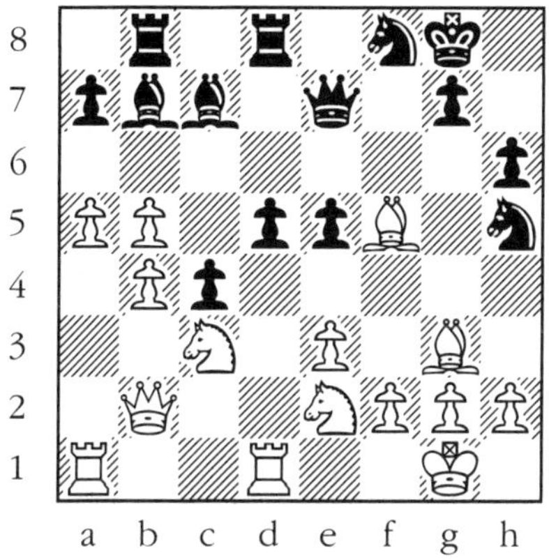

Diagramm 5

Ein Zentrum unter Druck

23.b6! Sxg3 24.hxg3 axb6 25.a6 La8 26.a7 Tb7 27.Sxd5 Df7 28.Le4 Ld6 29.Sdc3 b5 30.Ta6 Schwarz gibt auf

Es bestand keine Notwendigkeit, die Qualität sofort zu gewinnen, und mir schwebte 30....Le7 31.Txd8 Lxd8 32.Ld5 als Schluss vor. Zufällig kam Schwarz auch zu der Erkenntnis, dass es keinen anderen Weg gab weiter zu klammern.

Partie 53

□ Parker ■ Lautier

Mondariz 2000

1.d4 Sf6 2.c4 e6 3.Sc3 Lb4 4.Lg5 c5 5.d5 d6 6.f3 h6 7.Ld2?!

Obwohl das konsequente 7.Lh4, was die Fesselung aufrecht erhält, hier die Hauptfortsetzung darstellt, ist leicht zu sehen, warum sich manche Klubspieler von dieser Fortsetzung angezogen fühlen könnten. Die Logik könnte sein, dass der Läufer seine Rolle beim Aufbau eines großen Zentrums zu helfen erfüllt hat, und er jetzt nach erfolgreich erledigter Aufgabe zurückkehren kann, wobei er zugleich noch hilft Doppelbauern zu vermeiden.

7...exd5 8.cxd5 0-0 9.e4

Was meine letzte Anmerkung betrifft, so werden dem Weißen in dieser höchst lehrreichen Partie jedoch bald die Augen für die Wahrheit geöffnet.

9...Sh5! (Diagramm 6)

Ein sehr wichtiger Zug, der den Umstand ausnutzt, dass der Springer nicht mehr länger gefesselt ist. Schwarz gibt dem Weißen keine Chance, seine

Entwicklung abzuschließen und droht nicht nur ...Dh4+, sondern bereitet auch einen Schlag gegen das Zentrum vor.

10.Sge2 f5! 11.Dc2

11.exf5 Lxf5 12.g4 wird natürlich durch 12...Dh4+ gekontert.

11...fxe4 12.fxe4

Es gab nichts Besseres, aber dies war eine höchst unerfreuliche Zugfolge für Weiß, dessen Gegner nun das reizvolle Feld e5 zu seiner Verfügung hat.

12...Sd7 13.0-0-0 Se5

HINWEIS: Das Feld e5 ist ein ausgezeichneter Vorposten für einen schwarzen Springer, und einen Springer dort im Mittelspiel platzieren zu können ist oft ein Bauernopfer wert.

14.Kb1 Ld7 15.h3 Sc4 16.Lc1 Tf2 (Diagramm 7)

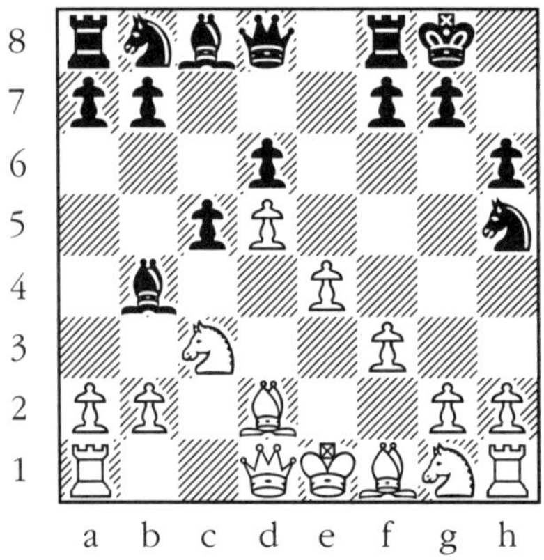

Diagramm 6

Schafft ernsthafte Möglichkeiten

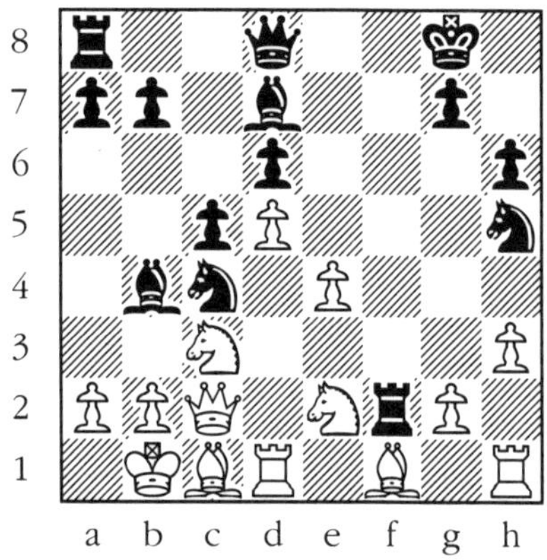

Diagramm 7

Weiß steckt in gewissen Schwierigkeiten

TIPP: Türme lieben die siebte Reihe!

Jetzt ist der Springer e2 gefesselt und Weiß wirklich eingeschnürt.

17.Dd3 Se5 18.De3 Df8

Angesichts der taktischen Variante 18...Df6 19.g4 Lxc3 20.Sxc3 (oder 20.bxc3 Sc4 21.Dd3 Lb5) 20...Tf3 sieht der alternative Damenzug ebenfalls vernünftig aus.

19.g4 Sc4 20.Dd3 Se5

Zeigt einfach, wer der Boss ist!

21.De3 Lxc3 22.gxh5

22.Sxc3 Tf3, wonach der schwarze Springer nach g3 oder f4 kommt, ist recht unattraktiv für Weiß, weshalb er versucht die Dinge etwas aufzumischen.

22...La5 23.Tg1 Kh7

Dies entfesselt den g-Bauern und unterbindet Dxh6. Eine andere, freche, Fortsetzung ist 23...Lg4!?, mit der Pointe, dass nach 24.hxg4 Tf3 die weiße Dame gefangen ist.

24.Sf4 Tf3 25.Sg6 Df6 26.De2 Tf2 27.De3 Tf3

Schwarz scheint Freude an der einen oder anderen Zugwiederholung zu haben. Lässt man psychologische Gründe außer Acht, so ist das im praktischen Spiel eine gute Methode, die hilft, Zeitnot zu vermeiden.

28.De2 Te8 29.Sxe5 Txe5 30.Tg6 Df8 31.Dg2?!

Auf 31.Txd6 (was diesen Turm für den auf f3 anbietet), verfügt Schwarz über das schlaue Intermezzo 31...Txe4, wobei die Fesselung ...Lf5 das Schlüsselmotiv darstellt.

31...Lxh3 (Diagramm 8)

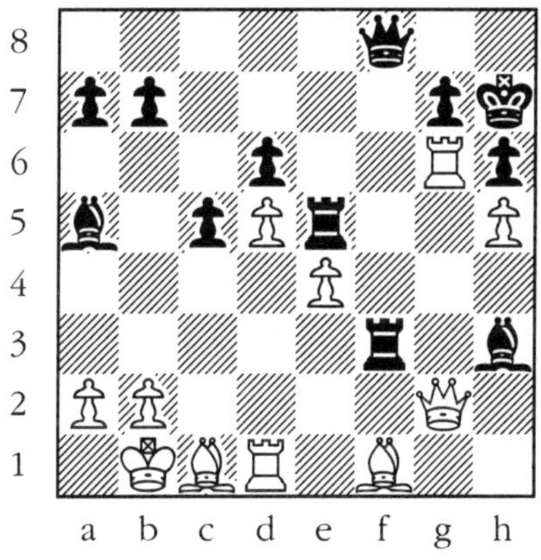

Diagramm 8

Der Läufer f1 sieht verloren aus

Der letzte weiße Zug war objektiv gesehen nicht sein bester, aber so weit es ihn betrifft, war das seine letzte Chance.

32.Txh6+ gxh6 33.Dg6+ Kh8 34.Lxh3 Txh3 35.Lxh6 Dg8 36.Df6+ Kh7 37.Lf4 Texh5 38.Dxd6 Th1 Weiß gibt auf

Es gibt kein Matt und es gibt kein Dauerschach. Im kalten Licht der Wirklichkeit betrachtet hat Weiß einen Turm weniger.

Partie 54

□ J.Cooper ■ Giddins

Britische Liga 2000

1.d4 e6 2.c4 Sf6 3.Sc3 Lb4 4.Lg5 c5 5.d5 d6 6.e3 De7?!

Tatsächlich versucht Schwarz in dieser Partie ohne frühes ...Lxc3 auszukommen, und Weiß versucht (erfolgreich!) ihn dafür zu bestrafen.

7.Sge2

In diesem entscheidenden Moment der Partie würde ich gerne auf eine hinterhältige Idee des frühen schwarzen Damenzugs hinweisen. Nach 7.Ld3 exd5 8.cxd5 De5 verfügt Weiß in dieser spezifischen Stellung vielleicht über andere Möglichkeiten (z.B. einen Bauern zu opfern), aber in ähnlichen Stellungen müsste er einfach seinen Läufer auf f6 aufgeben.

7...exd5 8.a3!? (Diagramm 9)

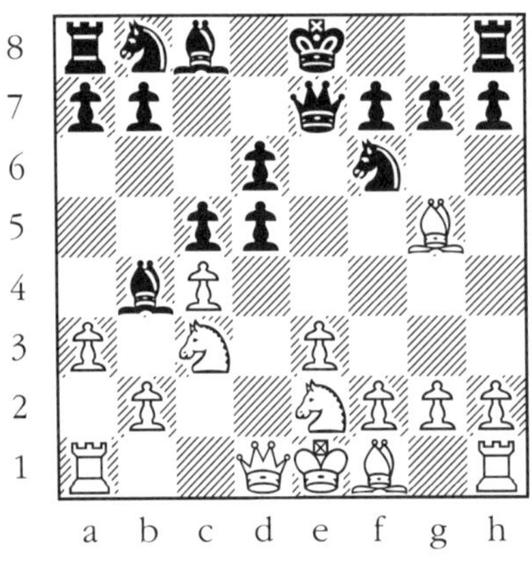

Diagramm 9

Ignoriert d5 zeitweise

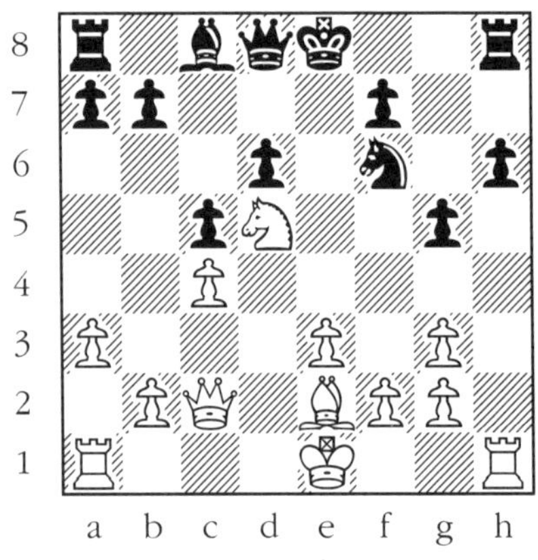

Diagramm 10

Achten Sie auf die Diagonale a1-h8!

Ein appetitlich aussehendes Bauernopfer.

8...Lxc3+

Dies ist mehr oder weniger erzwungen, da 8...La5 an 9.Lxf6 Dxf6 10.Da4+ Ld7 (oder 10...Sc6 11.cxd5 mit Springergewinn) 11.Dxa5 b6 12.Sxd5 bxa5 13.Sxf6+ gxf6 scheitert, was Schwarz mit einer miserablen Bauernstruktur zurücklässt.

9.Sxc3 Sbd7

9...dxc4 lädt Weiß dazu ein sich schnell zu entwickeln, aber ist wahrscheinlich nicht schlechter als der Textzug.

10.Sxd5 Dd8 11.Le2

Der schwarze d-Bauer ist rückständig, während Weiß über einen Vorposten auf d5 und das Läuferpaar verfügt. Man würde nicht damit rechnen, dass die Partie so schnell endet, wie sie es tut, aber klar ist, dass Weiß bereits über großen Vorteil verfügt.

11...h6 12.Lh4 g5

Entkommt der Fesselung, aber schafft Probleme auf einer anderen Diagonale.

13.Lg3 Se4 14.Dc2 Sxg3 15.hxg3 Sf6?? (Diagramm 10)

Verliert, aber vielleicht die beste Lösung! Die schwarze Stellung war lausig.

16.Dc3 Schwarz gibt auf

Partie 55

☐ **Ward** ■ **Gligoric**

Malta 2000

1.d4 Sf6 2.c4 e6 3.Sc3 Lb4 4.Lg5 c5 5.d5 Lxc3+ 6.bxc3 d6 7.e3 h6 8.Lh4 De7 9.Ld3 Sbd7 10.Sf3

10.Se2 und 10.dxe6 sind ebenfalls spielbar.

10...Sb6 (Diagramm 11)

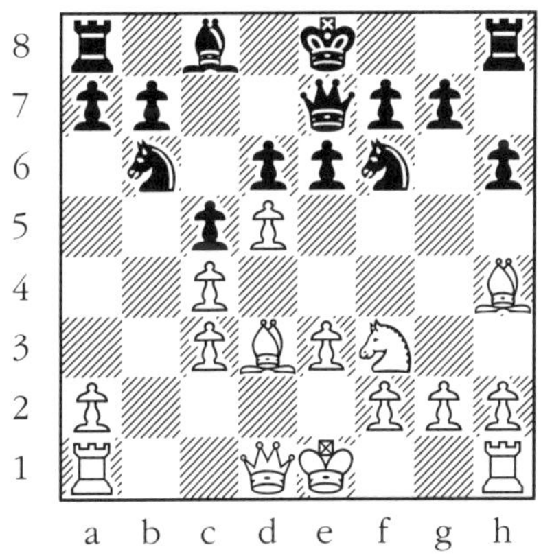

Diagramm 11

Auf d5 bleibt Spannung bestehen

Diagramm 12

Schwarz sollte schnell rochieren!

Als diese Partie gespielt wurde, war ich bereits lange vor dem letzten Zug am Ende meiner theoretischen Kenntnisse angelangt, und dachte, dass diese schwarze Fortsetzung äußerst provokant war, und konnte so der Versuchung einen Bauern zu opfern einfach nicht widerstehen. Mittlerweile glaube ich ein bisschen mehr von der Stellung zu verstehen und halte 10...Sb6 für recht vernünftig.

11.0-0

Es könnte gut sein, dass 11.dxe6!? Lxe6 12.0-0 genauer ist, und zwar aus Gründen, die ich in den Anmerkungen zum nächsten Zug des Schwarzen erläutern werde.

11...exd5?!

Den Bauern zu schnappen ist sehr riskant, und es scheint, als sei 11...e5! eine äußerst zufrieden stellende und sichere Alternative. Ursprünglich hatte ich gedacht, ich würde den typischen Aufbau erreichen, nur dass der schwarze Springer auf b6 im Abseits steht. Doch nach 12.Sd2 g5 13.Lg3 h5! besteht die Pointe darin, dass auf 14.h4 14...Sg4 geschehen kann. Der Punkt ist, dass Weiß zu diesem Zeitpunkt noch nicht rochiert haben will, da dies die meisten seiner Möglichkeiten verhindert, aggressiv am Königsflügel vorzugehen.

12.cxd5 Sbxd5 13.e4 Sc7 14.e5

Mit dem Vorteil des Läuferpaars und Entwicklungsvorsprung wollte ich die Stellung so offen wie möglich haben.

14...dxe5 15.Sxe5 (Diagramm 12) 15...Le6?!

Schwarz plant eventuell lang zu rochieren, aber das ist viel zu ehrgeizig. Ich rechnete mit 15...0-0 und war der Ansicht, über vernünftige Kompensation für den Bauern zu verfügen. Tatsächlich war ich gerade dabei, mich zwischen 16.Tfe1 und 16.f4 (vielleicht mit nachfolgendem Df3 und Tae1) zu entscheiden, als ich durch den Textzug schockiert wurde.

16.Da4+!

Glücklicherweise erinnerte ich mich des Ratschlags, den ich Jugendspielern immer gebe (und den Sie mittlerweile wahrscheinlich schon nicht mehr hören können!), nach Schachgeboten Ausschau zu halten, und stieß auf diesen hinterhältigen Zug, der Sand ins Getriebe der schwarzen Stellung streut. Nun gerät sein König in Verlegenheit, da es keine Alternative dazu gibt, ihn zu ziehen.

16...Kf8 17.Tae1!?

Ich hatte hier länger als über jeden anderen Zug in der Partie nachgedacht und war mit dem Ergebnis ziemlich zufrieden. Ich ließ einen Turm auf f1, da ich das Gefühl hatte, Schwarz müsste ...g7-g5 spielen, um seine Probleme zu lösen, wonach auf der f-Linie bald einiges passieren könnte.

17...g5 18.Lg3 Sfd5 19.f4!

Mit Sicherheit hat der Verlust des Bauern c3 keinerlei Auswirkung, während Schwarz in großer Gefahr ist, auf den f- und e-Linien verprügelt zu werden.

19...gxf4 20.Lxf4 Sxf4 21.Dxf4

Unter anderem droht jetzt 22.Sg6+.

21...Ke8 (Diagramm 13)

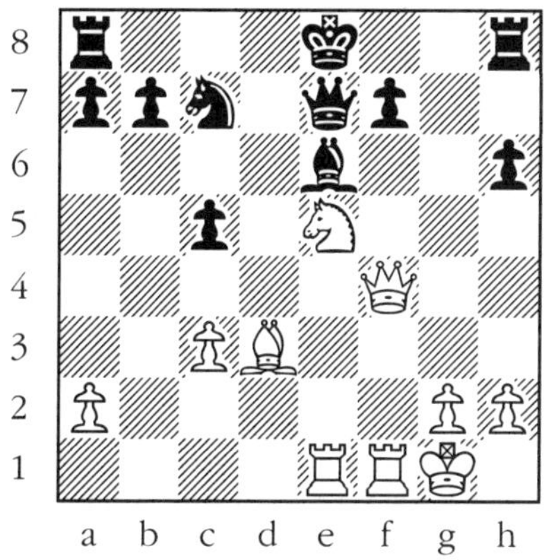

Diagramm 13

Der schwarze König hat bereits gezogen!

22.Sxf7

Ironischerweise wäre 22.Da4+ erneut extrem stark gewesen und erzielt beim letztgültigen Orakel, dem Punktsystem der Computer-Engine 'Fritz' die höchsten Werte! Doch ich hätte der Versuchung dieser ziemlich hübschen Fortsetzung nie widerstehen können (selbst wenn ich nach Schachgeboten Ausschau gehalten hätte!).

Beachten Sie, dass ich dies auch nach 21...Kg7 gespielt hätte.

22...Kd7 23.Se5+ Schwarz gibt auf

Die weiße Stellung ist vernichtend stark und sie zu spielen macht eine Menge Spaß. Keineswegs hätte ich mich einfach nur mit 23.Sxh8 zufrieden gegeben. Zunächst einmal konnte ich bei nächster Gelegenheit mit Sg6 mindestens eine Qualität gewinnen.

Partie 56

☐ **Misanovic** ■ **H.Hunt**

Europäische Frauenmannschaftsmeisterschaft, Batumi 1999

1.d4 Sf6 2.c4 e6 3.Sc3 Lb4 4.Lg5 c5 5.d5 h6 6.Lh4 d6 7.e3 Lxc3+ 8.bxc3 De7 9.Ld3 e5 10.Se2 Sbd7

Die erste Abweichung von unserer Hauptvariante 10...g5. Weiß versteht das als Zugfolgenfehler und macht sich sofort daran, die Situation zu ihrem Vorteil auszunutzen.

11.f4!? (Diagramm 14)

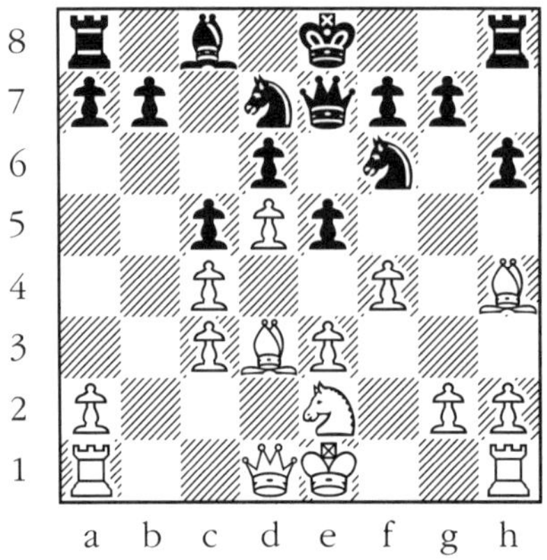

Diagramm 14

Die f-Linie hat Potenzial

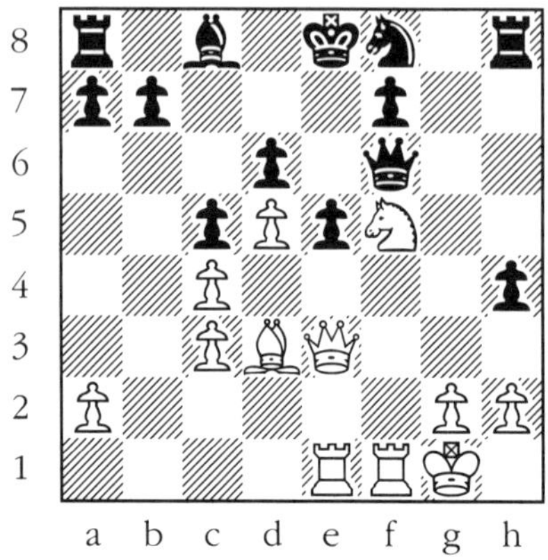

Diagramm 15

Weiß hat keine untätigen Figuren

Anstelle von 11.Sg3 Sb6 12.Sf5 kommt Weiß direkt zum Punkt. Jetzt, da Komplikationen auf der Tagesordnung stehen, gibt es keinen sicheren Ausweg für Schwarz.

11...g5

Die von den Lehrbüchern empfohlene Antwort, die, wie ich jetzt vorzuschlagen wagen könnte, neuer Betrachtung bedarf. Der Druck auf der f-Linie würde sich sicher erhöhen, falls Schwarz 'nichts' tut, und 11...exf4 12.exf4 g5 13.Lf2 Sg4 14.0-0 Sxf2 15.Txf2 Sf6 16.Sg3 Lg4 17.De1 Sh5 18.Lf5 Lxf5 19.Te2 Schwarz gibt auf, wie in Parker-O'Cinneide, Dublin 1993, ist nur ein Missgeschick, das darauf wartet, zu geschehen.

12.fxg5 Sg4

TIPP: Behandeln Sie Ihre Figuren als Gesamtstreitmacht und nicht nur als einzelne Figuren.

Der weiße g-Bauer ist gefesselt, aber jetzt vertraut Schwarz zu sehr einer einzigen Figur.

13.Sg3 Sxe3 14.Df3 hxg5 15.Dxe3 gxh4 16.Sf5

Weiß hat einen Bauern geopfert und wird durch dieses wundervolle Springerfeld sofort kompensiert.

16...Df6 17.0-0 Sf8 18.Tae1

Ein unschuldig aussehender Zug, der tatsächlich bemerkenswert gefährlich ist und Schwarz vor alle möglichen Probleme stellt. Nach dieser Feststellung bleibt zu ergänzen, dass sich auch die offensichtlicheren Züge 18.Tf2 und 18.Tf3 als recht gut für Weiß erwiesen haben, was zu dem Schluss führt, dass Schwarz definitiv besser daran tut, diese Stellung zu vermeiden.

18...Lxf5?

Es ist sehr verlockend, diesen Springer zu beseitigen, aber diese Fortsetzung scheint mehr oder weniger forciert zu verlieren. 18...Sg6 19.Tf2 Kd8 sieht oberflächlich betrachtet wie ein besserer praktischer Versuch aus, aber die schwarzen Figuren sind kaum gut koordiniert. Weiß kann wahrscheinlich zu Recht 20.Sxd6!? Dxd6 21.Lxg6 fxg6 22.Dg5+ versuchen, da 22...Kc7 nach 23.Tf6 die Dame verliert. Stattdessen wäre 22...De7 kritisch.

19.Txf5 De7

Ein Punkt von 18.Tae1 zeigt sich nach 19...Dh6 20.Txe5+! dxe5 21.Dxe5+.

20.Tef1 Tc8

Dies sieht ziemlich düster aus, aber 20...Th7 wird mit 21.T5f3 Tg7 22.Dh6 durchkreuzt.

21.Txf7 Dxf7 22.Txf7 Kxf7

Schwarz hat zwei Türme für die Dame. Leider (und dies entging ihrer Gegnerin nicht) fehlt den verbleibenden schwarzen Figuren der Zusammenhalt.

23.Df3+ Ke8

Die Gabel auf g4 hindert Weiß daran, den König auf die g-Linie zu stellen.

24.Df6 Tg8 25.Lc2 (Diagramm 16)

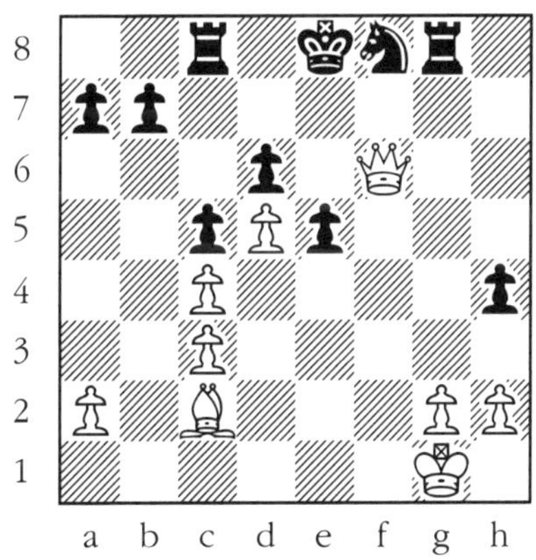

Diagramm 16

Der schwarze e-Bauer ist nicht gefährlich!

Es droht ein vernichtendes Schach auf a4, was Schwarz in einer hoffnungslosen Stellung zurücklässt.

25...b5 26.cxb5 Tg4 27.Lf5 Schwarz gibt auf

Kapitel Zwölf

Sonstiges

- Einleitung
- Weiß spielt 4.g3
- Weiß spielt 4.Db3
- Weiß spielt 4.Ld2
- Beispielpartien

Einleitung

Im Vergleich zu anderen Eröffnungen stehen Weiß als Entgegnung auf den Nimzo-Inder im vierten Zug eine ungewöhnlich hohe Zahl an Alternativen zur Verfügung. Die Hauptvarianten habe ich bereits behandelt, aber im Sinne der Vollständigkeit habe ich mir gedacht, ich werfe einen kurzen Blick auf die Möglichkeiten, die von der Theorie als weniger wichtig erachtet werden.

Weiß spielt 4.g3

1.d4 Sf6 2.c4 e6 3.Sc3 Lb4 4.g3 (Diagramm 1)

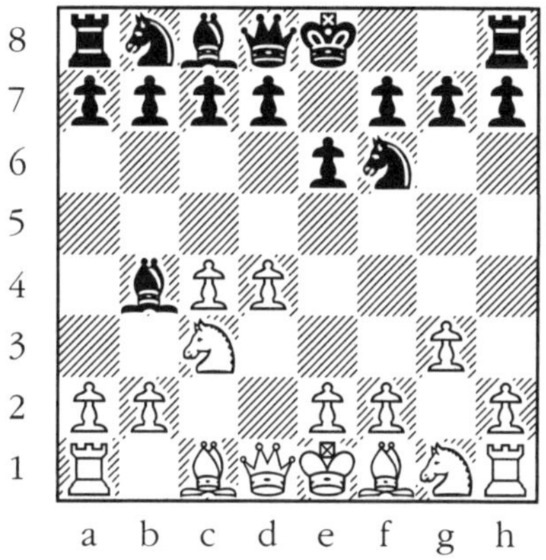

Diagramm 1

Schnappt sich die Diagonale h1-a8

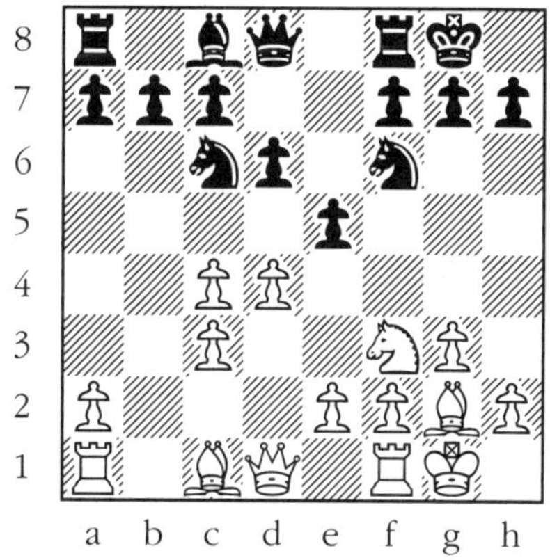

Diagramm 2

Ein thematisches Vorgehen

Diesen Zug sahen wir tatsächlich bereits in Kapitel 9, wo Schwarz dazu neigte mit 4...c5 5.Sf3 in eine Hauptvariante überzuleiten. Indem er g3 im vierten Zug spielt, durchkreuzt Weiß ein schwarzes Fianchetto auf dem Damenflügel, aber der Zug hat eine Kehrseite.

4...0-0

Obwohl eine Menge Spieler es impulsartig zu tun scheinen, ist Schwarz tatsächlich nicht gezwungen 4...c5 zu spielen. Obwohl schnelles ...b7-b6 in der Gleichung nicht mehr auftaucht, verfügt Schwarz meiner Ansicht nach durch Einsatz seines d-Bauern über ein paar sehr vernünftige Systeme.

TIPP: Während es Ihr Recht ist in Varianten überzugehen, die Sie kennen, ist es oft möglich, Ungenauigkeiten der gegnerischen Zugfolge zu bestrafen.

5.Lg2 Lxc3+

Der Textzug entspricht eher Nimzo-Indischem Stil, obwohl ich sagen muss, dass 5...d5 auch nicht schlecht ist. Für die Techniker unter Ihnen: Das würde zu einer Art katalanischer Variante des Abgelehnten Damengambits führen, in der der Springer auf c3 ein wenig deplatziert steht. In diesem Fall muss Weiß besonders vorsichtig sein, dass Schwarz nicht einfach auf c4 nimmt und dann den Mehrbauern behält.

6.bxc3

Obwohl dieses Buch bereits gezeigt hat, wie nützlich die Beherrschung der langen Diagonale a1-h8 für Weiß sein kann, sollte es auch klar sein, dass der weiße Bauer c4 mit dem Läufer auf g2 sehr viel verwundbarer ist.

6...d6 7.Sf3 Sc6 8.0-0 e5 (Diagramm 2)

Pläne

Das schwarze Spiel ist sehr logisch. Er hat seinen schwarzfeldrigen Läufer bei einem Handel getauscht, der ihm eine Reihe von schwachen Bauern als Angriffsziele gegeben hat; jetzt stellt er seine Bauern so, dass sie den verbleibenden Läufer ergänzen. Schwarz ist nicht generell daran interessiert, dass Weiß seine Doppelbauern mit ...exd4 auflösen kann, aber er sollte ...e5-e4 in Betracht ziehen, was dadurch, dass es Schwarz mehr Raum verschafft, sehr leicht als Sprungbrett für einen Königsangriff dienen kann, z.B. mit ...Lf5, ...Dd7, ...Lh3 usw.

Obwohl Weiß gewöhnlich nicht von dem Konzept begeistert ist, die Stellung mit d4-d5 zu schließen, wäre das akzeptabel, wenn er es schafft, die Initiative mit einem Bauernvorstoß f4 zu erhalten. Tatsächlich sind die f-Linie und das Feld f5 (für den weißen Springer) die wahrscheinlichsten Orte, an denen ernsthaft etwas passieren könnte.

Weiß spielt 4.Db3

1.d4 Sf6 2.c4 e6 3.Sc3 Lb4 4.Db3 (Diagramm 3)

Weiter oben sahen wir 4.Sf3 b6 5.Db3 und dies ist eine Art Mischung dieser Spielweise und der Klassischen Variante mit 4.Dc2. In Bezug auf letztere wird Schwarz nicht auf 4...Lxc3+ erpicht sein, da Weiß nach 5.Dxc3 ein Tempo gespart hat, weil er nicht a2-a3 spielen musste. Was erstere Möglichkeit betrifft, so hat Weiß seinen Springer noch nicht auf f3 festgelegt, aber das macht sein Zentrum zeitweise anfälliger, weshalb Schwarz radikaler als mit einem Fianchetto am Damenflügel reagieren kann.

4...c5 5.dxc5 Sc6

Schwarz hat keine Eile, den Bauern c5 zurück zu gewinnen und könnte es vorziehen, zuerst ein bisschen Spaß mit der Fesselung zu haben. Sobald man Motive wie ...Sd4, Dxb4??, Sc2+ sieht, begreift man, warum die Dame auf b3 ein bisschen ungeschickt steht.

6.Sf3 Se4

Droht den weißen Damenflügel zu ruinieren ohne auch nur den schwarzfeldrigen Läufer aufgeben zu müssen.

7.Ld2 Sxd2 8.Sxd2 f5 (Diagramm 4)

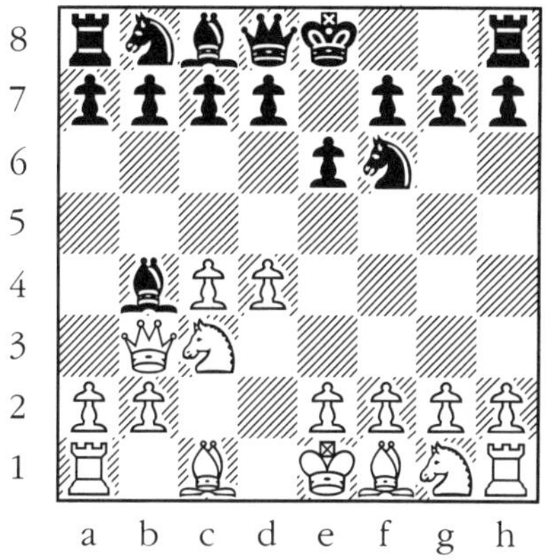

Diagramm 3

Erzwingt eine Klärung?

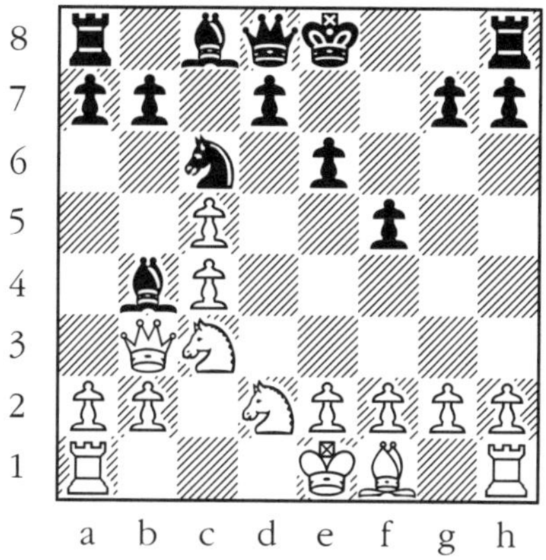

Diagramm 4

Schwarz hat das Läuferpaar

Pläne

Schwarz wurde ermuntert 8...f5 zu spielen, um einen Springer von e4 (und damit von dem Loch auf d6) fernzuhalten. Er wird den Bauern auf c5 zurückgewinnen können und wird sich danach in der ungewöhnlichen Lage befinden, dass er es ist, der über die beiden Läufer verfügt. Obwohl das gut klingt, muss man überlegen, wie man den Läufer auf c8 entwickelt. Weiß wird wahrscheinlich e2-e3 und Le2 spielen, und könnte Schwarz im Falle eines möglichen Fianchettos am Damenflügel auf der Diagonale f3-a8 entgegen treten. Der schwarze Bauer bietet sich als Angriffsziel an, wobei Weiß unvermeidlich danach trachten wird, einen oder zwei Türme auf die halboffene d-Linie zu bringen.

Weiß spielt 4.Ld2

1.d4 Sf6 2.c4 e6 3.Sc3 Lb4 4.Ld2 (Diagramm 5)

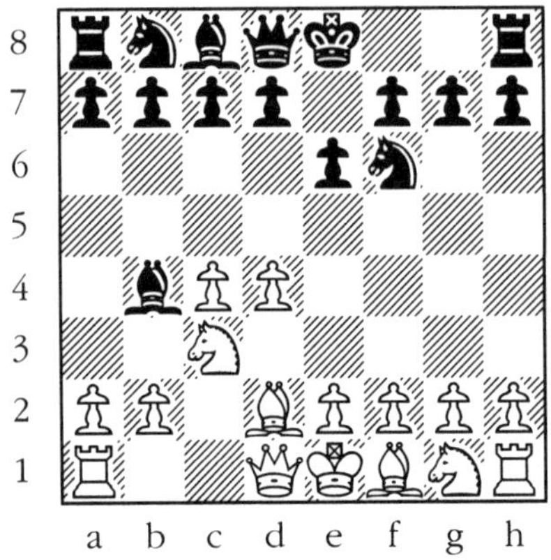

Diagramm 5

Keine Doppelbauern, danke!

Wenn Sie wirklich mit dem Spielen des Nimzo-Inders anfangen, dann gibt es für mich keine bessere Gelegenheit, um dieses Buch mit dem Standardzug der Neulinge zu beenden. Als Jugendspieler schienen viele meiner Gegner beinahe ohne nachzudenken so zu reagieren. Gewiss ist das Konzept, den Springer zu entfesseln und die Verdopplung der Bauern zu verhindern reizvoll, doch auf höherem Niveau fehlt dieser Idee die Kraft.

4...0-0 5.a3 Lxc3 6.Lxc3 Se4!

Pläne

Weiß erhielt das Läuferpaar, aber nur mit einer Zugfolge, die Zeit gekostet hat, und Tatsache ist, dass der schwarze Springer den weißen Läufer bald ohnehin schlagen kann, wenn das der Schwarze wünscht. Das schwarze Rössel sitzt stolz auf e4 und angesichts von ...Dh4+ (falls f2-f3 geschieht) kann es nicht leicht vertrieben werden. Durch ...f7-f5 sollte es Unterstützung bekommen und prinzipiell sollte sich Schwarz entscheiden, ob er seinen verbleibenden Läufer mittels einer Aufstellung mit ...d6 und ...e5 oder einem Fianchetto am Damenflügel entwickelt.

Da 7.Lb4 d6 nicht besonders hilfreich ist, muss sich Weiß wahrscheinlich zu, sagen wir, 7.Tc1 bequemen. Genau genommen steht er wahrscheinlich nicht schlechter und zumindest verfügt er über den langfristigen Plan, sich am Damenflügel auszudehnen. Allerdings ist er definitiv nicht im Vorteil und mit dem Monster auf e4 ist die schwarze Stellung definitiv leichter zu spielen.

Beispielpartien

Partie 57

□ I.Sokolow ■ Kurajica

Sarajevo 1987

1.d4 Sf6 2.c4 e6 3.Sc3 Lb4 4.g3 0-0 5.Lg2 Sc6 6.Sf3 Lxc3+ 7.bxc3 d6 8.0-0 e5 9.Te1 Te8

Ein vernünftiger, nicht verpflichtender Zug.

TIPP: Wenn Sie keinen Plan finden können, dann beseitigen Sie entweder eine der gut stehenden Figuren ihres Gegners oder verbessern Sie die Stellung einer Ihrer eigenen.

10.e4 exd4

Geschah nur deshalb, weil Weiß nicht mit dem c-Bauern wiedernehmen kann, ohne einen Bauern zu verlieren.

11.Sxd4 Sa5

Erneut ist Schwarz nicht daran interessiert, die Unebenheiten der weißen Bauernstellung auszubügeln, sondern richtet seine Aufmerksamkeit stattdessen auf den am weitesten vorgerückten isolierten weißen Bauern auf der c-Linie.

FRAGE 13: Ich habe sie das ganze Buch hindurch erwähnt, aber was genau ist ein Isolani?

12.Da4 b6! (Diagramm 6)

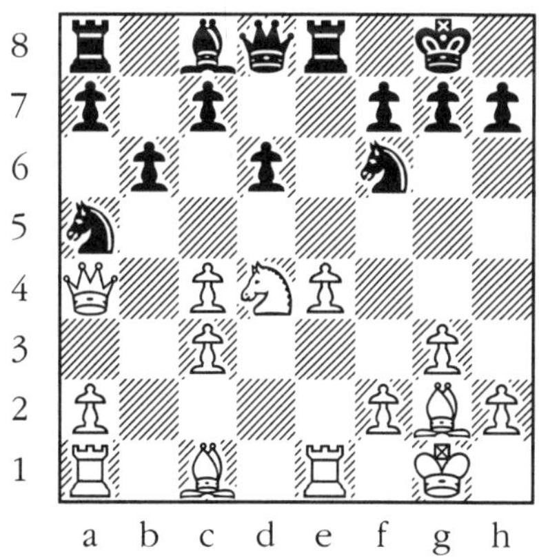

Diagramm 6

Wie gewöhnlich wird auf c4 gezielt

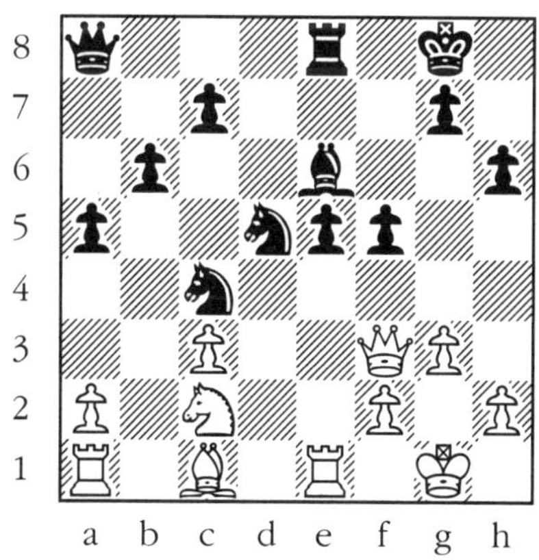

Diagramm 7

Achten Sie auf ein Matt auf g2

Dies schützt nicht nur den Springer, sondern unterbindet auch alle Ideen, die Weiß gehabt haben könnte, durch den Bauernvorstoß c4-c5 eine Schwäche zu beseitigen. Schwarz steht jetzt auf der Diagonale g2-a8 exponiert, aber er hat diese Situation gut unter Kontrolle.

13.e5 Ld7 14.Dd1 dxe5!

Immer nach Plan opfert Schwarz die Qualität. Er rechnet damit, dass Weiß durch den fehlenden Fianchettoläufer auf den weißen Feldern rund um seinen Monarchen leiden wird.

15.Lxa8 Dxa8 16.Sc2 Sxc4 17.Lg5 Sd5 18.Sb4 Le6 19.Df3

Weiß kämpft verzweifelt, um zu versuchen, die Löcher zu stopfen, aber er befindet sich auf der Verliererstraße.

19...h6 20.Lc1 a5 21.Sc2 f5 (Diagramm 7)

Jetzt hat Schwarz alle Schlüsselfelder unter Kontrolle.

22.Dd3 Dc6 23.f4

Weiß versucht zumindest, das Feld d4 zu bekommen, aber die Kehrseite dieser Bemühungen ist, dass dies den König entlang einer anderen Diagonale entblößt.

23...e4 24.Dd4 Td8 25.g4

Ein tapferer Versuch, aktiv zu werden, aber Schwarz hat da drüben kein Interesse, da er in der Mitte Wichtigeres zu tun hat.

25...Td6!

Deckt den Turm und macht so einen Springerabzug potenziell tödlich. Weiß umgeht diese Drohung, aber ein weiterer Bauer fällt, genau wie die ganze Stellung.

26.Df2 Sxc3 27.Le3 Dd7 28.Ld4 Sb5 29.Le5 Sxe5 30.fxe5 Td2 31.Te2 Txe2 32.Dxe2 Sd4 (Diagramm 8)

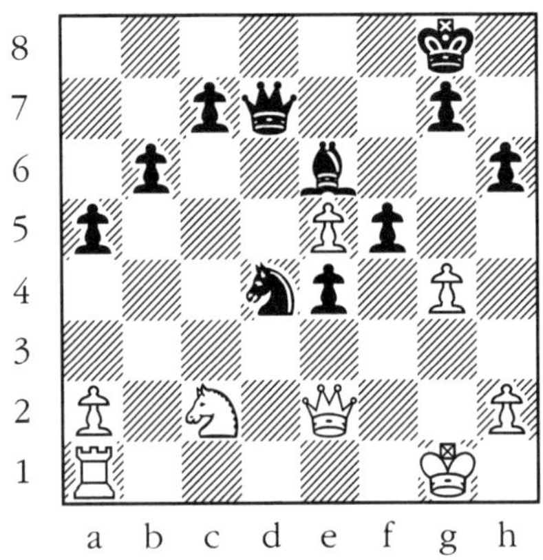

Diagramm 8

Eine Gabel taucht am Horizont auf

Der Springer kommt jetzt nach d4, aber es wird das unvermeidliche Auftauchen der schwarzen Dame dort sein, was das weiße Schicksal besiegelt.

33.Df2 Sxc2 Weiß gibt auf

Partie 58

□ Fries Nielsen ■ Ward

Kopenhagen 1994

1.d4 Sf6 2.c4 e6 3.Sc3 Lb4 4.Db3 c5 5.dxc5 Sc6 6.Sf3 Se4 7.Ld2 Sxd2 8.Sxd2 f5 9.e3 Lxc5 10.Le2 b6 11.0-0 Lb7 12.Sa4 Tb8 13.Sxc5 bxc5 14.Dc3 Df6 15.Dxf6

15.Lh5+ ist möglich, aber der schwarze König wird im Zentrum nicht unglücklich sein.

15...gxf6 (Diagramm 9)

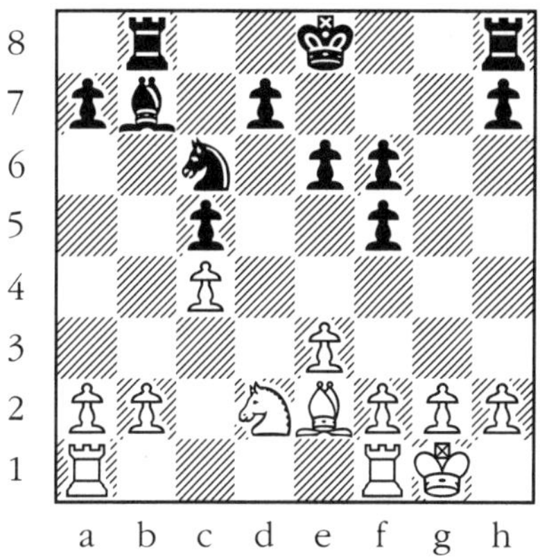

Diagramm 9

Die schwarzen Türme sind glücklich

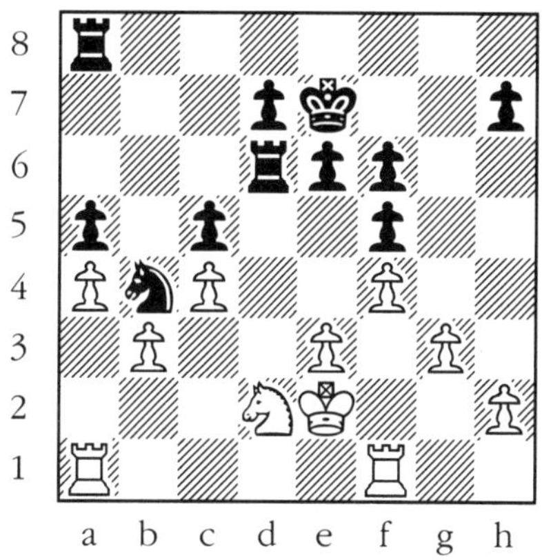

Diagramm 10

Schwarz sondiert

Jetzt hat Weiß drei Bauerninseln im Vergleich zu den zweien des Weißen, aber die halboffenen Springerlinien werden sich als sehr nützlich erweisen.

16.f4

Obwohl f3 wie ein anfälliges Feld für den Turm aussieht, würde Weiß, wenn er das hinkriegen könnte, gerne das Manöver Tf3-h3 spielen, um den isolierten h-Bauern des Schwarzen anzugreifen.

16...Tg8

TIPP: Türme mögen es viel lieber Bauern anzugreifen, als sie zu verteidigen.

Jetzt muss Weiß etwas gegen die potenziell tödliche Bedrohung seines Bauern g2 tun (vergessen Sie diesen Läufer auf b7 nicht!).

17.g3 La8 18.b3

Auch Weiß muss seinen b-Bauern schützen, aber wegen dieses beidseitigen Problems verfügt Weiß über keine Turmschwenks entlang der dritten Reihe. In absehbarer Zukunft stehen die isolierten Randbauern des Schwarzen absolut sicher.

TIPP: Türme sind die besten Figuren, um isolierte Bauern anzugreifen.

18...Ke7 19.Kf2 a5

Ironischerweise macht dies den isolierten Bauern zu einer Stärke. Weiß ist nicht glücklich über mögliches ...a5-a4 und stoppt den Bauern schon im Ansatz.

20.a4

Seine Entscheidung hat allerdings ernsthafte Auswirkungen. Sein rückständiger Bauer (auf der Farbe seines Läufers festgelegt) wird immer ein Angriffsziel darstellen und das Feld b4 ist jetzt ein Vorposten.

20...Sb4 21.Lf3 Tb6 22.Lxa8 Txa8 23.Ke2 Td6 (Diagramm 10)

Ja, Schwarz setzt noch einen drauf, denn er ist es, dem ein Turmschwenk gelingt.

TIPP: Im Endspiel gieren die Türme nach Aktivität.

24.Tfc1 Td3 25.Tab1 Tb8 26.Sf3 Td6

Schwarz hatte dort ein bisschen Spaß, aber verfolgt nun einen tieferen Plan.

27.Tc3 Tdb6 28.Tb2

Schwarz hat die Türme auf der b-Linie verdoppelt, aber behalten Sie jetzt einfach nur seinen Springer im Auge.

28...Sa6 29.Sd2 Sc7 30.Tb1 Se8 31.Kf3 Sd6

Die weißen Figuren stehen lächerlich passiv und zusammen mit einem möglichen, zukünftigen ...Tb4xa4 Plan (z.B. sobald der Springer sich einmal von d2 entfernt hat), beabsichtigt Schwarz seinen Springer auf e4 festzusetzen. Weiß steht kurz davor, in Zugzwang zu geraten und sucht jetzt verzweifelt nach etwas Spiel.

32.g4 fxg4+ 33.Kxg4 Tg8+ 34.Kf3 Sf5

Leider ist es Schwarz, der höchst dankbar für die Öffnung der g-Linie ist!

35.Kf2 Sh4

Ein schwarzer Turm ist dazu bestimmt, entweder auf der g- oder auf der d-Linie einzudringen.

36.Tg1 Txg1 37.Kxg1 Td6 38.Sf1 Td1 39.Kf2 Sf5 40.Ke2 Tb1 41.Td3 Sd6 42.Sd2 Th1

43.e4 Txh2+ 44.Kd1 Th4

Der Turm hört nicht auf ein Ärgernis zu sein.

45.Tf3 f5 46.e5 Se4 47.Sxe4 fxe4 48.Tf1 Kf7 49.Ke2 Kg6 50.Td1 Kf5 51.Txd7 (Diagramm 11)

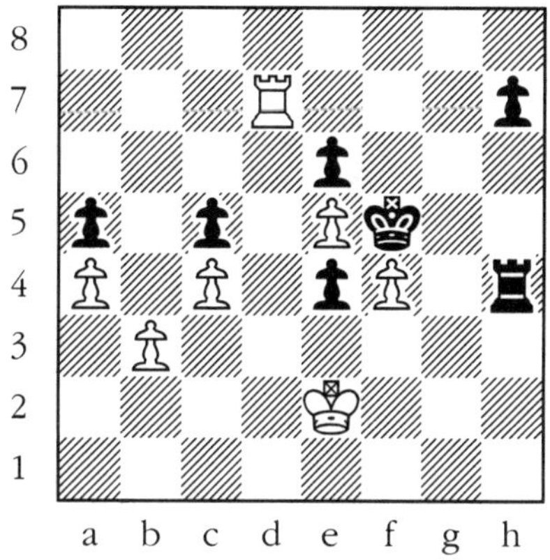

Diagramm 11

Das Endspiel ist gewonnen

Schließlich bekommt eine weiße Figur ein bisschen was zu tun, aber das ist zu wenig, zu spät.

51...Kxf4 52.Tc7 Th2+ 53.Kd1 Ke3 Weiß gibt auf

Der weiße Turm hat keine Zeit, irgendwelche Bauern zu nehmen, da Weiß Angst haben muss, matt gesetzt zu werden.

Ich hoffe, Sie hatten Spaß daran, Tipps zu erhalten wie man den Nimzo-Inder spielt oder ihm begegnet und um die Dinge zu einem Abschluss zu bringen, noch ein kleiner zusätzlicher Rat:

HINWEIS: Eine Niederlage ist keine schöne Sache!

WARNUNG: Verlieren macht keinen Spaß!

TIPP: Gewinnen Sie!!!

Viel Glück!!!

Lösungen der Aufgaben

1)

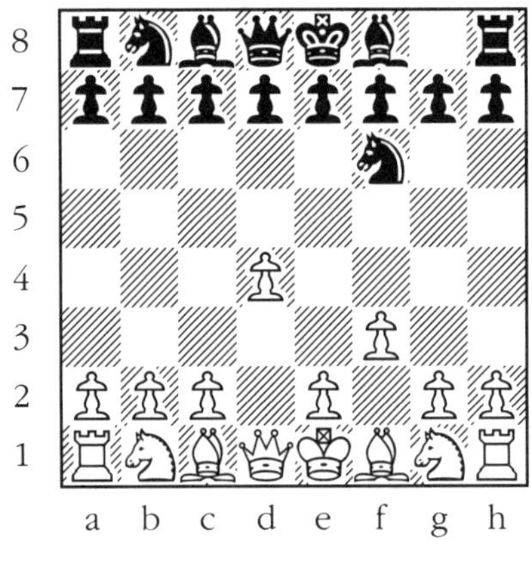

Diagramm 1

Ein verfrühter Bauernzug

Obwohl 2.f3 (abgebildet in Diagramm 1) danach trachtet, 3.e4 durchzusetzen, und anders als 2.Sc3 den c-Bauern nicht versperrt, kann dieser frühe Bauernausflug nicht gerechtfertigt werden. Durch das gesamte Buch hindurch werden Sie sehen, warum dieser Zug seine Berechtigung hat, aber hier ist er verfrüht. Schwarz kann die weißen Pläne mit dem einfachen 2...d5 durchkreuzen. Dann hat Weiß seinen Königsspringer seines natürlichsten Standorts beraubt und sich mit einer unerwünschten Schwäche belastet.

2) Eine 'offene' Stellung bezieht sich auf eine Stellung, die kaum blockiert ist, und in der die Bauernstruktur sehr viel beweglicher ist. Läufer neigen dazu, stärker unter einer festgelegten Bauernstruktur zu leiden, da sie möglicherweise darum kämpfen müssen, das Tageslicht zu sehen. Andererseits verfügen Springer über größere Manövrierfähigkeiten, und wenn man ihnen Zeit gibt, können sie oft einen Weg finden, um dorthin zu kommen, wo sie hinwollen.

3) Nein. Weiß hat korrekterweise nie auch nur in Betracht gezogen, b4-b5 zu spielen, da dies das Feld c5 preisgegeben hätte. In der Partie wurde der ersehnte Durchbruch c4-c5 Wirklichkeit.

4) Der Springer war angesichts von 21...Dxf6 22.d6+ Ke6 (Diagramm 2) unantastbar.

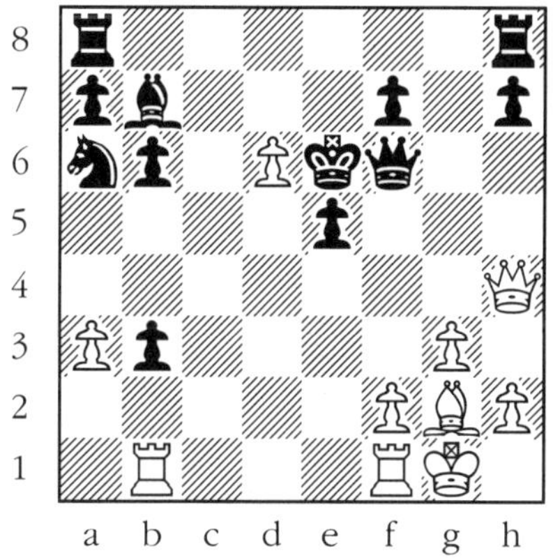

Diagramm 2

In der Schusslinie

Jetzt ist 23.Lh3+ (halten Sie immer nach Schachs Ausschau!), was die schwarze Dame gewinnt, sehr viel besser als 23.Dxf6+ Kxf6 24.Lxb7 Sc5, was zwar die Qualität gewinnt, aber wegen der schwarzen Bauernmehrheit ziemlich unklar ist.

5) Solch ein Vorstoß ist ein verbreiteter Anfängerfehler, da Anfänger auf eine Bauernkonfrontation oft damit reagieren, der Situation praktisch aus dem Weg zu gehen. Die einfache Antwort auf diese Frage lautet, dass dieser Zug (und viele ähnliche) den Druck vom Zentrum nimmt, und die Spannung aufzulösen gibt dem Gegner oft die Initiative.

Schwarz könnte nicht sofort mit ...b7-b6 antworten, da dann 6.Da4+ folgt, aber das ist mit Sicherheit ein Zug, der ein wenig später auftauchen könnte. Außerdem, wenn er sich über d5 keine Gedanken mehr zu machen braucht, dann könnte Schwarz auch in der Lage sein, das befreiende ...e6-e5 durchzusetzen.

6) Wenn Schwarz den Zug ...h7-h6 umsonst haben könnte, dann würde er ihn spielen, aber tatsächlich gibt es Wichtigeres zu tun. Eine Eröffnungsregel lautet 'keine unnötigen Bauernzüge', was andeutet, dass man von Vorstößen der Zentrumsbauern, die Raum gewinnen, abgesehen, der Entwicklung der Figuren Vorrang geben sollte. Obwohl nicht unnütz, hilft 6...h6 in dieser Hinsicht in keiner Weise.

Seltsam genug haben starke Spieler 6...De8 bereits probiert, aber dies ist ein Mehrzweckzug. Erstens wird Weiß von 7.Lg5 abgebracht, da der Springer nicht gefesselt ist, was 7...Se4 möglich macht, und zweitens bereitet Schwarz ...d7-d6 mit nachfolgendem ...e6-e5 vor.

7) In Diagramm 3 gibt es keinen Zweifel, dass der Läufer auf c8 technisch gesehen 'schlecht' ist. Laut Definition liegt dies nicht nur daran, dass er nirgendwohin ziehen kann, sondern vor allem daran, dass die festgelegten Bauern auf den Feldern seiner Farbe stehen. Dies ist eindeutig ein übertriebenes Beispiel und die Quizstellung ist günstiger. Zugegebenermaßen verfügt der Läufer c8 im Moment über wenig Raum, aber die Bauern, die ihm im Wege stehen, sind NICHT festgelegt. Nach ...b7-b6 und ...d7-d6 würden sie sich plötzlich in perfekter Harmonie befinden. Deshalb lautet die Antwort 'Nein'.

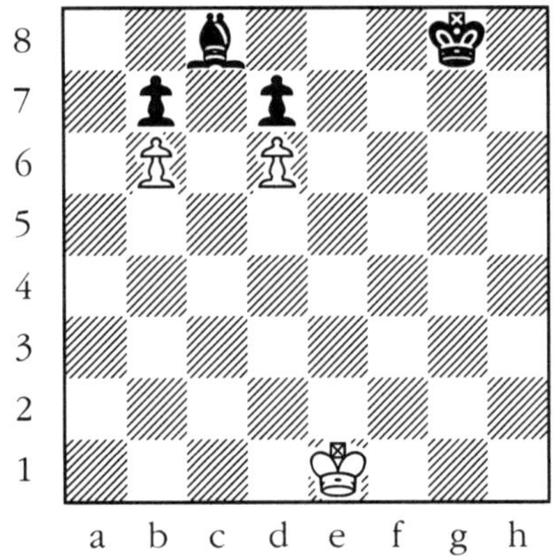

Diagramm 3

Ein 'schlechter' Läufer!

8) Technisch gesprochen gehe ich davon aus, dass der Läufer auf b4 tatsächlich hängt. Da nach 7.Dxb4 Sc6 8.Db5 Ta5 die weiße Dame jedoch plötzlich gefangen ist, ist es für Weiß nicht ratsam, den Läufer zu nehmen.

9) Trotz der Warnung, Bauern, die um den rochierten König herum stehen, nicht zu ziehen, bin ich ursprünglich auf diese Frage verfallen, um anzuraten, die Dinge nicht zu sehr zu übertreiben. Ich meine, zwei Bauern sind nicht genug für eine Figur. Doch je mehr ich mir Fortsetzungen wie 8.Sxg5 hxg5 9.Lxg5 cxd4 10.Dxd4 anschaute, desto mehr dachte ich, 'Moment einmal, das könnte gerade noch spielbar sein!' Tatsächlich sieht 10...Le7 11.Dh4 ziemlich gefährlich aus. Bald könnte mittels Ld3 Matt auf h7 oder mittels Lh6 auf g7 drohen.

Da es viele Varianten gibt, die man sich anschauen muss, kann ich definitiv nicht kategorisch erklären, dass das Opfer eine gute Idee ist. Allerdings kann ich mit Sicherheit sagen, dass es in Betracht gezogen werden sollte!

10) Ich muss gestehen, dass diese Frage ein bisschen schwer war, und möglicherweise sogar eine, die Sie mir gerne gestellt hätten. Nun gut, zumindest kriegen Sie Ihre Antwort!

Vorneweg würde ich nicht sagen, dass es sich in der Eröffnung 'nur darum dreht, Raum zu gewinnen', aber man kann nicht leugnen, dass dies eine große Rolle spielt. Eingedenk dessen ist der Vorstoß 5.d5 in der Praxis bereits vorgekommen. In Wirklichkeit ist er jedoch nicht sehr beliebt, da er als verfrüht betrachtet wird. Obwohl er Raum gewinnt, steht der schwarzfeldrige Läufer des Schwarzen nicht auf f8, noch ist er auf g7 fianchettiert, sondern auf b4. Da er den Springer auf c3 fesselt und der andere weiße Springer bereits auf f3 steht, ist es extrem unwahrscheinlich, dass Weiß in der Lage sein wird, d5 in naher Zukunft mit e2-e4 zu unterstützen. Stattdessen wird Weiß vielleicht selbst ein Fianchetto am Königsflügel spielen müssen, was Schwarz Zeit gibt, seinen Anteil am Zentrum zu reklamieren. Ein gutes Beispiel für aktives Eröffnungsspiel des Schwarzen folgt weiter unten:

□ **Wunsch** ■ **Milov**

Heraklion 1993

1.d4 Sf6 2.c4 e6 3.Sc3 Lb4 4.Sf3 c5 5.d5 Se4 6.Ld2 Lxc3 7.bxc3 d6 8.g3 0-0 9.Lg2 Sxd2 10.Sxd2 e5 11.0-0 f5 (Diagramm 4)

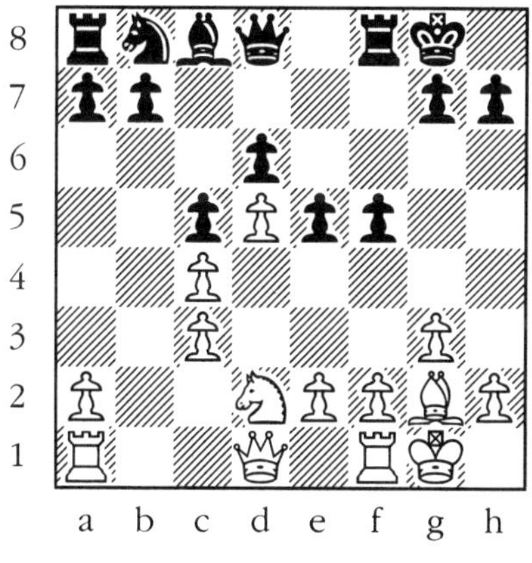

Diagramm 4

Lässt den f-Bauern aufmarschieren

Weiß hat die typischen c-Doppelbauern, die nur durch die halboffene b-Linie kompensiert werden. Allerdings bleibt Weiß nur noch sein 'schlechter' Läufer, und da Schwarz die Möglichkeit ...f5-f4 zur Verfügung steht, ist es der Nachziehende, der die Initiative am Königsflügel hat.

11) Mit Sicherheit haben Sie diese Frage beantworten können, bei der es wieder um das Thema 'halten Sie stets nach Schachs Ausschau' geht. Obwohl es Weiß vorziehen würde, seine Dame nicht zu ziehen, ist es eine einfache Tatsache, dass 8.Ld2? nach 8...cxd4 9.cxd4 Dh4+! einen Bauern verliert. Wenn Sie das nicht gesehen haben, dann sollten Sie sich schämen, denn es ist das einzig verfügbare Schach.

12) Da der Springer gefesselt ist, klingt es theoretisch sehr gut, ihn mit einem Bauern anzugreifen. Leider scheitert 9...d4?! in der Praxis an 10.a3 La5 (oder 10...dxc3 11.Dxd8+ Kxd8 12.axb4) 11.Lxf6 Dxf6 12.Dh5+! (das einzig verfügbare Schach!) 12...g6 (oder 12...Kd8 13.0-0-0, was den d-Bauern fesselt) 13.Dxc5. Die schwarze Stellung ist aus den Nähten geplatzt.

13) Ein Isolani ist ein isolierter Bauer, der wiederum ein Bauer ist, der auf beiden angrenzenden Linien keinen Bauern der gleichen Farbe neben sich stehen hat.

HINWEIS: Wenn Sie zum Beispiel zwei Bauern auf der c-Linie haben, aber keinen auf der b- oder d-Linie (für Weiß im Nimzo-Inder nicht ungewöhnlich), dann haben Sie 'verdoppelte isolierte Bauern'.

Index vollständiger Partien